WiWi klipp & klar

Reihenherausgeber
P. Schuster, Hochschule Schmalkalden, Fakultät Wirtschaftswissenschaften, Schmalkalden, Deutschland

WiWi klipp & klar steht für verständliche Einführungen und prägnante Darstellungen aller wirtschaftswissenschaftlichen Bereiche. Jeder Band ist didaktisch aufbereitet und behandelt ein Teilgebiet der Betriebs- oder Volkswirtschaftslehre, indem alle wichtigen Kenntnisse aufgezeigt werden, die in Studium und Berufspraxis benötigt werden. Vertiefungsfragen und Verweise auf weiterführende Literatur helfen insbesondere bei der Prüfungsvorbereitung im Studium und zum Anregen und Auffinden weiterer Informationen. Alle Autoren der Reihe sind fundierte und akademisch geschulte Kenner ihres Gebietes und liefern innovative Darstellungen – WiWi klipp & klar.

Weitere Bände in dieser Reihe
http://www.springer.com/series/15236

Christian Ernst
Gerald Schenk
Peter Schuster

Kostenrechnung klipp & klar

2. Auflage

Christian Ernst
Institut für Healthcare & Public Management
Universität Hohenheim
Stuttgart, Deutschland

Peter Schuster
Fakultät Wirtschaftswissenschaften
Hochschule Schmalkalden
Schmalkalden, Deutschland

Gerald Schenk
Duale Hochschule Baden-Württemberg
Heidenheim, Deutschland

WiWi klipp & klar
ISBN 978-3-662-53507-3   ISBN 978-3-662-53508-0 (eBook)
https://doi.org/10.1007/978-3-662-53508-0

Die Deutsche Nationalbibliothek verzeichnet diese Publikation in der Deutschen Nationalbibliografie; detaillierte bibliografische Daten sind im Internet über http://dnb.d-nb.de abrufbar.

Springer Gabler
Die 1. Auflage ist erschienen unter dem Titel „Kostenrechnung" in der Reihe „Wirtschaft – schnell erfasst".
© Springer-Verlag GmbH Deutschland 2017
Das Werk einschließlich aller seiner Teile ist urheberrechtlich geschützt. Jede Verwertung, die nicht ausdrücklich vom Urheberrechtsgesetz zugelassen ist, bedarf der vorherigen Zustimmung des Verlags. Das gilt insbesondere für Vervielfältigungen, Bearbeitungen, Übersetzungen, Mikroverfilmungen und die Einspeicherung und Verarbeitung in elektronischen Systemen.
Die Wiedergabe von Gebrauchsnamen, Handelsnamen, Warenbezeichnungen usw. in diesem Werk berechtigt auch ohne besondere Kennzeichnung nicht zu der Annahme, dass solche Namen im Sinne der Warenzeichen- und Markenschutz-Gesetzgebung als frei zu betrachten wären und daher von jedermann benutzt werden dürften.
Der Verlag, die Autoren und die Herausgeber gehen davon aus, dass die Angaben und Informationen in diesem Werk zum Zeitpunkt der Veröffentlichung vollständig und korrekt sind. Weder der Verlag noch die Autoren oder die Herausgeber übernehmen, ausdrücklich oder implizit, Gewähr für den Inhalt des Werkes, etwaige Fehler oder Äußerungen. Der Verlag bleibt im Hinblick auf geografische Zuordnungen und Gebietsbezeichnungen in veröffentlichten Karten und Institutionsadressen neutral.

Gedruckt auf säurefreiem und chlorfrei gebleichtem Papier

Springer Gabler ist Teil von Springer Nature
Die eingetragene Gesellschaft ist Springer-Verlag GmbH Deutschland
Die Anschrift der Gesellschaft ist: Heidelberger Platz 3, 14197 Berlin, Germany

Vorwort

Ziel dieses Buches ist es, eine gut verständliche und einführende Darstellung in die Grundlagen der Kosten- und Leistungsrechnung zu geben.

Der Inhalt des Buches orientiert sich an den Anforderungen, die an Studierende der Wirtschaftswissenschaften im Bachelorstudienprogramm an Universitäten, Fachhochschulen, Berufsakademien und Weiterbildungseinrichtungen gestellt werden. Zu den einführenden Vorlesungen in den ersten Semestern soll es genauso Unterstützung liefern wie dem interessierten Praktiker, der sich einen Überblick über diesen wichtigen Teil des Rechnungswesens verschaffen will.

Die Gliederung folgt bewährten Grundsätzen und besonderes Gewicht wird auf die didaktische Aufbereitung des Stoffes gelegt, wie es für die Reihe WIRTSCHAFTSWISSENSCHAFTEN KLIPP UND KLAR charakteristisch ist. So sollen z.B. didaktische Hervorhebungen, Beispiele, Aufgaben mit Lösungen oder die kapitelweisen Zusammenfassungen die Arbeit mit dem Buch, beispielsweise für ein Selbststudium, erleichtern.

Das Gelingen eines solchen Projektes ist nur durch die Beteiligung zahlreicher Personen zu gewährleisten, denen hiermit ohne Namensnennungen gedankt werden soll, möglicherweise verbliebene Fehler gehen selbstverständlich ausschließlich zu Lasten der Autoren. Rückmeldungen und Verbesserungsvorschläge für die nächste Auflage sind dabei sehr willkommen.

Christian Ernst, Gerald Schenk und Peter Schuster
Stuttgart, Heidenheim und Schmalkalden, im Juli 2017

Inhaltsverzeichnis

1	**Einführung**	1
	Christian Ernst, Gerald Schenk, Peter Schuster	
1.1	Die Kostenrechnung im Unternehmen	2
1.2	Grundbegriffe der Kostenrechnung	6
1.2.1	Abgrenzung von Kosten und Leistungen	6
1.2.2	Kostenträger und Kostenstellen	9
1.2.3	Kostenrechnungssysteme	12
1.2.4	Mängel der Kostenrechnung	13
1.3	Zusammenfassung	14
1.4	Wiederholungsfragen	15
1.5	Aufgaben	15
1.6	Lösungen	16
2	**Aufbau der Kosten- und Leistungsrechnung am Beispiel der Vollkostenrechnung**	17
	Christian Ernst, Gerald Schenk, Peter Schuster	
2.1	Kostenerfassung in der Kostenartenrechnung	19
2.1.1	Material- bzw. Werkstoffkosten	20
2.1.2	Personalkosten	22
2.1.3	Kalkulatorische Abschreibungen	23
2.1.4	Kalkulatorische Zinsen	27
2.1.5	Kalkulatorische Wagniskosten	28
2.1.6	Kosten für Dienstleistungen	29
2.1.7	Kosten für Abgaben an die öffentliche Hand	29
2.2	Kostenverteilung in der Kostenstellenrechnung	29
2.2.1	Primärkostenrechnung	30
2.2.2	Sekundärkostenrechnung	32
2.3	Kalkulation in der Kostenträgerrechnung	35
2.3.1	Divisionskalkulation	36
2.3.2	Zuschlagskalkulation	39
2.3.3	Kuppelkalkulation	41
2.3.4	Erlösrechnung	45
2.4	Zusammenfassung	49
2.5	Wiederholungsfragen	50
2.6	Aufgaben	50
2.7	Lösungen	52
3	**Teilkostenrechnung**	55
	Christian Ernst, Gerald Schenk, Peter Schuster	
3.1	Grundsätzliche Probleme von Vollkostenrechnungen	56
3.2	Systeme der Teilkostenrechnung	57
3.3	Ablauf der Teilkostenrechnung	58
3.4	Der Deckungsbeitrag	58

3.5	**Verfahren der Kostenauflösung**	59
3.5.1	Buchtechnisches Verfahren	59
3.5.2	Mathematische Kostenauflösung (Differenzenquotienten-Verfahren)	60
3.5.3	Statistische Verfahren der Kostenauflösung	61
3.6	**Einstufige Deckungsbeitragsrechnung (Direct Costing)**	62
3.6.1	Vorgehensweise	62
3.6.2	Bestimmung von Preisuntergrenzen	63
3.6.3	Entscheidungen über Zusatzaufträge	64
3.6.4	Produktionsprogrammplanung	64
3.6.5	Eigenfertigung versus Fremdbezug	67
3.6.6	Kritische Würdigung der einstufigen Deckungsbeitragsrechnung	68
3.7	**Mehrstufige Deckungsbeitragsrechnung (Fixkostendeckungsrechnung)**	69
3.8	**Relative Einzelkostenrechnung**	72
3.9	**Beurteilung der Deckungsbeitragsrechnung**	75
3.10	**Zusammenfassung**	75
3.11	**Wiederholungsfragen**	76
3.12	**Aufgaben**	77
3.13	**Lösungen**	80
4	**Plankostenrechnung**	85
	Christian Ernst, Gerald Schenk, Peter Schuster	
4.1	**Zur Notwendigkeit der Plankostenrechnung**	86
4.2	**Plankostenrechnung auf Vollkostenbasis**	86
4.2.1	Wesentliche Schritte bei der Durchführung der Rechnung	86
4.2.2	Starre Plankostenrechnung auf Vollkostenbasis	87
4.2.3	Flexible Plankostenrechnung auf Vollkostenbasis	88
4.3	**Grenzplankostenrechnung (Plankostenrechnung auf Teilkostenbasis)**	90
4.3.1	Die Durchführung der Abweichungsanalyse	90
4.3.2	Prämissen und Aufbau der Grenzplankostenrechnung	91
4.4	**Zusammenfassung**	94
4.5	**Wiederholungsfragen**	95
4.6	**Aufgaben**	95
4.7	**Lösungen**	96
5	**Strategische Erweiterungen der Kostenrechnung**	97
	Christian Ernst, Gerald Schenk, Peter Schuster	
5.1	**Strategische Anforderungen an die Kostenrechnung**	98
5.2	**Prozesskostenrechnung**	99
5.2.1	Intention der Prozesskostenrechnung	99
5.2.2	Ermittlung der Prozesse	99
5.2.3	Zuordnung der Kosten	99
5.2.4	Ermittlung von Kostentreibern	100
5.2.5	Ermittlung der Prozesskostensätze	100
5.2.6	Zusammenfassung zu Hauptprozessen	101
5.2.7	Strategische Kalkulation	102
5.2.8	Gemeinkostenmanagement	103
5.2.9	Würdigung	104

5.3	**Zielkostenmanagement (Target Costing)**	104
5.3.1	Intention des Zielkostenmanagements	104
5.3.2	Bestimmung der Zielkosten	105
5.3.3	Erreichen der Zielkosten	105
5.3.4	Würdigung	109
5.4	**Lebenszykluskostenrechnung**	110
5.4.1	Zur Begründung einer periodenübergreifenden Rechnung	110
5.4.2	Kosten und Erlöse im Produktlebenszyklus	110
5.4.3	Zur Ausgestaltung einer Lebenszykluskostenrechnung	111
5.4.4	Kostenmanagement mit Hilfe der Lebenszykluskostenrechnung	112
5.4.5	Würdigung	113
5.5	**Zusammenfassung**	113
5.6	**Wiederholungsfragen**	113
5.7	**Aufgaben**	114
5.8	**Lösungen**	116
6	**Ausblick**	119
	Christian Ernst, Gerald Schenk, Peter Schuster	
6.1	**Vorbemerkungen**	120
6.2	**Entscheidungsfunktion – eine Erweiterung**	121
6.3	**Verhaltenssteuerungsfunktion**	122
6.4	**Zusammenfassung**	125
6.5	**Wiederholungsfragen**	125
	Serviceteil	127
	Glossar	128
	Ausgewählte Literatur zur Vertiefung	134
	Sachverzeichnis	135

Einführung

Christian Ernst, Gerald Schenk, Peter Schuster

1.1 Die Kostenrechnung im Unternehmen – 2

1.2 Grundbegriffe der Kostenrechnung – 6
1.2.1 Abgrenzung von Kosten und Leistungen – 6
1.2.2 Kostenträger und Kostenstellen – 9
1.2.3 Kostenrechnungssysteme – 12
1.2.4 Mängel der Kostenrechnung – 13

1.3 Zusammenfassung – 14

1.4 Wiederholungsfragen – 15

1.5 Aufgaben – 15

1.6 Lösungen – 16

© Springer-Verlag GmbH Deutschland 2017
C. Ernst, G. Schenk, P. Schuster, *Kostenrechnung klipp & klar*, Wiwi klipp & klar,
https://doi.org/10.1007/978-3-662-53508-0_1

Lernziele dieses Kapitels
- Verstehen, in welchem Umfang und in welcher Weise die Kostenrechnung als Teil der im Unternehmen geführten Rechnungen Bedeutung hat
- Erkennen der wichtigsten Aufgaben der Kostenrechnung
- Abgrenzung von Kosten und Aufwendungen (d. h. den Wertansätzen des internen und des externen Rechnungswesens) und Verständnis der wichtigsten Grundbegriffe
- Erkennen des Dilemmas der Kostenrechnung: die Suche nach dem „richtigen" Rechnungssystem

Die **Kostenrechnung liefert mit ihren Daten Schlüsselinformationen** für die Entscheider im Unternehmen. Als wichtiges Informationsinstrument hilft sie, das Unternehmen zu steuern und unterstützt so das Controlling. Wie kann eine geeignete Rechnung aussehen?

Die Antwort auf diese Frage ist schwieriger zu finden, als es zunächst den Anschein hat. Einerseits ist die **Kostenrechnung**, anders als das externe Rechnungswesen, **von gesetzlichen Vorgaben weitgehend frei**, sodass jedes Unternehmen die Rechnung so ausgestalten kann, wie sie die beste Unterstützung gewährleisten kann, andererseits gibt es keine allgemein gültige Lösung eines geeigneten Systems.

Schlimmer noch, alle konkreten Lösungen können das Dilemma der Rechnung nicht beseitigen: Eine exakte Darstellung ist nicht möglich, die **vereinfachte Abbildung**, um die Rechnung schnell und anforderungsgerecht verwenden zu können, kann und wird aber **informationsverkürzend** sein. Ein in allen Situationen gleichermaßen geeignetes Kostenrechnungssystem kann es deshalb nicht geben.

Von der Kostenrechnung im angloamerikanischen Raum unterscheidet sich die Gestaltung in den deutschsprachigen Ländern dadurch, dass hier ein weitgehend **vom externen Rechnungswesen unabhängiges Rechnungssystem** entwickelt wurde. Weiterentwicklungen zumeist aus dem angloamerikanischen Bereich haben in den letzten Jahrzehnten vielfältige Impulse für Verbesserungen und Veränderungen gegeben.

Die folgenden Kapitel zeigen auf, wie die Kostenrechnung im Unternehmen aufgebaut und eingesetzt werden kann. Nach diesen einführenden Erläuterungen folgt die Darstellung des Aufbaus der Rechnung am Beispiel der Vollkostenrechnung (▶ Kap. 2). Die Teilkostenrechnung und die Plankostenrechnung werden danach aufgezeigt (▶ Kap. 3 und 4), strategische Erweiterungen (▶ Kap. 5) sowie ein Ausblick folgen abschließend (▶ Kap. 6).

1.1 Die Kostenrechnung im Unternehmen

Die **Unternehmensrechnung als Oberbegriff aller Rechnungssysteme**, deren Ziel die zahlenmäßige Abbildung des Wirtschaftsgeschehens darstellt, ist das institutionalisierte Informationssystem des Unternehmens. Sie setzt sich aus dem externen und dem internen Rechnungswesen zusammen. Diese

Einteilung folgt dabei der Ausrichtung auf unternehmensexterne bzw. -interne Benutzer.

Die **interne Unternehmensrechnung** stellt das wichtigste Informationsinstrument an den im Unternehmen angesiedelten Benutzer dar und setzt sich unter anderem aus Kostenrechnung (oder genauer auch „Kosten- und Leistungsrechnung" oder „Kosten- und Erlösrechnung") und Investitions- und Finanzrechnungen zusammen. Die **externe Unternehmensrechnung** umfasst die Finanzbuchführung und den Jahresabschluss.

Der interne oder externe Bezug stellt jedoch kein ausschließliches Unterscheidungskriterium dar, da sowohl in der Kostenrechnung als auch in der Finanzbuchführung interne und externe Vorgänge erfasst werden. Die **Einordnung als „intern" oder „extern"** erfolgt also ausschließlich anhand der Empfängerorientierung. Diese Unterscheidung zwischen externem und internem Rechnungswesen hat jedoch weitreichende Konsequenzen für die **Ausgestaltung der Rechnung**: Während die externe Unternehmensrechnung aufgrund ihrer anders gearteten Ausrichtung und Aufgabenstellung durch gesetzliche Regelungen vor allem des Handels- und Steuerrechts bestimmten Vorgaben folgen muss, um eine geforderte Mindestqualität der Rechnungen zu gewährleisten und missbräuchliche Gestaltungen zu verhindern, unterliegt die **interne Unternehmensrechnung** (typischerweise) keinen gesetzlichen Vorschriften.

Das Unternehmen wird als Einheit angesehen: Es ist zugleich Ersteller und Empfänger der Information und somit ist die interne Unternehmensrechnung den **Zielkonflikten der externen Rechnung**, die insbesondere durch unterschiedliche Ziele (z. B. bezüglich der Darstellung der Vermögens- und Ertragslage) und den unterschiedlichen Informationsstand von Ersteller und Empfänger verursacht werden, vordergründig nicht ausgesetzt.

Unternehmen besitzen keinen Selbstzweck, sondern dienen direkt oder indirekt beteiligten Personen zur Realisierung ihrer wirtschaftlichen Ziele. Das Unternehmen ist dabei in verschiedene Märkte eingebettet. Am Beschaffungsmarkt werden benötigte Produktionsfaktoren erworben, die zu vermarktbaren Produkten entwickelt und am Absatzmarkt verkauft werden. Der Kapitalmarkt stellt die Verbindung mit den Anteilseignern (Eigenkapitalgebern) sowie den Gläubigern (Fremdkapitalgebern) und Schuldnern her. Der Staat stellt Infrastruktur, gewährt Subventionen und erhält Steuern und Abgaben.

Den **Güterverzehr** und die **Gütererstellung** im Unternehmen eingebettet in diese Märkte bildet die Kostenrechnung ab, wie in ◘ Abb. 1.1 vereinfacht dargestellt.

Schwerpunkt der in der Kostenrechnung darzustellenden Aktivitäten sind **unternehmensinterne Prozesse** der Lagerung und **Transformation der Produktionsfaktoren**. Dies sind Güter und Dienstleistungen, die zur Herstellung und Verwertung anderer Güter (hier: der verkaufsfähigen Endprodukte) eingesetzt werden. In der auf Gu-

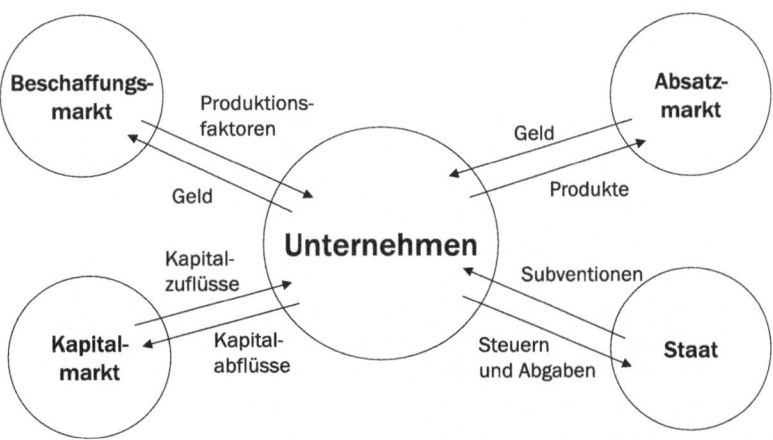

◘ Abb. 1.1 Vereinfachtes Modell des Güterverzehrs und der Gütererstellung. (Quelle: in Anlehnung an: Schuster 1998, S. 101)

tenberg zurückgehenden Klassifikation kann man folgende Unterscheidungen treffen:
- Elementarfaktoren
- Objektbezogene menschliche Arbeit
- Betriebsmittel (Bauten, Maschinen, Werkzeuge, Hilfs- und Betriebsstoffe)
- Werkstoffe (Rohstoffe, Halb- und Fertigerzeugnisse)
- Dispositive Faktoren
- Geschäfts- und Betriebsleitung
- Planung
- Organisation

Die zur Leistungserstellung notwendigen Verbräuche dieser Produktionsfaktoren liefern das Mengengerüst, das schließlich nach Bewertung zu dem Kostenansatz führt.

Die wichtigsten beiden Funktionen, die die Kostenrechnung zu erfüllen hat, stellen die **Entscheidungsfunktion** („Beeinflussung eigener Entscheidungen") und die **Verhaltenssteuerungsfunktion** („Beeinflussung fremder Entscheidungen") dar. Gemäß der ersten Funktion stellt die Kostenrechnung ein Informationsinstrument dar, mittels dem Entscheidungen ohne Betrachtung von Zielkonflikten im Management unterstützt werden. Hierbei geht es dann darum, für bestimmte Entscheidungstypen die bestmögliche Informationsbasis zu liefern. Auch bei der zweiten Funktion geht es um die Unterstützung von Entscheidungen, jedoch solcher „fremder" Personen (z. B. des angestellten Bereichsmanagers), dadurch begründet, dass die Delegation von Entscheidungen (an eben diese Manager) zu einer besseren Nutzung von Informationen verwendet werden können. Bei Vorliegen von (potenziellen) Zielkonflikten und asymmetrisch verteilten Informationen (der Bereichsmanager als Entscheider hat einen größeren Informationsstand als die Unternehmensführung oder die Eigentümer) gewinnt die Verhaltenssteuerungsfunktion erhebliche Bedeutung. Informationen der Kostenrechnung können dabei zur **Kontrolle** oder zur **Koordination** verwendet werden.

Eine andere Sichtweise der Einteilung besteht in der Klassifizierung nach den wichtigsten Aufgaben, die die Kostenrechnung zu erfüllen hat: Sie setzen sich aus **Planungs-, Kontroll-, Steuerungs- und Publikations-/Dokumentationsaufgaben** zusammen.

Im Rahmen der Steuerungsaufgaben werden die **Informationen aus der Kostenrechnung als Basis unternehmerischer Entscheidungen** genutzt, beispielsweise für die Bestimmung der Beschaffungspolitik, die Festlegung des Produktions- und des Absatzprogramms des Unternehmens.

Planung und Kontrolle sind hierbei wichtige betriebliche Funktionen, die durch die Kostenrechnung unterstützt werden können und die miteinander verbunden sind. Eine sinnvolle Steuerung des Unternehmens bedingt die **zukunftsorientierte Planung** (abstrakt ausgedrückt: die gedankliche Vorwegnahme zukünftigen Handels) unter anderem von Kosten und Erlösen und – als Zwillingsfunktion der Planung – die **Kontrolle zur Aufdeckung und Analyse von Abweichungen** (durch den Vergleich von geplanten und realisierten Größen).

Nur am Rande von Bedeutung sind die Dokumentationsaufgaben, die der Berichterstattung aufgrund gesetzlicher Vorgaben dienen und im deutschsprachigen Raum, anders als in den meisten Ländern, nur untergeordnete Bedeutung haben, da nur wenige gesetzliche Vorgaben zu beachten sind (*z. B. bei der Erfassung und Bewertung fertiger und unfertiger Erzeugnisse sowie selbst errichteter/gefertigter Gebäude und Maschinen als Hilfeleistung für handelsrechtliche Zwecke, bei der Selbstkostenermittlung im Rahmen der Vergabe öffentlicher Aufträge nach gesetzlich vorgeschriebenen Auflagen oder bei der Erbringung von Kosten- und Leistungsnachweisen durch Krankenhäuser aufgrund zwingender gesetzlicher Vorschriften*).

Die Aufgaben der Kostenrechnung lassen sich weiter daraufhin unterscheiden, welche der in ◘ Abb. 1.2 dargestellten Entscheidungen und Handlungen unterstützt werden.

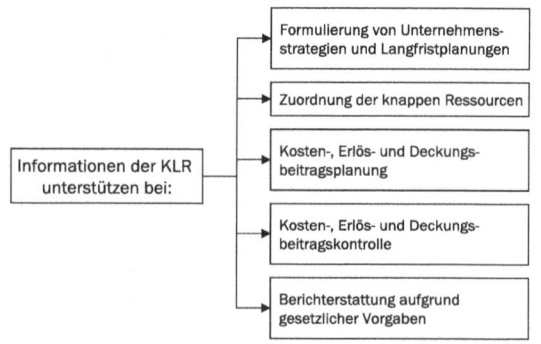

◘ Abb. 1.2 Informationen der Kosten- und Leistungsrechnung und ihre Anwendung. (Quelle: in Anlehnung an Horngren et al. 2008, S. 5 ff.)

Für die Erfüllung dieser Aufgaben sind sehr verschiedene, zu Berichten **gebündelten Informationen** notwendig. **Je nach Fragestellung werden dabei die Informationen aus der Kostenrechnung unterschiedlich zusammengestellt**, die Datenbasis der Kostenrechnung sollte somit möglichst breit einsetzbar sein. Das Erfordernis universeller Einsetzbarkeit bei heterogenen Entscheidungsproblemen hat zu den wichtigsten Grundbegriffen geführt, die im ▶ Abschn. 1.2 beschrieben werden.

In den Unternehmen **gewinnen Kostenrechnung und Controlling stetig an Bedeutung**, was sich nicht zuletzt in den seit Jahren überdurchschnittlichen Beschäftigungs- und Aufstiegsmöglichkeiten gut ausgebildeter Kostenrechner dokumentiert. Der zunehmende Wettbewerbsdruck erfordert fundierte Entscheidungen und somit eine auf diese Entscheidungen ausgerichtete Kostenrechnung. Sie liefert dabei an alle in der sogenannten Wertkette darstellbare Unternehmensbereiche, d. h., in allen Phasen und Wertschöpfungsstufen des Unternehmens sind **Informationen der Unternehmensrechnung für die erforderlichen Entscheidungen** hinzuziehbar. Eine vereinfachte Darstellung liefert die ◘ Abb. 1.3.

Der im Unternehmen tätige Kostenrechner unterstützt die Entscheider und muss dabei **drei besonders wichtige Aufgaben** erfüllen (helfen):
1. die Überprüfung der Zielerreichung
2. die Aufmerksamkeitslenkung auf Chancen und Risiken
3. die Problemlösung durch betriebswirtschaftliche Analysen.

Im Rahmen der **Zielerreichungsprüfung** werden Informationen gesammelt und Berichte erstellt, um die Frage zu beantworten: „Wie gut läuft unser Geschäft?" Im Zuge der **Aufmerksamkeitslenkung** werden die Entscheider des Unternehmens darin unterstützt, wichtige potenzielle Chancen und bedrohende Risiken des Unternehmens frühzeitig zu erkennen. Bei der **Problemlösung** liefert die Kostenrechnung analytische Vorschläge, um aufzuzeigen, welche der vorhandenen Alternativen die beste Lösung bieten kann.

Der (etwas verkürzende) Begriff **Kostenrechnung** wird häufig (so auch hier) synonym zu Kosten- und Leistungsrechnung sowie Kosten- und Erlösrechnung angesehen.

Die Kostenrechnung kann in zwei unterschiedlichen **Sichtweisen** betrachtet werden: einerseits die **verrechnungstechnischen Aspekte** – also die Frage, wie Kosten und Leistungen zu erfassen und zu verrechnen sind – und andererseits die **Anwendung der aus der Kostenrechnung zu gewinnenden Informationen**, z. B. für das Controlling des Unternehmens.

Bei der Anwendung wiederum kann unterschieden werden zwischen:
- Einsatz der Kostenrechnung als Entscheidungsrechnung: Fundierung von betrieblichen Entscheidungen,
- Einsatz als Kontrollrechnung: Informationsverbesserung eigener Entscheidungen und Verhaltenssteuerung fremder Entscheidungen sowie
- Einsatz als Koordinationsrechnung: Steuerung dezentraler Unternehmensbereiche sowie Koordination des Führungssystems als wesentliche Aufgaben des Controlling.

Die **Kostenrechnung als Entscheidungsrechnung** entspricht der „klassischen" Sicht einführender Lehrbücher. Basierend auf vielfachen vereinfachenden Annahmen, die der „traditionellen" Definition von Kosten und Leistungen zugrunde liegen, werden durch die Informationen wesentliche Entscheidungen unterstützt: z. B. Produktionsprogramm- oder Preisentscheidungen. Die **Kontrollrechnungen** unterstützen dagegen im Wesentlichen die zweite Funktion der Kostenrechnung, die Verhaltenssteuerung. Aus der Gegenüberstellung von geplanten und tatsächlich eingetretenen Kosten und Leistungen wird der Frage nachgegangen, inwieweit zwischen verschiedenen Gründen von Abweichun-

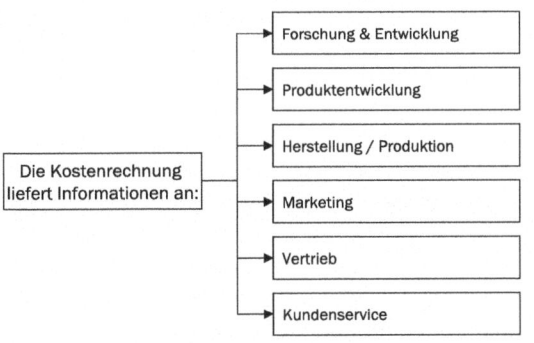

◘ Abb. 1.3 Kostenrechnungsinformationen und Wertkette

gen differenziert werden kann. Die **Koordinationsrechnungen** dienen ebenfalls überwiegend der Verhaltenssteuerungsfunktion und bestehen aus Instrumenten für die Steuerung dezentraler Unternehmensbereiche, also typischen Controllinginstrumenten, wie Budgetierung, Kennzahlen und Verrechnungspreisen.

Als grundsätzliches Problem aller Modelle trifft auch die interne Unternehmensrechnung auf den Zwiespalt, dass eine genaue Darstellung der Realität verbunden mit dem Verzicht auf jegliche **Verdichtung und Verkürzung der Informationen** nicht möglich ist. Die vereinfachte Abbildung des Wirtschaftsgeschehens mit dem Ziel, durch die Vereinfachungen die Rechnung schnell und anforderungsgerecht verwenden zu können, kann und wird aber informationsverkürzend sein. Die Abbildung des Wirtschaftsgeschehens muss also stets vereinfacht, aber doch so vollständig erfolgen, dass die Kostenrechnung für die Steuerung des Unternehmens einsetzbar ist. Ein in allen Situationen gleichermaßen geeignetes Kostenrechnungssystem kann es dabei nicht geben. Die **Bestimmung des optimalen Komplexitätsgrades** der Rechnung kann dabei **nur einzelfallabhängig** und mehr oder minder systematisch erfolgen.

1.2 Grundbegriffe der Kostenrechnung

1.2.1 Abgrenzung von Kosten und Leistungen

Die Kostenrechnung bzw. das Rechnungswesen insgesamt erfordern die **Darstellung** einer sehr komplexen und schwer strukturierbaren Fülle **von quantitativen und nicht-quantitativen Informationen**. Die Betriebswirtschaftslehre hat für die Bezeichnung der zu erfassenden Vorgänge die folgende Terminologie entwickelt:

- Aus- und Einzahlungen
- Aufwendungen und Erträge
- Kosten und Leistungen

Aus- und Einzahlungen bilden den Zahlungsverkehr des Unternehmens ab. Auszahlungen stellen dabei den Abfluss, Einzahlungen den Zufluss liquider Mittel dar. Eine weitere Ebene stellen die **Ausgaben und Einnahmen** dar, die neben dem Zahlungsverkehr auch Kreditvorgänge abbilden. Vereinfachend wird im Rahmen dieser Einführung die Betrachtung auf die oben genannten drei Ebenen beschränkt.

Für die Ebene der Finanzbuchführung finden die Zahlungen keine Beachtung, hier werden stattdessen Aufwand und Ertrag herangezogen. Sie bilden den gesamten bewerteten Verzehr bzw. die bewertete Gütererstellung eines Unternehmens ab und sind Basis des externen Rechnungswesens. Ihre Wertansätze ergeben sich aus gesetzlichen Bestimmungen (des Handels- und Steuerrechts) und den sogenannten Grundsätzen ordnungsmäßiger Buchführung.

Aufwand ist der bewertete Verzehr von Gütern und Dienstleistungen in einer Periode, wobei gemäß gesetzlicher Bestimmung meist beschaffungsmarktorientierte Wertansätze zugrunde zu legen sind. **Ertrag ist die bewertete Gütererstellung in einer Periode**, wobei gemäß gesetzlicher Bestimmung meist absatzmarktorientierte Wertansätze oder Herstellkosten zugrunde zu legen sind.

Beispiel
Erwerb und Bezahlung eines Grundstücks durch ein Unternehmen stellt somit eine Auszahlung, aber keinen Aufwand dar. Ein Aufwand entsteht erst, wenn das Grundstück z. B. durch Abbau genutzt wird und einen Wertverlust erleidet. Der Kaufpreis für ein Gebäude stellt in der Periode des Erwerbs in voller Höhe eine Auszahlung, aber nur anteilig in Höhe der gesetzlich zulässigen Abschreibung Aufwand dar, weil der Wertverzehr über einen längeren Zeitraum verteilt wird.

Aus diesen Ansätzen der Finanzbuchführung lassen sich schließlich die **Kosten und Leistungen** entwickeln. **Kosten** stellen dabei die **bewerteten sachzielbezogenen Güterverbräuche eines Unternehmens in einer Periode** dar, die zum Zwecke der Erstellung (Produktion) und Verwertung (Absatz) der betrieblichen Produkte und zur Aufrechterhaltung der hierfür notwendigen **Betriebsbereitschaft** erforderlich sind. **Leistungen** sind die **bewerteten sachzielbezogenen Gütererstellungen**, also der

1.2 · Grundbegriffe der Kostenrechnung

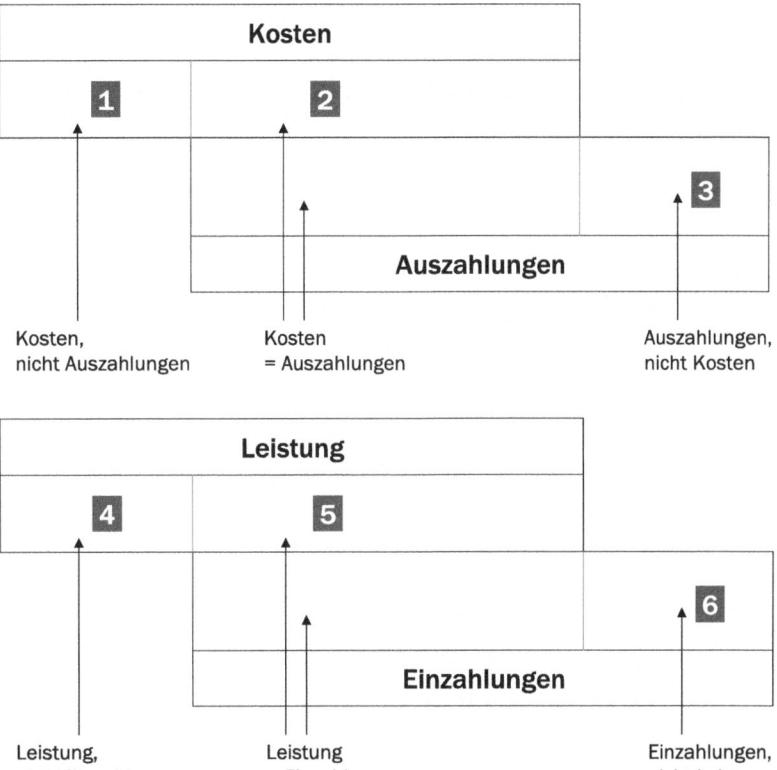

■ Abb. 1.4 Abgrenzung zwischen Kosten/Leistungen und Aus-/Einzahlungen. (Quelle: Scherrer 1991, S. 16–21, leicht modifiziert)

bewertete Zuwachs an Gütern, die dem Sachziel des Unternehmens entsprechen.

Bei dem Vergleich von Auszahlungen und Kosten bzw. Einzahlungen und Leistungen sind die in ■ Abb. 1.4 dargestellten drei Fälle denkbar.

Beispiele
1. Kalkulatorische Kosten (siehe dazu auch unten), soweit für sie kein Geldabfluss besteht (kalkulatorischer Unternehmerlohn bei Nichtkapitalgesellschaften, kalkulatorische Zinsen auf das Eigenkapital, kalkulatorische Wagnisse); Verbrauch von Roh-, Hilfs- und Betriebsstoffen, die in früheren Perioden bezahlt wurden; Einsatz von Arbeitnehmern bei Zahlung der entsprechenden Löhne in früheren oder späteren Perioden; Abschreibung auf Gebäude, technische Anlagen und Maschinen, die in früheren Perioden beschafft und bezahlt wurden.
2. Zahlung von Roh-, Hilfs- und Betriebsstoffen, die in der Periode verarbeitet werden; Zahlung von Löhnen und Gehältern für den Personaleinsatz in der Periode; Zahlung von Wartungs- und Reparaturkosten, die die Periode betreffen; Zahlung von Fremdkapitalzinsen für die Periode.
3. Rückzahlung von Darlehen, Privatentnahmen; Zahlung von Rohstoffen, die in der Periode nicht verarbeitet werden; Zahlung von Löhnen für vorausgegangene oder nachfolgende Perioden; Anschaffung (Zahlung) von Gebäuden, technischen Anlagen und Maschinen, die in späteren Perioden genutzt werden.
4. Fertigung von Produkten auf Lager; Übernahme von hergestellten Produkten in das Anlagevermögen (technische Anlagen und Maschinen, Geschäftsausstattung) des Unternehmens.
5. Barverkauf der in der Periode erstellten Produkte.
6. Kundenanzahlung für in späteren Perioden erstellte Produkte; Aufnahme eines Darlehens; Einzahlung aus dem Barverkauf der in der Vorperiode erstellten Produkte.

Abweichungen zwischen der Zahlungsebene und der Ebene der Kostenrechnung entstehen also dadurch, dass **zeitliche oder sachliche Unterschiede** entstehen.

Bei dem Vergleich zwischen den Ebenen der Finanzbuchführung und Kostenrechnung, d. h., zwischen den Rechengrößen von Aufwand (Ertrag) und Kosten (Leistungen) wird die Unterscheidung durch die unterschiedlichen Zwecke der Rechnung verständlich. Größen der Kosten- und Leistungsrechnung unterscheiden sich deshalb von den Größen der Finanzbuchführung, die durch gesetzliche Vorschriften eine gewissen Mindestqualität haben müssen, um deren Zweck (unter anderem Information von Eigentümern, Gläubigern und als Grundlage für die Ermittlung von Steuern) zu erfüllen. Unverfälscht durch diese gesetzlichen Regelungen und bezogen auf die eigentliche Betriebstätigkeit stellen somit nur betriebsbezogene, periodenbezogene und ordentliche Bestandteile der Aufwands- und Ertragsseite **Kosten bzw. Leistungen** dar (vgl. ◘ Abb. 1.5).

Ausgesondert werden also beispielsweise Aufwendungen wie **betriebsfremde Güterverbräuche** (Verbräuche, die nicht im Zusammenhang mit dem Zweck des Unternehmens stehen) (*z. B.: Spende*), **periodenfremde** (*z. B.: Nachzahlung der Grundsteuer für das Grundstück im Betriebsvermögen*) oder **außerordentliche Verbräuche** (die nicht im Rahmen des üblichen Betriebsablaufs zu erwarten sind) (*z. B.: Reparaturaufwand nach Brandschaden*). Dann verbleiben Positionen:
- die wertmäßig identisch im externen und internen Rechnungswesen angesetzt werden (d. h. Aufwand = Kosten), *„Grundkosten(-leistung)"* oder
- die zwar in beiden Rechnungssystemen angesetzt, aber mit abweichenden Wertansätzen berücksichtigt werden, *„Anderskosten(-leistung)"*, sowie
- solche, denen kein Ansatz auf der Aufwandsseite (Ertragsseite) gegenübersteht *„Zusatzkosten(-leistungen)"*.

◘ Abb. 1.6 fasst diese Einteilung zusammen.

Beispiele
1. Neutraler Aufwand: betriebsfremder, periodenfremder oder außerordentlicher Aufwand.
2. Grundkosten: Personalkosten in der Kostenrechnung, die in gleicher Höhe als Personalaufwand in der Finanzbuchführung berücksichtigt werden.
3. Kalkulatorische Kosten: (a.) als Anderskosten: Kosten, denen Aufwand in anderer Höhe gegenübersteht (z. B. kalkulatorische Abschreibungen, die im Wert von den bilanziellen Abschreibungen abweichen) oder (b.) als Zusatzkosten: kalkulatorische Zinsen auf das Eigenkapital.

Der oben dargestellte sogenannte **wertmäßige Kostenbegriff** findet in Literatur und Unternehmenspraxis überwiegend Anwendung. Auf den ersten Blick verblüffend erscheint, dass es keineswegs nur einen Kostenbegriff gibt und dass der Umfang dessen, was als Kosten im internen Rechnungswesen bearbeitet wird, von dem zugrunde gelegten Begriff

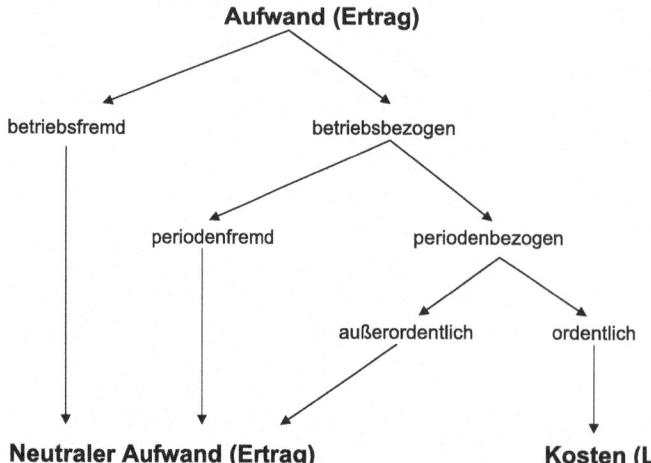

◘ Abb. 1.5 Abgrenzung von Aufwand und Kosten sowie Ertrag und Leistung. (Quelle: Schuster 1998, S. 103)

Abb. 1.6 Verhältnis zwischen Gesamtaufwand und Gesamtkosten. (Quelle: Kilger 1987, S. 25)

abhängt. Die hier gewählte Darstellung zeigt dabei die in Wissenschaft und Praxis meist verwendete Sicht, demgegenüber dienen bei dem sogenannten **pagatorischen Kostenbegriff** ausschließlich Zahlungen der Bewertung der Güterverbräuche.

Der **wertmäßige Kostenbegriff** ist dabei **umfassender**, da bei diesem Vorgehen von subjektiven Nutzenvorstellungen bzw. vom Ziel der Erfüllung von Rechnungszielen ausgegangen wird. Kosten können also beispielsweise auch angesetzt werden, ohne dass Auszahlungen anfallen.

1.2.2 Kostenträger und Kostenstellen

Zurechnungsobjekte von Kosten können vielfältige Objekte sein, insbesondere natürlich die Produkte („**Kostenträger**"). Auch auf Unternehmensbereiche, Aufträge, Kunden, Perioden u. v. a. lassen sich Kosten und Leistungen zurechnen.

Als Annahme mit weitreichender Konsequenz wird in der Kostenrechnung häufig unterstellt, dass lediglich eine **zentrale Kosteneinflussgröße** existiert: die **Beschäftigung** (= die periodenbezogene Nutzung der Betriebsmittel, im Fall eines Einproduktunternehmens dargestellt in Form der Ausbringungsmenge).

Kosten (und analog Leistungen) lassen sich so einerseits nach ihrer **direkten Zurechenbarkeit** sowie andererseits nach ihrem **Verhalten bei Beschäftigungsänderungen** folgendermaßen unterscheiden:

- Einzelkosten sind Kostenträgern direkt zurechenbar
- Gemeinkosten sind Kostenträgern nicht direkt zurechenbar
- Variable Kosten verändern sich mit veränderter Beschäftigung
- Fixe Kosten verändern sich nicht mit veränderter Beschäftigung

Bei den **variablen Kosten** lassen sich wiederum solche trennen, die sich im gleichen Verhältnis wie die Beschäftigung verändern (**proportionale Kosten**, typisches Beispiel: Fertigungsmaterialien oder Bauteile, die in jedes einzelne Produkt in gleicher Menge eingehen), solche die stärker oder schwächer steigen als die Beschäftigung (überproportionale oder progressive gegenüber unterproportionalen oder degressiven Kosten, typische Beispiele: **progressive Kosten**: Lohnkosten bei Zahlen von Überstundenzuschlägen, **degressive Kosten**: Zeitlohnarbeiter, der sich in die Bearbeitung einarbeiten muss. Wegen geringer Erfahrung benötigt er anfangs mehr Zeit und verursacht relativ hohe Kosten, während mit zunehmender Stückzahl durch einen Lerneffekt diese sinken) und Kosten, die bei einer Erhöhung (Senkung) der Beschäftigung sogar sinken (steigen) **regressive Kosten**; diese stellen einen Sonderfall dar. Beispiele hierfür beruhen auf Grenzfälle, die ungewöhnliche fertigungstechnische Besonderheiten aufweisen, z. B. Fertigung mit Einsatz hochhitziger Öfen mit sehr hitzebeständigen Materialien, die aber sehr empfindlich auf Temperaturschwankungen reagieren. Eine Produktionsreduktion kann dann zu erheblichen Verlusten bei diesen Materialien – und somit zu absolut höheren Kosten – führen).

Grenzkosten, die im späteren Verlauf der Darstellung noch an Bedeutung gewinnen, stellen die bei Vergrößerung der Produktionsmenge für die Herstellung der letzten Produktionseinheit verursachten Mehrkosten dar. Mathematisch können sie aus der Gesamtkostenfunktion hergeleitet werden, sie entsprechen der ersten Ableitung der Funktion.

Absolut fixe Kosten sind unabhängig von der Beschäftigung immer konstant, während sprung- oder **intervallfixe Kosten** jeweils nur innerhalb eines bestimmten relevanten Bereichs der Beschäftigung konstant bleiben und darüber hinaus auf das nächste Niveau „springen" (*z. B. durch Kosten für Maschinen, die jeweils eine bestimmte Produktionsmenge herstellen können. Oberhalb der Menge wird wieder eine neue Maschine benötigt, die wiederum zusätzliche fixe Kosten verursacht*).

Die ◘ Abb. 1.7 zeigt verschiedene Verläufe der Gesamtkosten (K) und die Kosten pro Mengeneinheit (Stückkosten) (k) in Abhängigkeit von der Kosteneinflussgröße x (z. B. Beschäftigung) auf.

Die **Einteilung in Einzel- und Gemeinkosten** bezieht sich grundsätzlich darauf, dass Kosten einem Zurechnungsobjekt direkt zurechenbar oder eben nicht zurechenbar sind. Zumeist sind Produkte (= Kostenträger) das Zurechnungsobjekt; die präzise Bezeichnung wäre also eigentlich Kostenträgereinzelkosten bzw. Kostenträgergemeinkosten.

Kostenträgergemeinkosten können für ein anderes Zurechnungsobjekt (*z. B. Unternehmensbereiche oder Abrechnungsperioden*) Einzelkosten darstellen. Genau genommen müsste also immer das Zurechnungsobjekt mitgenannt werden. In der Regel werden als Zurechnungsobjekte die Produkte (Kostenträger) angenommen, wenn von „Gemeinkosten" die Rede ist. Die sprachliche Präzisierung lässt meist also zu wünschen übrig und kann zu Missverständnissen führen.

Die Gemeinkosten lassen sich weiter in **echte und unechte Gemeinkosten** unterteilen. Echte Gemeinkosten sind solche Kosten, die sich auch bei der Anwendung genauester Erfassungsmethoden nicht als Einzelkosten zuordnen lassen, wogegen bei den unechten Gemeinkosten lediglich aufgrund

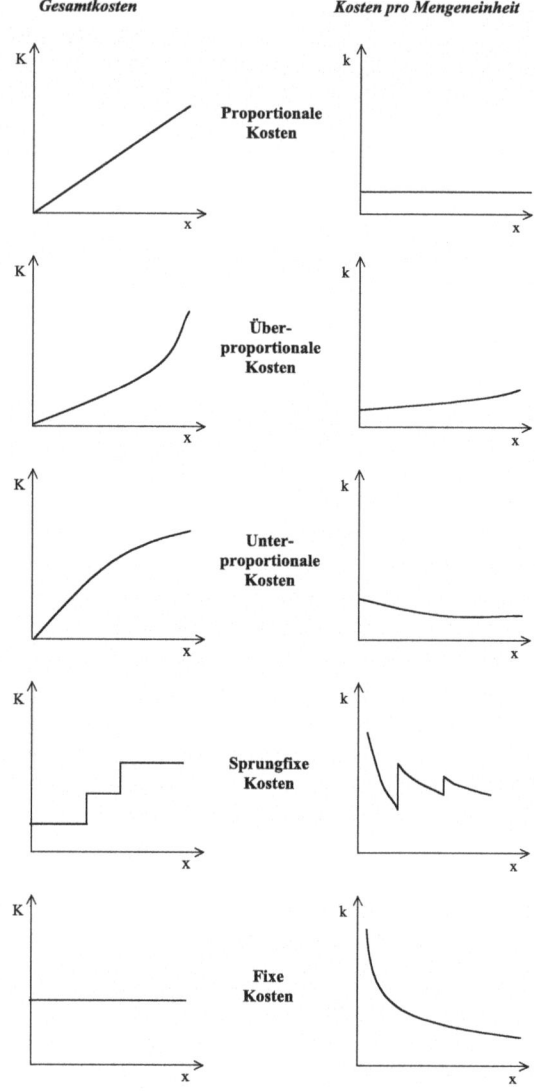

◘ **Abb. 1.7** Kostenverläufe. (Quelle: in modifizierter Form übernommen aus Hummel und Männel 1986, S. 104 f.)

von Wirtschaftlichkeitsüberlegungen darauf verzichtet wird und sie eigentlich Einzelkosten darstellen.

Wenn das Prinzip der **Gliederung der Kosten** nach der Form ihrer Zurechnung in Einzel- und Gemeinkosten über die Kostenträger hinaus auf weitere Zurechnungsobjekte vorgenommen wird, bieten sich die **Kostenstellen** (= Orte der Kostenentstehung) und **Abrechnungsperioden** an. Es entstehen also Kostenstelleneinzel- und -gemein-

1.2 · Grundbegriffe der Kostenrechnung

Tab. 1.1 Definitionen und Beispiele für Einzel- und Gemeinkosten bezogen auf verschiedene Bezugsgrößen. (Quelle: Kloock et al. 2005, S. 70)

Kostencharakter Bezugsgröße	Kosten mit Einzelkostencharakter	Kosten mit unechtem Gemeinkostencharakter	Kosten mit echtem Gemeinkostencharakter
Kostenträger	Einzelkosten (den absatzbestimmten Kostenträgern direkt zurechenbare und auch direkt zugerechnete Kosten) *Beispiel: reine Akkordlöhne (ohne Zusatz- oder Mindestlöhne) für ein Produkt; Kosten für wertvolle Bauteile, die in das Produkt eingebaut werden*	Unechte Gemeinkosten (den absatzbestimmten Kostenträgern direkt zurechenbare und nicht direkt zugerechnete Kosten) *Beispiel: Kosten für geringwertige Teile wie Schrauben, Nägel, Nieten*	Echte Gemeinkosten (den absatzbestimmten Kostenträgern nicht direkt zurechenbare Kosten) *Beispiel: Gehalt eines Meisters*
Kostenstellen	Kostenstelleneinzelkosten (den Kostenstellen direkt zurechenbare und auch direkt zugerechnete Kosten) *Beispiel: Gehalt eines nur in einer Kostenstelle tätigen Meisters*	Unechte Kostenstellengemeinkosten (den Kostenstellen direkt zurechenbare und nicht direkt zugerechnete Kosten) *Beispiel: Kosten für Strom*	Echte Kostenstellengemeinkosten (den Kostenstellen nicht direkt zurechenbare Kosten) *Beispiel: Mietkosten für ein Gebäude, das mehrere Kostenstellen beherbergt*
Perioden	Periodeneinzelkosten (den Perioden direkt zurechenbare und auch direkt zugerechnete Kosten) *Beispiel: Löhne, Gehälter, Rohstoffverbräuche, Zinsen*	Unechte Periodengemeinkosten (den Perioden direkt zurechenbare und nicht direkt zugerechnete Kosten) *Beispiel: Kosten aus Mietverträgen für mehrere Perioden, wobei Miete und Nebenkosten aus Vereinfachungsgründen nach dem Durchschnittsprinzip auf die Perioden verteilt werden*	Echte Periodengemeinkosten (den Perioden nicht direkt zurechenbare Kosten) *Beispiel: zeitabhängige Abschreibungen*

kosten sowie Periodeneinzel- und -gemeinkosten. Beispiele für alle diese Fälle zeigt die ◘ Tab. 1.1.

Da i. d. R. nur ein Teil der Kosten direkt zurechenbar ist (also Einzelkosten darstellt), wird im weiteren Verlauf der Rechnung eine **Schlüsselung der Gemeinkosten** vorgenommen, wenn mehr als nur die Einzelkosten, z. B. alle Kosten (Vollkosten) bei den Kostenträgern Berücksichtigung finden sollen. **Vollkosten** sind somit die einem Kostenträger direkt und indirekt zugerechneten gesamten (beschäftigungs-) variablen und (beschäftigungs-) fixen Kosten. Die Verrechnung der Vollkosten erfolgt in allen Stufen der Kostenrechnung. **Teilkosten** sind dagegen lediglich die einem Kostenträger direkt und indirekt zugerechneten und nach bestimmten Merkmalen abgegrenzte Teile der Vollkosten. Zumeist werden hier die (beschäftigungs-)variablen Kosten herangezogen.

Die Begriffspaare Einzel-/Gemeinkosten und fixe/variable Kosten beziehen sich auf unterschiedliche Kriterien. Im Allgemeinen gilt dabei: **Einzelkosten** sind **auch variable Kosten**, **Fixkosten auch Gemeinkosten**. Umgekehrt gilt der Zusammenhang jedoch nicht, da Gemeinkosten variabel sein können. Die **Unterscheidung** in variabel und fix ist überhaupt relativ zu sehen und **hängt entscheidend von der Fristigkeit der Betrachtung ab**. Langfristig betrachtet sind alle Kosten als variabel anzusehen, da sie durch geeignete Maßnahmen – langfristig – angepasst werden können. In der Praxis wird in der Unterscheidung auf eine Fristigkeit für die betrachte Periode (i. d. R. ein Geschäftsjahr) abgestellt. Häufig wird bezüglich der variablen Kosten angenommen, dass sie linear verlaufen. Dann gilt, dass die variablen

Kosten pro Bezugsgrößeneinheit identisch sind mit dem Steigungsmaß der Kostenfunktion und mit den Grenzkosten.

1.2.3 Kostenrechnungssysteme

Nach dem Umfang der Kostenzuordnung auf die Kostenträger und dem Zeitbezug der verrechneten Kosten lässt sich die Kostenrechnung bzw. das verwendete Kostenrechnungssystem einteilen. Bei der Suche nach einem **controllinggerechten Kostenrechnungssystem**, also einem System, das für die Unternehmenssteuerung relevante Informationen liefert, geht es um die Frage, welche der möglichen Ausgestaltungen der Kostenrechnung geeignet erscheinen, die damit gewonnenen Informationen für das Controlling einsetzen zu können. In den folgenden Ausführungen wird dieser Aspekt in den Vordergrund gestellt. Zur Beurteilung der verschiedenen Varianten ist unter anderem zu prüfen, inwieweit diese die Planungs-, Kontroll-, Steuerungs- und Publikations-/Dokumentationsaufgaben der Kostenrechnung erfüllen und somit als Controllinginstrument eingesetzt werden können. Zunehmend Beachtung in Theorie und Praxis findet dabei der Aspekt der Verhaltenssteuerungsfunktion der Kostenrechnung (siehe oben).

Nach dem Zeitbezug der Rechnung lassen sich **Istkosten**, **Normalkosten** und **Plankosten** (und -leistungen) unterscheiden. Die Istkostenrechnung basiert auf tatsächlichen Mengen und Preisen der eingesetzten Produktionsfaktoren. Sie hat in Praxis und Lehre eine lange Tradition und korrespondiert häufig mit der Vollkostenrechnung. Diese hat zum Ziel, sämtliche im Unternehmen anfallenden Kosten auf die Kostenträger (meist: Produkte) zu verteilen. Dagegen ist die Teilkostenrechnung dadurch charakterisiert, dass sie nur einen Teil der Kosten (i. d. R. die variablen Kosten) auf die Kostenträger verrechnet und den verbliebenen Teil separat führt, z. B. als Fixkostenblock, der durchaus weiter differenziert werden kann.

Die Ermittlung der Istwerte stellt kein besonderes theoretisches Problem dar. Zur Lösung von **Kontrollaufgaben** ist die Istkostenrechnung geeignet, da sie tatsächlich angefallene Kosten und Leistungen zur Verfügung stellt. Allerdings sind Sollgrößen den Istgrößen gegenüberzustellen, um eine Abweichungsanalyse durchführen zu können. Istgrößen vergangener Perioden als Sollgrößen sind aber ungeeignet, Wirtschaftlichkeitsaussagen für Kostenstellen oder über den sachzielbezogenen Unternehmenserfolg zu fundieren, da sie nicht unbedingt mit den gegenwärtigen Istkosten vergleichbar sind (*z. B. bei verändertem Produktionsprogramm, abweichender Kapazitätsauslastung, anderer Struktur der Betriebsmittel und damit der Fixkosten, konjunkturellen Veränderungen*) und die Unwirtschaftlichkeiten der Vorperioden bei diesem Vorgehen weiter fortgeschrieben werden.

Die Istkostenrechnung ist aber schon deshalb unverzichtbar, weil sie die Istgrößen der betrachteten Periode zur Verfügung stellt, die geeigneten Vergleichsgrößen gegenüberzustellen sind. Planungsaufgaben sind zukunftsgerichtet und erfordern darum ebensolche Daten. Bei Anwendung einer Istkostenrechnung bleibt nur die Möglichkeit der Trendextrapolation vergangener Daten in die Zukunft und wegen der großen Fehlerbehaftung eines solchen Vorgehens **erfüllt die Istkostenrechnung Planungsaufgaben häufig nicht**.

Die **Erfüllung der Publikations-/Dokumentationsaufgaben** setzt vor allem bei der Bewertung unfertiger und fertiger Erzeugnisse, selbst errichteter Gebäude, Maschinen und Werkzeuge sowie der Ermittlung von Selbstkostenpreisen gemäß den Leitsätzen für die Preisermittlung auf Grund von Selbstkosten (LSP) an und stellt damit eine für die externe Unternehmensrechnung relevante Problematik dar. Grundsätzlich erfüllt die Istkostenrechnung diese Aufgaben gut.

Die **Normalkostenrechnung** versucht die Abrechnung gegenüber der Istkostenrechnung zu vereinfachen und zu beschleunigen, indem sie mit Normalkosten und Normalleistungen arbeitet, die als Durchschnittsgrößen von Istgrößen mehrerer Vorperioden ermittelt werden.

Die so bestimmten Werte sind einfacher und schneller zu erhalten, außerdem führt die **Glättung der Werte durch Einbeziehung mehrerer Perioden** zu einer besseren Vergleichbarkeit. Die Beurteilung der Normalkostenrechnung im Hinblick auf ihre Controlling-Eignung gleicht indes der Istkostenrechnung. Für Kontrollaufgaben ist sie ähnlich

1.2 · Grundbegriffe der Kostenrechnung

einzuschätzen. Planungsaufgaben, die zukunftsorientierte Wertansätze erfordern, werden durch den Vergangenheitsbezug schlecht erfüllt. Auch die Erfüllung der Publikations-/Dokumentationsaufgaben ist analog der Istkostenrechnung zu beurteilen, allerdings ist hierbei zu beachten, dass in bestimmten Fällen, z. B. bei der Selbstkostenbestimmung gemäß LSP (Leitsätze für die Preisermittlung auf Grund von Selbstkosten – legen die Mindestanforderungen für die Gliederung einer Preiskalkulation und die zulässigen Mengen- und Wertansätzen für die wichtigsten Kostenarten fest), der Ansatz von Istkosten der Periode vorgeschrieben wird, sodass die Normalkosten nicht angesetzt werden können.

Wie aus den bisherigen Ausführungen deutlich wird, kann zur Lösung der Planungs- und Kontrollaufgaben nur eine **Plankostenrechnung** beitragen. Sie unterscheidet sich von Ist- und Normalkostenrechnung dadurch, dass anstelle vergangenheitsorientierter Ansätze **zukunftsorientierte Daten** zugrunde gelegt werden.

Die Plankosten ergeben sich dabei durch den Ansatz von Planmengen und Planwerten. Die Wertkomponente folgt aus den (geplanten) Preisen der eingesetzten Faktoren, die Mengenkomponente kann durch verschiedene Einflussgrößen determiniert werden, z. B. Produktionsprogramm oder Unternehmensgröße (siehe ▶ Kap. 3).

Üblicherweise wird diese Fragestellung aber auf nur einen Einflussfaktor reduziert, nämlich – wie schon dargestellt – auf die Beschäftigung, als die absolute periodenbezogene Nutzung der Betriebsmittel eines Unternehmens.

Das weitere Vorgehen sieht folgende verrechnungstechnische Systematik vor: In der **Kostenartenrechnung** werden die Kosten (Leistungen) in Kostenarten (Erlösarten) zerlegt, dem Ort der Kostenentstehung zugeordnet (**Kostenstellenrechnung**) und anschließend in der **Kostenträgerrechnung** produktbezogen (Kostenträgerstückrechnung = Kalkulation) und periodenbezogen (Kostenträgerzeitrechnung = kurzfristige Erfolgsrechnung) zugeordnet und zusammengefasst (vgl. ◘ Abb. 1.8). Die Schlüsselung der Gemeinkosten erfolgt also im zweiten Teil der Kostenrechnung über die sogenannte Kostenstellenrechnung, auf die im ▶ Kap. 2 ausführlicher am Beispiel einer Vollkostenrechnung, eingegangen wird.

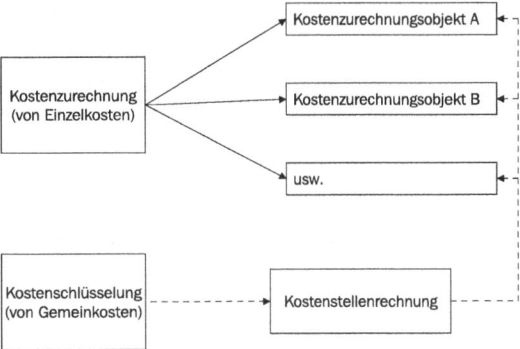

◘ Abb. 1.8 Kostenzurechnung und Kostenschlüsselung

1.2.4 Mängel der Kostenrechnung

In der dargestellten Vorgehensweise der Kostenrechnung tauchen **zwei grundsätzliche Probleme** auf, für die es keine vollständig zufrieden stellende Lösung geben kann: das Gemeinkostenproblem und das Fixkostenproblem.

- **Gemeinkosten** können definitionsgemäß gar nicht oder nicht in wirtschaftlicher Weise den Kostenträgern zugerechnet werden. Jede Schlüsselung beinhaltet aber die Gefahr von groben Vereinfachungen oder Fehlern
- **Fixkosten** sind – wie beschrieben – von der Beschäftigung unabhängig und jede Proportionalisierung (Umrechnung auf das einzelne Stück eines Produktes) kann deshalb zu potenziell falschen Schlüssen führen.

Die **Fixkostenproblematik** der Vollkostenrechnung **kann zu falschen kurzfristigen Entscheidungen und zu Verhaltensfehlwirkungen führen** und die Gemeinkostenproblematik ist mit einer nicht verursachungsgerechten Zuordnung von Teilen der Kosten verbunden und kann somit zu gravierenden Fehlern führen, auch bei der Teilkostenrechnung, da hier die variablen Gemeinkosten über die Kostenstellenrechnung geschlüsselt werden. Zugleich ist ein zunehmender Gemeinkostenanteil zu verzeichnen, die Teilkostenrechnung lenkt die Rationalisierungsbemühungen aber nur auf den immer kleiner werdenden Teil der variablen Teile dieser Kosten.

Weitere Mängel sind festzustellen. So existieren **objekt- und zeitbezogene Abbildungsmängel**: Zunehmend beeinflussen nicht einzelne Arbeitsplätze, sondern arbeitsteilige Leistungsketten die Wertschöpfung. Die **traditionelle Betriebswirtschaftslehre** und damit ebenso die **Kostenrechnung** sind aber **funktions- und nicht prozessorientiert.** Die zeitbezogenen Abbildungsmängel zeigen sich in dem Problem der Periodisierung: Die Kostenrechnung stellt i. d. R. auf eine Periode ab, die zeitliche Abgrenzung ist dabei aber als willkürlich anzusehen (obwohl sie die Unterscheidung fixe – variable Kosten und damit relevante und nicht relevante Kosten bedingt), **mehrperiodige Wirkungen** werden **vernachlässigt.** Der **fehlende Strategiebezug** und die unzureichende Transparenz sind ebenso Kritikpunkte. So ist die Kostenrechnung weder darauf ausgerichtet, die strategische Wettbewerbsposition des Unternehmens noch Informationen über Erfolgspotenziale oder Signale zur Früherkennung zu verwerten.

Abschließend seien noch Kritikpunkte genannt, die an der **fehlenden methodischen oder funktionalen Integration** ansetzen. So werden die an Bedeutung gewinnende Forschung und Entwicklung, die Logistik, die Qualitätssicherung, sowie neue Fertigungs- (mit der Tendenz zu steigenden Gemeinkosten) oder Vertriebskonzepte bisher kaum ausreichend kostenrechnerisch berücksichtigt. Ansatzpunkte in dieser Hinsicht, etwa für die Kalkulation der Produkte, sind z. B. in Form der Prozesskostenrechnung zu finden, die die stärkere Durchdringung und Beachtung der Gemeinkosten fördert, oder in Form der Zielkostenrechnung, die die Festlegung der Kosten bereits in frühen Entwicklungsphasen beachtet.

Viele Aspekte bleiben dennoch bisher nur unbefriedigend gelöst, z. B. in der Kostenartenrechnung: die fehlende Differenzierung der Kostenarten für logistische Leistungen; in der Kostenstellenrechnung: die Berücksichtigung aller Marketing- und Distributionsaktivitäten meist in nur einer einzigen Kostenstelle trotz großer Heterogenität der Kostenstrukturen oder in der Kostenträgerrechnung: die weiterhin kaum befriedigend gelöste Behandlung des Gemeinkostenproblems, das in der Zeit moderner Produktionskonzepte verbunden mit Qualitätssicherungskonzepten, die durch steigende Gemeinkostenanteile gekennzeichnet sind, stetig an Bedeutung zunimmt.

Besonderheiten von Dienstleistungs- und Non-Profit-Organisationen haben bisher nur am Rande Eingang in die betriebswirtschaftliche Forschung und Lehre gefunden. Auch die meisten unter dem Schlagwort **Lean Management** gefassten Überlegungen wie Kundenorientierung, **Total Quality Control**, Komplexitätsreduktion, Teamarbeit, Einbeziehung von Kunden, Lieferanten und Händlern sowie die mit der **Globalisierung** verbundenen Herausforderungen zeigen Ansatzpunkte für konzeptionelle Weiterentwicklungen der Kostenrechnung auf, die bisher überwiegend auf die Optimierung der Zielgrößen aus der Zeit der industriellen Massenproduktion von Gütern ausgerichtet ist. Prozesskosten- und Lebenszykluskostenrechnung sind als Ansatzpunkte einer Heilung einiger der genannten Mängel und somit als Bereicherung der traditionellen Kostenrechnung anzusehen.

1.3 Zusammenfassung

Die Unternehmensrechnung stellt den Oberbegriff aller Rechnungssysteme im Unternehmen dar, deren Ziel die zahlenmäßige Abbildung des Wirtschaftsgeschehens ist. Abhängig vom Nutzer der Information wird zwischen externer und interner Rechnung unterschieden. Letztere setzt sich vor allem aus Kostenrechnung und Investitionsrechnung zusammen.

Die Kostenrechnung bildet den Güterverzehr und die Gütererstellung im Unternehmen ab. Ihre Planungs-, Kontroll-, Steuerungs- und Publikations-/Dokumentationsaufgaben dienen der Unterstützung bei der Formulierung von Unternehmensstrategien und langfristigen Planungen, bei Kostenplanung und -kontrolle, bei Leistungsmessung und Beurteilung von Mitarbeitern sowie der Berichterstattung. Der Kostenrechner im Unternehmen muss dabei verschiedene wichtige Aufgaben erfüllen: die Überprüfung der Zielerreichung, die Aufmerksamkeitslenkung der Entscheider auf Chancen und Risiken und die Problemlösung mittels betriebswirtschaftlicher Analysen. Die Rechnung dient dabei der Fundierung von betrieblichen Entscheidungen, der Informationsverbesserung für eigene Entscheidungen und der Verhaltenssteuerung fremder sowie der Steuerung dezentraler Unternehmensbereiche.

Kosten und Leistungen als Größen des internen Rechnungswesens unterscheiden sich von Aufwendungen und Erträgen des externen Rechnungswesens. Die wichtigsten Einteilungen von Kosten (und Leistungen) erfolgen in Einzel- und Gemeinkosten(-leistungen) in Abhängigkeit der Zurechenbarkeit auf Kostenträger sowie in variable und fixe Kosten (Leistungen) in Abhängigkeit von ihrer Veränderung bei Veränderung der zentralen Einflussgröße Beschäftigung.

Das Kostenrechnungssystem ist dabei mit einem zentralen Dilemma verbunden: Die exakte Abbildung des Geschehens ist nicht durchführbar, die vereinfachte führt zu ungenauen oder falschen Ergebnissen. Der optimale Komplexitätsgrad der Rechnung kann nicht allgemeingültig bestimmt werden. Darüber hinaus sind zwei Probleme ebenfalls nicht vollständig lösbar: Jede Schlüsselung von Gemeinkosten muss letztlich ungenau und beliebig bleiben und jede Proportionalisierung von Fixkosten kann potenziell zu falschen Ergebnissen führen.

1.4 Wiederholungsfragen

1. Wodurch unterscheiden sich externe und interne Unternehmensrechnung und aus welchen Teilbereichen setzen sie sich zusammen? Lösung ▶ Abschn. 1.1.
2. Welches sind die wichtigsten Aufgaben der Kosten- und Leistungsrechnung? Lösung ▶ Abschn. 1.2.
3. Wodurch unterscheiden sich Auszahlungen und Kosten, wodurch Aufwendungen und Kosten? Lösung ▶ Abschn. 1.2.1, ◘ Abb. 1.4.
4. Nennen und erläutern Sie Beispiele für Grund-, Anders und Zusatzkosten. Lösung ▶ Abschn. 1.2.1.
5. Wodurch unterscheiden sich Einzel- und Gemeinkosten und welche Rolle spielen dabei Kostenstelleneinzel- und -gemeinkosten und Periodeneinzel- und -gemeinkosten? Lösung ▶ Abschn. 1.2.2.
6. Worin bestehen das Gemeinkosten- und das Fixkostenproblem? Lösung ▶ Abschn. 1.2.4.

1.5 Aufgaben

- **Aufgabe 1**

Gegeben sind folgende Betriebsvorgänge. Markieren Sie alle zutreffenden Begriffe an, wenn die Abrechnungsperiode der Dezember ist.

a. Am 1. Dezember wird Ware (mit Zahlungsziel) angeliefert und auf Lager gelegt.
b. Am 20. September gelieferte Ware wird am 6. Dezember bezahlt.
c. Ein Teil der am 1. Dezember gelieferten Ware wird durch einen Elektroschaden unbrauchbar.
d. Der restliche Teil der am 20. September gelieferten Ware wird am 18. Dezember in der Produktion eingesetzt.
e. Am 18. Dezember schließen Sie einen Vertrag über den Verkauf eines Ihrer Produkte ab, das am 20. Januar geliefert wird. Der Kunde zahlt mit Vertragsschluss an.
f. Waren, die im September produziert wurden (Herstellkosten: 10.000,– €) werden im Dezember verkauft (Umsatz: 13.000,– €), die Bezahlung wird für den Januar erwartet.

- **Aufgabe 2**

Die Kostenanalyse eines Einproduktunternehmens ergab folgende Gesamtkostenfunktion:

$$K(x) = 0{,}02x^3 - 0{,}1x^2 + 0{,}5x + 100.$$

Das dazugehörige Produkt wird zu einem Preis von 20,– € verkauft.

a. Bestimmen Sie die Funktion der: Grenzkosten, variablen und gesamten Stückkosten.
b. Bestimmen Sie:
   a. die gewinnmaximale Menge sowie den dazugehörigen Umsatz, die Kosten und den Gewinn.
   b. die Menge, bei der die variablen Stückkosten minimal sind und die dazugehörige Höhe der Kosten, der Grenzkosten und der variablen Stückkosten.

- **Aufgabe 3**

Eine Kostenanalyse ergab für ein Einproduktunternehmen folgende Gesamtkostenfunktion:

$$K(x) = 10x^3 - 25x^2 + 100x + 400.$$

Das Produkt des Unternehmens wird zu einem Preis von 2.500,- € pro Stück abgesetzt.
a. Bestimmen Sie die zugehörigen Funktionen:
   — der Gesamtkosten
   — des Umsatzes
   — der Grenzkosten
   — der gesamten Stückkosten
   — der variablen Stückkosten sowie
   — der fixen Stückkosten.
b. Bestimmen Sie die Menge des Produktes
   a. im Minimum der variablen Stückkosten.
   b. im Gewinnmaximum (Erstellung der Bestimmungsgleichung ist ausreichend).

1.6 Lösungen

- **Aufgabe 1**

	Auszahlung/Einzahlung	Ausgabe/Einnahme	Aufwand/Ertrag	Kosten/Leistung
a.		X		
b.	X			
c.			X	
d.			X	X
e.	X	X		
f.		X (13.000)	X (3.000)	X (3.000)

- **Aufgabe 2**

a. $K'(x) = 0{,}06x^2 - 0{,}2x + 0{,}5$
   $k_v(x) = 0{,}02x^2 - 0{,}1x + 0{,}5$
   $k(x) = K(x)/x = 0{,}02x^2 - 0{,}1x + 0{,}5 + 100/x$
b.
   a. $G = 20x - 0{,}02x^3 + 0{,}1x^2 - 0{,}5x - 100$
      1. Ableitung: $20 - 0{,}06x^2 + 0{,}2x - 0{,}5 = 0$
      $x_{opt.} = -0{,}06x^2 + 0{,}2x + 19{,}5 = 0$
      $x^2 - 10/3x - 325 = 0$

      $x_{1/2} = 5/3 \pm \sqrt{\dfrac{25}{9} + 325}$

      $x = 19{,}77$ (gerundet)
      (zweiter Wert negativ und betriebswirtschaftlich nicht sinnvoll)
      $K(x = 19{,}77) = 208{,}91$ €;
      $K'(x = 19{,}77) = 20{,}-$ €;
      $U(x = 19{,}77) = 395{,}40$ €;
      $G(x = 19{,}77) = 186{,}49$ €.
   b. $k_v(x) = 0{,}02x^2 - 0{,}1x + 0{,}5$
      $k'_v(x) = 0{,}04x - 0{,}1 = 0 \rightarrow x = 2{,}5$
      $K(x = 2{,}5) = 120{,}93$; $K'(x = 2{,}5) = 121{,}31$;
      $k_v(x = 2{,}5) = 121{,}68$ €

- **Aufgabe 3**

a. Gesamtkosten = $K(x) = 10x^3 - 25x^2 + 100x + 400$
   Umsatz = $U(x) = 2.500x$
   Grenzkosten = $K'(x) = 30x^2 - 50x + 100$
   gesamte Stückkosten = $k(x)$
   $= 10x^2 - 25x + 100 + 400/x$
   variable Stückkosten = $k_{var}(x) = 10x^2 - 25x + 100$
   fixe Stückkosten = $k_{fix}(x) = 400/x$
b.
   a. Minimum der variablen Stückkosten:
      $k(x) = 10x^2 - 25x + 100$
      $k'(x) = 20x - 25 = 0 \quad x = 1{,}25$
   b. Gewinnmaximum:
      $U(x) = 2.500x$
      $K(x) = 10x^3 - 25x^2 + 100x + 400$
      $G(x) = 2.500x - (10x^3 - 25x^2 + 100x + 400)$
      $= -10x^3 + 25x^2 + 2.400x - 400$
      $G'(x) = -30x^2 + 50x + 2.400 = 0$
      umgeformt: $x^2 - 5/3x - 80 = 0$

      $x_1 = 5/6 + \sqrt{(5/6)^2 + 80} = 9{,}81634$
      ($x_2 = -8{,}14968$, x_2 ist negativ und somit nicht relevant)
      ($x^2 + px + q = 0 \quad x_1 = -p/2 + \sqrt{p^2/4 - q}$

Aufbau der Kosten- und Leistungsrechnung am Beispiel der Vollkostenrechnung

Christian Ernst, Gerald Schenk, Peter Schuster

2.1 **Kostenerfassung in der Kostenartenrechnung** – 19
2.1.1 Material- bzw. Werkstoffkosten – 20
2.1.2 Personalkosten – 22
2.1.3 Kalkulatorische Abschreibungen – 23
2.1.4 Kalkulatorische Zinsen – 27
2.1.5 Kalkulatorische Wagniskosten – 28
2.1.6 Kosten für Dienstleistungen – 29
2.1.7 Kosten für Abgaben an die öffentliche Hand – 29

2.2 **Kostenverteilung in der Kostenstellenrechnung** – 29
2.2.1 Primärkostenrechnung – 30
2.2.2 Sekundärkostenrechnung – 32

2.3 **Kalkulation in der Kostenträgerrechnung** – 35
2.3.1 Divisionskalkulation – 36
2.3.2 Zuschlagskalkulation – 39
2.3.3 Kuppelkalkulation – 41
2.3.4 Erlösrechnung – 45

2.4 **Zusammenfassung** – 49

2.5 **Wiederholungsfragen** – 50

2.6 **Aufgaben** – 50

2.7 **Lösungen** – 52

© Springer-Verlag GmbH Deutschland 2017
C. Ernst, G. Schenk, P. Schuster, *Kostenrechnung klipp & klar*, Wiwi klipp & klar,
https://doi.org/10.1007/978-3-662-53508-0_2

Lernziele dieses Kapitels
- Verstehen der grundlegenden Vorgehensweise der Kostenverrechnung in einem dreiteiligen System am Beispiel einer auf Vollkosten basierenden Rechnung
- Einteilung der Kosten in Kostenarten und ihre wert- und mengenmäßige Erfassung (in der Kostenartenrechnung) verstehen
- Darstellung der Behandlung der Gemeinkosten in der Kostenstellenrechnung und Berücksichtigung der innerbetrieblichen Leistungen mit verschiedenen Verfahren der Sekundärkostenrechnung
- Zusammenführung der Einzel- und Gemeinkosten in der Kostenträgerrechnung und zwar produktbezogen als Kalkulation oder zeitbezogen als kurzfristige Erfolgsrechnung erkennen
- Verständnis verschiedener Kalkulationsmethoden (Divisions-, Äquivalenzziffern-, Zuschlags- und Kuppelkalkulationen) und ihrer Einsatzeignung in Abhängigkeit von der Art der Produktion

Kostenrechnung klipp & klar
1. Einführung
2. Aufbau der KLR am Beispiel der Vollkostenrechnung
3. Teilkostenrechnung
4. Plankostenrechnung
5. Strategische Erweiterungen der Kostenrechnung
6. Ausblick

Die Kostenrechnung im deutschsprachigen Raum hat eine lange Tradition. Dabei hat sich ein **dreiteiliges System** herausgebildet und die verrechnungstechnische Sicht der Kostenrechnung großes Gewicht gewonnen. Der verrechnungstechnische Ablauf der Kostenrechnung wird in diesem Kapitel auf Basis einer Vollkostenrechnung dargestellt. Im Vorgehen erfolgt diese Dreiteilung in: (1.) **Kostenarten-**, (2.) **Kostenstellen-** und (3.) **Kostenträgerrechnung**. In diesen Teilen sollen folgende Fragen beantwortet werden:
- **Welche** Kosten sind angefallen? (Kostenartenrechnung)
- **Wo** sind Kosten angefallen? (Kostenstellenrechnung)
- **Wofür** sind Kosten angefallen? (Kostenträgerrechnung)

Anders betrachtet kann diese Systematik auch als zweiteiliges System angesehen werden, bestehend aus **Kostenerfassung** und **Kostenverteilung**. Zunächst erfolgt zunächst die Kostenerfassung in der Kostenartenrechnung. Hier werden alle Kosten und Leistungen in ihren **Mengen- und Wertkomponenten** erfasst und nach **fixen und variablen Kosten** einerseits und **Einzel- und Gemeinkosten** andererseits unterschieden. Die Unterteilung nach der direkten Zurechenbarkeit von Kosten auf die Kostenträger hat für die Weiterverarbeitung Konsequenz.

Die Kostenverteilung erfolgt in der Kostenstellenrechnung und schließlich in der Kostenträgerrechnung – von den Kostenarten direkt auf Kostenträger (Einzelkosten) oder auf Kostenstellen (Gemeinkosten), von Kostenstellen auf andere Kostenstellen und schließlich von Kostenstellen auf Kostenträger. Während also Einzelkosten direkt in den letzten Teil geleitet werden können, werden die Gemeinkosten zur weiteren Verrechnung in den zweiten Teil der Kostenrechnung, der **Kostenstellenrechnung**, überführt, mit dem Ziel, eine aussagekräftige Zuordnung (**Schlüsselung**) auf die Kostenträger zu ermöglichen. Bei den (Kostenträger-)Gemeinkosten kann wiederum in Kostenstelleneinzelkosten und Kostenträgergemeinkosten unterschieden werden.

Die Produkte stehen im Mittelpunkt des Interesses und sind somit die wichtigsten Kosten- und Erlösträger. Im letzten Teil, der **Kostenträgerrechnung**, werden deshalb **alle Kosten und Leistungen**

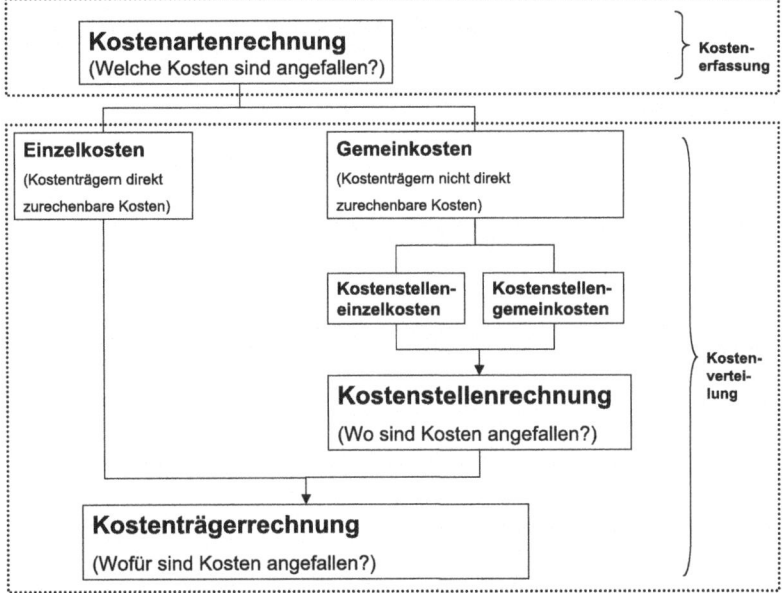

Abb. 2.1 Systematik der Kostenrechnung. (Quelle: in modifizierter Form übernommen aus Coenenberg 2003, S. 48)

wieder zusammengeführt und stückbezogen (Kalkulation oder Kostenträgerstückrechnung) oder **zeitraumbezogen** (kurzfristige Erfolgsrechnung oder Kostenträgerzeitrechnung) ausgewertet. Die Kostenträgerrechnung ist also Oberbegriff für alle Verfahren, die zur Zurechnung von Kosten und Erlösen auf Produkteinheiten, aber auch Produktarten oder -gruppen und beispielsweise Aufträgen geeignet sind. Sie können als zeitraum- oder stückbezogene Rechnungen durchgeführt werden. Die Abb. 2.1 zeigt den skizzierten Zusammenhang der dreigeteilten Kostenrechnung.

2.1 Kostenerfassung in der Kostenartenrechnung

Aufgaben der Kostenartenrechnung sind die **vollständige Erfassung aller Kosten und Leistungen** der betrachteten Periode und ihre Aufbereitung, die eine Weiternutzung ermöglicht. Dies setzt eine **zweckmäßige Gliederung der Kosten und die Erfassung der Mengen- und Wertkomponenten** voraus.

Die **Einteilung der Kostenarten** kann nach verschiedenen Kriterien erfolgen. Dabei sind als Klassifikationskriterien in der Betriebswirtschaftslehre die Art der verbrauchten oder eingesetzten Produktionsfaktoren oder die betrieblichen Funktionen am

Kostenarten	Material- bzw. Werkstoffkosten
	Personalkosten
	Kalkulatorische Abschreibungen
	Kalkulatorische Zinsen
	Kalkulatorische Wagniskosten
	Kosten für Dienstleistungen
	Kosten für Abgaben an die öffentliche Hand

Abb. 2.2 Mögliche Einteilung in Kostenarten

gebräuchlichsten. Eine solche Vorgehensweise führt z. B. zu der in der Abb. 2.2 dargestellten Einteilung.

Die Detailliertheit der Aufgliederung ist unternehmensindividuell und abhängig von Größe sowie betriebs- und branchenspezifischen Besonderheiten.

◘ Abb. 2.3 Werkstoffkosten

2.1.1 Material- bzw. Werkstoffkosten

Die Material- bzw. Werkstoffkosten setzen sich aus den bewerteten Verbräuchen der Fertigungseinzelmaterialien, der Hilfs- und der Betriebsstoffe zusammen. Die weitere Unterteilung und die Charakterisierung danach, inwieweit und in welchem Umfang sie in die Produkte eingehen, zeigt die ◘ Abb. 2.3.

Während die Rohstoffkosten meist Einzelkosten darstellen und als solche erfasst werden, wird bei den Kosten für Hilfsstoffe aus Wirtschaftlichkeitsgründen meist darauf verzichtet, d. h., sie stellen unechte Gemeinkosten dar. Die Kosten für die Betriebsstoffe sind schließlich häufig echte Gemeinkosten. Für die Erfassung der Mengen- und Wertkomponenten der Verbräuche gibt es verschiedene Methoden, die in ◘ Abb. 2.4 aufgezeigt werden.

Bei den **Methoden** wird der mengenmäßige Verbrauch der Werkstoffe durch:

- **regelmäßige körperliche Bestandsaufnahme** (Inventur) (*Inventurmethode*; Nachteil dieser Methode: sie muss relativ häufig durchgeführt werden und es können Unregelmäßigkeiten beim Lagerabgang durch Schwund, Diebstahl, Verderb usw. auftreten),
- **laufende Registrierung aller Lagerzugänge und -abgänge** mittels Belegen (*Fortschreibungs- oder Skontrationsrechnung*; Nachteil: hohe Verwaltungskosten) erfasst,
- **aus Stücklisten rückgerechnet** (*Rückrechnung oder retrograde Methode*) oder
- beispielsweise für geringwertige Werkstoffe geschätzt (*Schätzverfahren*).

Wenn die Anschaffungspreise von Werkstoffen innerhalb der betrachteten Periode schwanken und eine Zuordnung von eingesetzten Werkstoffen zu den verschiedenen Lieferungen nicht eindeutig möglich ist, kann die Erfassung der Wertkomponente problematisch sein. Als Anschaffungspreise sind unter diesen Umständen Verrechnungspreise anzusetzen, wie z. B. der gewichtete Durchschnittspreis oder Preise, die sich aufgrund einer bestimmten angenommenen zeitlichen oder wertmäßigen Verbrauchsfolge bestimmen lassen, z. B. nach Lifo-, Fifo- oder Hifo-Methode.

Bei der **Lifo-Methode** (Last-in-first-out) wird unterstellt, dass die zuletzt zugegangenen Einheiten zuerst entnommen werden, bei der **Fifo-Methode** (First-in-first-out) wird umgekehrt angenommen, dass die Entnahme aus den ältesten Lieferungen erfolgt. Die **Hifo-Methode** (Highest-in-first-out) stellt auf den Preis der eingekauften Lieferung ab und geht von der Entnahme zunächst der Stücke mit den höchsten Preisen aus. Dies entspricht i. d. R. keiner realen Verbrauchsfolge. Die **Zweckmäßigkeit der verwendeten Methode** hängt davon ab, inwieweit die unterstellte Verbrauchsfolge der realen Verbrauchsfolge nahe kommt.

Die Rechnung kann als permanente Rechnung oder vereinfacht lediglich als Periodenrechnung durchgeführt werden. Bei der **permanenten Rechnung** erfolgt bei jedem Abgang die Verbrauchs- und Bestandsbewertung, während diese in der **Periodenrechnung** nur einmalig am Ende der Abrechnungsperiode durchgeführt wird. Das nachfolgende Beispiel erläutert die Methoden für die Mengen- und Wertkomponente kurz:

2.1 · Kostenerfassung in der Kostenartenrechnung

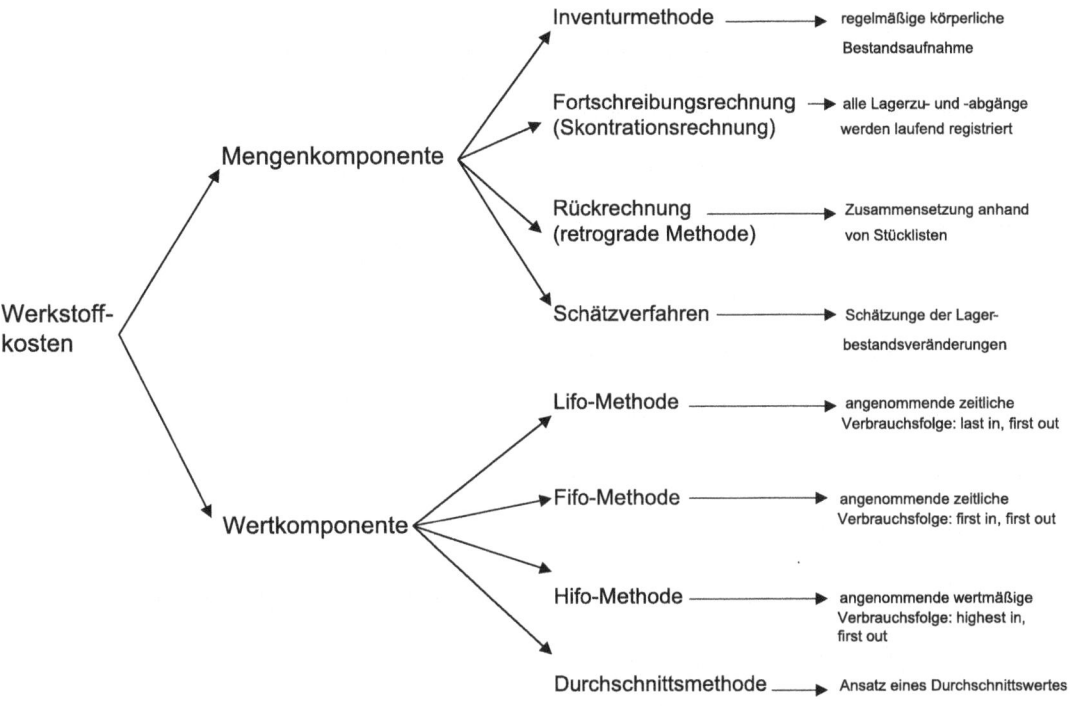

◘ Abb. 2.4 Erfassung der Mengen- und Wertkomponente der Werkstoffkosten

Beispiel

In einem Unternehmen wird ein Rohstoff für die Produktion von drei Produktarten (A, B und C) benötigt. Der Sollverbrauch des Rohstoffs laut Stücklisten beträgt für Produktart A: 1,2 kg / B: 0,9 kg / C: 4 kg je Produkteinheit. Insgesamt wurden folgenden Einheiten hergestellt: Produktart A: 4.000 / B: 8.000 / C: 1.500. Zu Beginn der Periode liegen 8.000 kg des Rohstoffs auf Lager, die mit einem Betrag von 80.000,– € bewertet sind. Während der Periode gibt es folgende Veränderungen.

◘ Beispiel Rohstoffkosten

Datum	Zugänge	Erfasste Abgänge
04. Jan.		7.500 kg
07. Jan.	5.000 kg (zu 10,35 €)	
11. Jan.		2.500 kg
12. Jan.		2.500 kg
18. Jan.	4.000 kg (zu 11,– €)	
19. Jan.		2.000 kg
25. Jan.	3.000 kg (zu 11,55 €)	
28. Jan.		4.000 kg

Der Bestand des Rohstoffs am Ende der Betrachtungsperiode beträgt 1.300 kg (lt. Inventur).

a. Mengenkomponente nach Inventurmethode:
Als Verbrauchsmenge ergibt sich:
Verbrauch = Anfangsbestand + Zugänge – Endbestand (lt. Inventur) = (8.000 + 12.000 – 1.300) kg
= 18.700 kg.

b. Mengenkomponente nach Fortschreibungsrechnung: Verbrauch laut erfassten Abgängen =
(7.500 + 2.500 + 2.500 + 2.000 + 4.000) kg
= 18.500 kg.

c. Mengenkomponente nach Rückrechnung:
Verbrauch = Sollverbräuche · produzierte Einheiten = (1,2 · 4.000 + 0,9 · 8.000 + 4 · 1.500) kg
= 18.000 kg.

Für die Berechnung der Wertkomponente wird im Folgenden der Ansatz nach der Fortschreibungsrechnung (18.500 kg) zugrunde gelegt.

d. Wertkomponente nach Lifo-Methode (als Beispiel einer permanenten Rechnung).

◘ Beispiel Rohstoffkosten: Wert von Verbrauch und Bestand

Datum	Wert Verbrauch	Wert Bestand
04. Jan.	7.500 kg à 10,– €/kg	500 kg à 10,– €/kg
	= 75.000,– €	= 5.000,– €
11. Jan	2.500 kg à 10,35 €/kg	500 kg à 10,– €/kg + 2.500 kg à 10,35 €/kg
	= 25.875,– €	= 30.875,– €
12. Jan.	2.500 kg à 10,35 €/kg	500 kg à 10,– €/kg
	= 25.875,– €	= 5.000,– €
19. Jan.	2.000 kg à 11,– €/kg	500 kg à 10,– €/kg + 2.000 kg à 11,– €/kg
	= 22.000,– €	= 27.000,– €
28. Jan.	3.000 kg à 11,55 €/kg + 1.000 kg à 11,– €/kg	500 kg à 10,– € + 1.000 kg à 11 €
	= 45.650,– €	= 16.000,– €
Rohstoffkosten der Periode somit:		
194.400,– €		

e. Wertkomponente nach Lifo-Methode (Periodenrechnung):
Unter Zugrundelegung der bei dem Verfahren der Fortschreibung ermittelten Verbrauchsmengen von 18.500 kg werden die Rohstoffkosten errechnet aus: 3.000 kg à 11,55 €/kg + 4.000 kg à 11,– €/kg + 5.000 kg à 10,35 €/kg + 6.500 kg à 10,– €/kg = 195.400,– €.

f. Wertkomponente nach Fifo-Methode (Periodenrechnung):
Unter Zugrundelegung der bei dem Verfahren der Fortschreibung ermittelten Verbrauchsmengen von 18.500 kg werden die Rohstoffkosten errechnet aus: 8.000 kg à 10,– €/kg + 5.000 kg à 10,35 €/kg + 4.000 kg à 11,– €/kg + 1.500 kg à 11,55 €/kg = 193.075,– €.

g. Wertkomponente nach Hifo-Methode (Periodenrechnung):
Unter Zugrundelegung der bei dem Verfahren der Fortschreibung ermittelten Verbrauchsmengen von 18.500 kg ergeben sich die Rohstoffkosten wie bei der Lifo-Methode, da stetig steigende Kosten zu beobachten waren: 195.400,– €.

h. Wertkomponente nach Durchschnittsmethode (Periodenrechnung):
Der Durchschnittspreis des Rohstoffs je kg errechnet sich mit:
(8.000 kg à 10,– €/kg + 5.000 kg à 10,35 €/kg + 4.000 kg à 11,00 €/kg + 3.000 kg à 11,55 €/kg) / (8.000 kg + 5.000 kg + 4.000 kg + 3.000 kg) = 10,52 €/kg;
bei 18.500 kg Verbrauch ergeben sich somit Rohstoffkosten in Höhe von 194.620,– €.

2.1.2 Personalkosten

Personalkosten	
	Gehälter für Angestellte
	Löhne für Arbeiter
	gesetzlich und freiwillig zu leistende Sozialabgaben
	sonstige Personalkosten (z. B. Umzugskosten, Abfindungskosten)
	Kalkulatorischer Unternehmerlohn

Die Erfassung der Personalkosten, die sich aus den in der obigen Abbildung dargestellten Arten zusammensetzen, erfolgt üblicherweise in der vorgelagerten Lohn- und Gehaltsabrechnung. Aus Sicht der Kostenrechnung ergeben sich vor allem zwei Problemfelder. **Urlaubs-, Feiertags- und Krankheitslöhne und -gehälter sind auf das Jahr zu verteilen.**
Des Weiteren sollten die Kosten für die eingesetzte Arbeitskraft des Anteilseigners auch bei Einzelunternehmen und Personengesellschaften kostenrech-

2.1 · Kostenerfassung in der Kostenartenrechnung

nerisch angesetzt werden. Da nach den Grundsätzen ordnungsmäßiger Buchführung und nach dem Einkommensteuerrecht in diesen Unternehmen Anteilseigner keine rechtsgültigen Arbeitsverträge mit sich selber schließen dürfen und somit kein Aufwand für die geleistete Arbeit erfasst werden darf, erfolgt in der Kostenrechnung der **Ansatz des kalkulatorischen Unternehmerlohns**, um die Kostensituation von Unternehmen rechtsformneutral darzustellen. Er basiert auf den sogenannten **Opportunitätskosten**; hierunter wird der Nutzenentgang bzw. die Gewinneinbuße verstanden, die durch den Verzicht auf die andere „Verwendungsmöglichkeit" entstehen.

Kalkulatorischer Unternehmerlohn ist also beim Einzelunternehmer deshalb anzusetzen, weil er aufgrund seiner Geschäftsführertätigkeit im eigenen Unternehmen auf Einkommen verzichtet, das er im betrachteten Zeitraum in einem anderen Unternehmen z. B. als angestellter Geschäftsführer erzielen könnte. Üblicherweise wird angestrebt, die kalkulatorischen Kosten so zu bemessen, dass sie den Personalkosten entsprechen, die ein angestellter Arbeitnehmer für gleiche Arbeitsleistungen erhalten würde.

Diese kalkulatorische Kostenposition ist ein Beispiel für Abweichungen zwischen bilanziellen und kostenrechnerischen Wertansätzen. Der kalkulatorische Unternehmerlohn darf aufgrund seiner Eigenschaft als Opportunitätskosten in der bilanziellen Rechnung nicht angesetzt werden. Es steht ja beispielsweise keine Auszahlung des Unternehmens damit in Zusammenhang, denn der Eigentümerunternehmer zahlt sich nicht selbst Gehalt – rechtliche Vorschriften stehen beim Personenunternehmen dem entgegen, damit keine Gewinnmanipulation mit dem Ziel der Steuersenkung entstehen kann. Die kostenrechnerische Sicht ist dagegen eine andere, da formal Ersteller und Empfänger der Rechnung identisch sind, ist die Manipulationsgefahr ausgeschlossen. Dagegen sollen aber die Zahlen für die internen Zwecke möglichst aussagekräftig sein und dann darf es keine Rolle spielen, dass der Eigentümer zufällig auch Geschäftsführer ist.

Personalkosten stellen i. d. R. Gemeinkosten dar (Ausnahme: Häufig werden Fertigungslöhne als Einzelkosten betrachtet und auch als solche verrechnet).

Beispiel

Ein Unternehmer beschäftigt fünf Arbeiter, die stündlich 15,– € erhalten. Für das laufende Jahr wurden folgende Daten geschätzt:
205 Anwesenheitstage (8-Stunden-Tag), 24 Urlaubstage, 20 Krankheitstage, 18 % gesetzliche Sozialabgaben.
Im Monat Juli (22 Arbeitstage) sind zwei Arbeiter im Urlaub und bekommen zusätzlich zu Ihrem Lohn 1.200,– € Urlaubsgeld. Zwei Arbeiter sind krank. Im Dezember erhält jeder Arbeitnehmer 2.000,– € Weihnachtsgeld. Der Unternehmer würde in einer vergleichbaren Position als Angestellter 60.000,– € p. a. (inkl. Urlaubs- und Weihnachtsgeld) verdienen.
Berechnen Sie die Personalkosten für den Monat Juli, die in der Kostenrechnung zu berücksichtigen sind.
a. Anwesenheitslohn p. a. je Arbeiter:
  205 · 8 · 15,– € = 24.600,– €.
b. Jahreslohnnebenkosten je Arbeiter:
  Sozialabgaben (18 % von 24.600,– €)
  4.428,– €
  Abwesenheitslohn (24 + 20) · 8 · 15,– €
  5.280,– €
  Sozialabgaben darauf (18 %)   950,40 €
  Weihnachts- und Urlaubsgeld   3.200,– €
  Sozialabgaben darauf (18 %)   576,– €
  Summe   14.434,40 €
  Lohnnebenkostenzuschlag
  = 14.434,40 € : 24.600,– € = 58,68 %
c. Personalkosten je Arbeiter (Juli):
  = 22 · 8 · 15,– € 1,5.868 = 4.189,15 €.
d. Personalkosten (Juli) insgesamt:
  = 1 · 4.189,15 € + 60.000,– € : 12 · 1,18
  = 10.089,15 €.
(Hinweis: Es wird nur ein Arbeiter erfasst, da im Juli die anderen vier nicht anwesend waren.)

2.1.3 Kalkulatorische Abschreibungen

Die Verwendung von Betriebsmitteln (Maschinen, Anlagen, Gebäude, Grundstücke) führt meist nicht zu ihrem unmittelbaren vollständigen Verzehr, sodass der **Wertverlust über die Perioden der Nutzung verteilt** wird. Die kalkulatorische Abschreibung erfasst unabhängig von den rechtlichen Vorgaben, denen die Finanzbuchhaltung unterliegt, den Wertverlust durch die technische und wirtschaftliche Abnutzung langlebiger materieller oder immaterieller Betriebsmittel. Dabei kann vom **Prinzip der Substanzerhaltung** ausgegangen werden, sodass steigende oder fallende **Wiederbeschaffungspreise** (Tagespreise) Einfluss auf die Höhe der Abschreibung haben.

Der Entscheidung für die Wahl eines Verfahrens liegt die Überlegung zugrunde, welches Verfahren die **der Realität am nächsten liegende Hypothese zum Wertverlust** (Minderung des Potentials zur Nutzung des Betriebsmittels) aufweist, da es keine verbindliche Vorgaben in der Kostenrechnung gibt. Der Wertverlust wird verursacht durch abnutzungsbedingten Verschleiß durch Gebrauch, natürlichen (ruhenden) Verschleiß *(z. B. ohne Ingebrauchnahme durch Verwittern oder Verrosten)*, aber auch durch Zeitablauf *(z. B. Ablauf von Patentrechten)*, technischen Fortschritt *(z. B. Entwertung einer Maschine durch technische Veralterung)* und wirtschaftliche Überholung *(z. B. Entwertung durch Verschiebungen des Bedarfs)*. In der Regel entsteht der Wertverlust durch eine Kombination der Ursachen, wobei der exakte Zusammenhang nicht bestimmt werden kann.

Angelehnt an die Finanzbuchführung haben sich Verfahren für die Kostenrechnung durchgesetzt, denen relativ **pauschal** bestimmte **Annahmen über den Verlauf des gesamten Wertverlustes** über die Dauer der Nutzung zugrunde liegen. Sie legen fest, wie bei gegebenem Ausgangswert, geschätzter Nutzungsdauer und geschätztem Restwert der gesamte geschätzte Wertverlust auf die einzelnen Perioden zu verteilen ist. Eine übersichtsartige Darstellung ausgewählter Verfahren liefert die ◘ Abb. 2.5.

Die gesamten Abschreibungen erfassen den Wertverlust, der sich durch die Differenz von Anschaffungspreis (bzw. Wiederbeschaffungswert) zum Restwert ergibt. Es sind also **grundsätzliche Unterschiede zur buchhalterischen Abschreibung** zu beobachten:
— es kann auch von den aktuellen Wiederbeschaffungswerten ausgegangen werden, d. h. der Ausgangsbetrag hat möglicherweise keine Verbindung mehr zu dem tatsächlich gezahlten

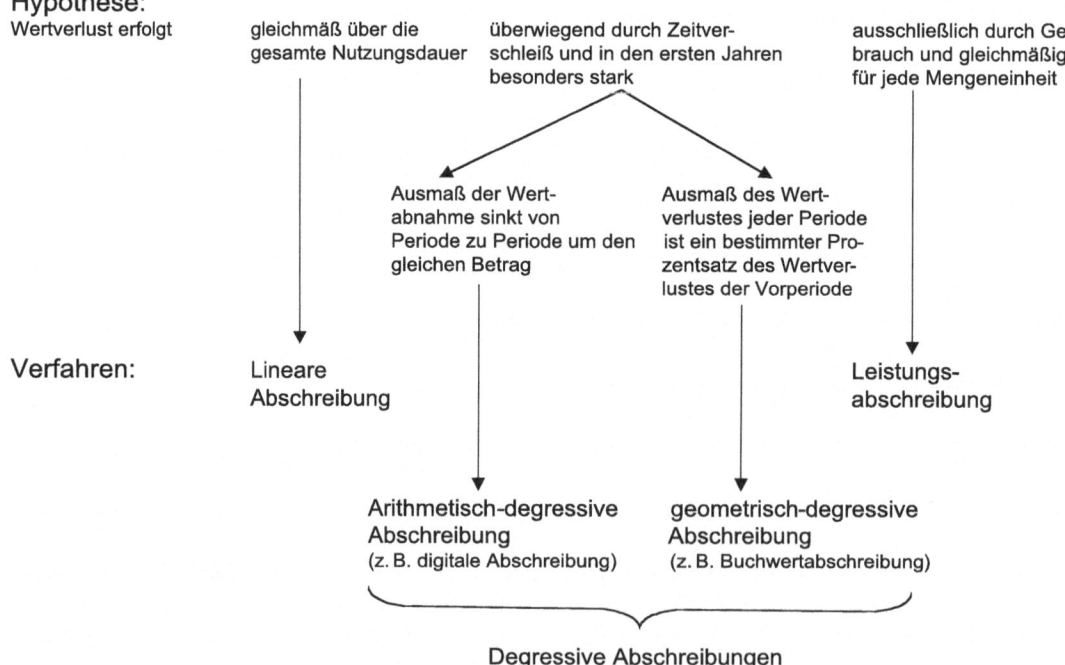

◘ Abb. 2.5 Abschreibungsverfahren und ihre zugrunde liegenden Annahmen

Anschaffungspreis (dadurch wird erreicht, dass die Abschreibungen den tagesaktuellen Werteverzehr darstellen; die (höheren) Kostenansätze werden dabei durch die Verkaufserlöse verdient, wodurch die Substanzerhaltung beispielsweise der Anlagen gesichert wird und jederzeit die Wiederbeschaffung zu Marktwerten möglich wäre),
- am Ende der geplanten Nutzungsdauer wird der geschätzte Restwert erreicht, es wird bei Vorliegen eines solchen also nicht der gesamte Betrag abgeschrieben,
- die **Abschreibungsmethode** folgt der Überlegung, welche Verteilung des Wertverlustes dem tatsächlichen am nächsten kommt und ist **nicht von gesetzlichen Auflagen abhängig**,
- die **Nutzungs-** (und damit auch: **Abschreibungs-)dauer** wird unabhängig von der bilanzsteuerrechtlichen betriebsgewöhnlichen Nutzungsdauer geschätzt und
- besonders starke Abweichungen zwischen buchhalterischer und kalkulatorischer Abschreibung entstehen, bei **Fehlschätzung der Nutzungsdauer** – wie unten beschrieben.

Beispiel 1: lineare Abschreibung
Eine Maschine wird zu einem Anschaffungspreis von 100.000,- € erworben, die Anschaffungsnebenkosten betragen 5.000,- € (Die Nebenkosten fallen zusätzlich an und sind somit gleichermaßen in die Berechnung des Wertverlustes und somit der kalkulatorischen Abschreibungen einzubauen). Der Restwert am Ende der geschätzten Nutzungsdauer von fünf Jahren beträgt 15.000,- €. Wiederbeschaffungspreise verändern sich nicht.
Bei der linearen Abschreibung sind 100.000,- € + 5.000,- € − 15.000,- € = 90.000,- € Wertverlust gleichmäßig auf die fünf Jahre zu verteilen. Es ergeben sich also jährliche kalkulatorische Abschreibungen von 18.000,- €.

Die **degressiven Abschreibungsverfahren** unterstellen einen Wertverlust, der in den ersten Jahren besonders stark auftritt. Als Vorteil wird häufig angesehen, dass sich die **Gesamtbelastungen aus Abschreibung und Instandhaltungs- und Reparaturkosten** bei den degressiven Verfahren über alle Perioden stärker annähern als bei dem linearen Verfahren, da i. d. R. die Reparaturen im Zeitablauf umfangreicher werden. Sie spiegeln auch wider, dass die Gebrauchsfähigkeit der Anlagen in den ersten Nutzungsperioden höher ist als in den folgenden und dass die Zeitwerte aufgrund technischer oder wirtschaftlicher Überholung in den ersten Jahren schneller fallen als in späteren.

Bei der **arithmetisch-degressiven Abschreibung** wird unterstellt, dass das **Ausmaß der Wertabnahme** von Periode zu Periode um den gleichen Betrag sinkt. Bei einem speziellen Fall der arithmetisch-degressiven Abschreibung, der **digitalen Abschreibung**, ermittelt sich die Differenz der Abschreibungsbeträge von Periode zu Periode, die wiederum dem Abschreibungsbetrag der letzten Periode entspricht, indem der über die gesamte Nutzungsdauer abzuschreibende Betrag geteilt wird durch die Summe der Jahre der Nutzungsdauer multipliziert mit der verbleibenden Restnutzungsdauer zu Beginn der Periode.

Beispiel 2: digitale Abschreibung
Bei Beibehaltung der in Beispiel 1 verwendeten Zahlen ergeben sich somit:
Abschreibungsbetrag 1. Periode: 90.000,- € : (1 + 2 + 3 + 4 + 5) · 5 = 30.000- €, 2. Periode: 90.000,- € : 15 · 4 = 24.000,- €, …, 5. Periode: 90.000,- € : 15 · 1 = 6.000,- € = Differenz der Abschreibungsbeträge von zwei aufeinander folgenden Perioden.

Die **geometrisch-degressiven Abschreibungsverfahren** gehen dagegen davon aus, dass das **Ausmaß des Wertverlustes** jeder Periode einem bestimmten **Bruchteil (Prozentsatz) des Wertverlustes der Vorperiode** entspricht. Der Abschreibungsbetrag der n + 1. Periode lässt sich also bei Kenntnis des Prozentsatzes unmittelbar aus dem Abschreibungsbetrag der n. Periode errechnen. Ein Restwert in Höhe von Null kann bei diesem Vorgehen nicht erreicht werden.

Die **Buchwertabschreibung** als Sonderfall der geometrisch-degressiven Abschreibung berechnet die Abschreibungen durch Anwendung eines konstanten Prozentsatzes auf die jeweiligen Restbuchwerte des Vorjahres. Der Prozentsatz, bei dessen Anwendung am Ende der Nutzungsdauer gerade dieser Restbuchwert erreicht wird, lässt sich rechnerisch bestimmen. Er ist das Hundertfache von 1 vermindert um die n-te Wurzel (n = Nutzungsdauer) des Quotienten aus Restwert und Anschaffungspreis (inkl. Anschaffungsnebenkosten), wenn gleichbleibende Wiederbeschaffungspreise unterstellt werden.

Beispiel 3: Buchwertabschreibung

Wiederum unter Beibehaltung der Zahlen aus dem Beispiel 1 ergibt sich somit folgender Prozentsatz: Zunächst ist der Abschreibungsprozentsatz zu berechnen. Er beträgt:

$$\text{Prozentsatz} = 1 - \sqrt[5]{\frac{15.000}{105.000}} = 32,24\,\% \text{ (gerundet).}$$

Somit ergeben sich folgende Werte.

◘ Beispiel Buchwertabschreibung

Periode	Restwert am Ende der Periode	Abschreibungsbetrag der Periode
0	105.000,–	
1	71.148,–	33.852,–
2	48.209,88	22.938,12
3	32.667,01	15.542,87
4	22.135,17	10.531,84
5	14.998,79 (1,21 Rundungsfehler)	7.136,38 Σ = 90.001,21

Die **Leistungsabschreibung** unterstellt als Ursache für den Nutzungspotenzialverzehr ausschließlich die Beschäftigung. Üblicherweise wird dabei angenommen, dass das **Ausmaß des Wertverlustes für jede Mengeneinheit gleich** ist, bei Kenntnis der (geschätzten) Gesamtmenge lässt sich somit in jeder Periode für die erwartete oder Ist-Menge der anteilige Wertverlust errechnen. Die Anwendung dieses Verfahrens führt dazu, dass die **Abschreibung als variabler Kostenbestandteil** verrechnet werden kann.

Beispiel 4: Leistungsabschreibung

Ausgehend von den Zahlen des Beispiels 1 werden nun folgende Inanspruchnahmen der Maschinen angenommen.

◘ Beispiel Leistungsabschreibung

Periode	Jährliche Inanspruchnahme (in Stunden)	Abschreibungsbetrag
1	2.400	20.571,43
2	2.200	18.857,14
3	2.700	23.142,86
4	1.200	10.285,71
5	2.000 Σ = 10.500	17.142,86 Σ = 90.000

Jede Stunde wird somit verrechnet mit:
90.000,– € / 10.500 h = 8,57 €/h

Selbstverständlich ist auch eine **Kombination von Abschreibungsverfahren** möglich. Ein Wechsel zwischen Abschreibungsverfahren ist in der Kostenrechnung, anders als in der Finanzbuchführung, stets durchführbar und dann sinnvoll, wenn dadurch eine genauere Wiedergabe der tatsächlichen Verhältnisse erreicht werden kann.

Die **Ermittlung der Nutzungsdauer erfolgt durch Schätzung bzw. aufgrund von Erfahrungswerten**. Sollte während der Nutzung bekannt werden, dass die erwartete Nutzungsdauer sich verändert, so ist ab diesem Zeitpunkt so zu tun, als ob die Informationen von vornherein bekannt gewesen wären.

Beispiel 5: Fehlschätzung der Nutzungsdauer

Weiterhin ausgehend von den Zahlen des Beispiels 1 wird zu Beginn des 4. Jahres davon ausgegangen, dass die Nutzungsdauer nun mehr sechs statt fünf Jahre betragen wird. Der Restwert am Ende der Nutzung wird unverändert geschätzt. Bei Anwendung der linearen und der digitalen Methoden ergeben sich somit folgende geänderten Werte.

2.1 · Kostenerfassung in der Kostenartenrechnung

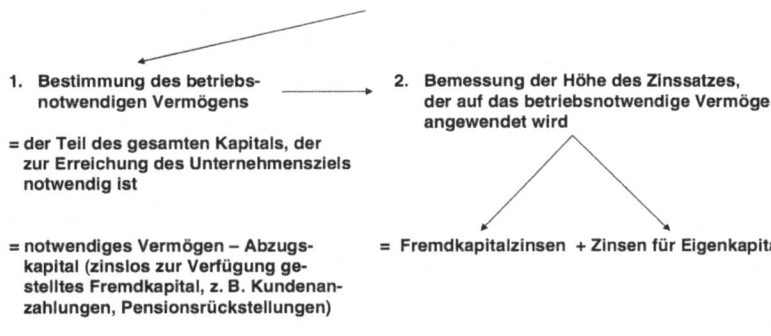

◘ Abb. 2.6 Kalkulatorische Zinsen

◘ Beispiel Fehlschätzung der Nutzungsdauer

Periode	Abschreibung gemäß linearer Methode	Abschreibung gemäß digitaler Methode*
Die Werte für die Perioden 1–3 verändern sich nicht.		
1	18.000,–	30.000,–
2	18.000,–	24.000,–
3	18.000,–	18.000,–
Neue Berechnung ab Periode 4:		
4	15.000,– (90.000,– : 6)	12.857,14
5	15.000,–	8.571,43
6	15.000,– Σ = 99.000,–	4.285,71 Σ = 97.714,28

* 3 bzw. 2 bzw. 1 · 90.000,– / 21

Auf den Einfluss veränderter Wiederbeschaffungspreise wurde oben schon hingewiesen. Alle diese Punkte können dazu führen, dass **der in der Kostenrechnung angesetzte Abschreibungsgesamtbetrag** wenig bzw. nichts mit den tatsächlich bezahlten Beträgen (und so mit den in der Finanzbuchhaltung angesetzten Beträgen) zu tun hat und dass Teile davon gar nicht bzw. rechnerisch mehrfach abgeschrieben werden.

2.1.4 Kalkulatorische Zinsen

Zur Erfassung der Kapitalkosten erfolgt in der Kostenrechnung der Ansatz von kalkulatorischen Zinsen, bei dessen Bemessung grundsätzlich zwei Probleme zu lösen sind: die **Bestimmung des betriebsnotwendigen Vermögens**, also des Vermögens des Betriebs, das zur Erreichung des Unternehmensziels notwendig ist, sowie die **Bemessung der Höhe des Zinssatzes**, der auf dieses Vermögen angewendet wird. Inwieweit Zinsen auf Fremd- und/oder Eigenkapital als Kostenbestandteil anzusehen sind, ist nicht unumstritten. Nach herrschender Meinung werden neben den Fremdkapitalzinsen auch **kalkulatorische Zinsen auf Eigenkapital** berücksichtigt. Durch den Ansatz dieser kalkulatorischen Kostenposition wird die **Abhängigkeit des Erfolgsausweises von der Finanzierungsart neutralisiert** (siehe ◘ Abb. 2.6). Kalkulatorische Zinsen auf das Eigenkapital sind als Opportunitätskosten anzusehen, da die Anteilseigner ihr im Unternehmen eingesetztes Kapital auch in andere Verwendungsmöglichkeiten investieren könnten.

Die Ermittlung der insgesamt anzusetzenden Kapitalkosten erfolgt, indem **das sachzielnotwendige Kapital**, also der Teil des gesamten Kapitals, der zur Erreichung des Unternehmensziels notwendig ist, bestimmt wird. Es wird aus dem sachzielnotwendigen Vermögen ermittelt, das um das sogenannte Abzugskapital (zinslos zur Verfügung gestelltes Fremdkapital, z. B. Kundenanzahlungen, Pensionsrückstellungen) vermindert wird. Das betriebs- (bzw. sachziel-)notwendige Kapital berücksichtigt dabei Durchschnittsgrößen des Anlage- und Umlaufvermögens und des Abzugskapitals der betrachteten Periode.

Das so ermittelte zu verzinsende Kapital wird nun mit einem festzulegenden Zinssatz verzinst, dessen Bemessung ein besonderes Problem darstellt; häufig vorgeschlagen werden der Kalkulationszinsfuß der Investitionsrechnung oder der Zinssatz für festverzinsliche Wertpapiere bestimmter Laufzeiten. Entscheidend für die Wahl sind die Unternehmensziele, die Kapitalmarktbedingungen und die alternativen Anlagemöglichkeiten.

Beispiel kalkulatorische Zinsen

Zeitpunkt	Wertverlust	Restwert
01.01.01	–	100.000,–
31.12.01	19.000,–	81.000,–
31.12.02	19.000,–	62.000,–
31.12.03	19.000,–	43.000,–
31.12.04	19.000,–	24.000,–
31.12.05	19.000,–	5.000,–

Durchschnittlich gebundenes Kapital im Jahr 04:
(43.000,– € + 24.000,– €) : 2 = 33.500,– €.
Kalkulatorische Zinsen im Jahr 04 = 3.350,– €.

Beispiel
In einem Unternehmen wird zu Beginn des Jahres 1 eine Maschine gekauft, deren Anschaffungskosten 100.000,– € betragen. Mit Preissteigerungen wird für die Folgejahre nicht gerechnet. Am Ende der fünfjährigen Nutzungsdauer wird ein Schrottwert von 5.000,– € erwartet. Das Unternehmen geht von konstanter Wertminderung über die Dauer der Nutzung aus. Als kalkulatorischer Zinssatz (vereinfachend wird nicht zwischen Eigen- und Fremdkapital unterschieden) wird 10 % angesetzt.
Nach der sogenannte **Durchschnittsmethode** (hierbei wird ein Durchschnittswert für alle Jahre verwendet) belaufen sich das durchschnittliche gebundene Kapital und die kalkulatorischen Zinsen pro Jahr auf:

Gebundenes Kapital:
(100.000,– € + 5.000,– €) : 2 = 52.500,– €
Kalkulatorische Zinsen: 5.250,– €

Im Beispiel wird vereinfachend davon ausgegangen, dass es keine Vermögensbestandteile, die nicht betriebsnotwendig sind, sowie dass es kein Abzugskapital (z. B. zinslos zur Verfügung gestelltes Fremdkapital wie Kundenanzahlungen) gibt.
Nach der sogenannten **Restwertmethode** (das durchschnittlich gebundene Kapital ergibt sich durch den Vergleich der Restwerte am Anfang und Ende des betrachteten Jahres) belaufen sich die kalkulatorischen Zinsen des Jahres 4 auf.

2.1.5 Kalkulatorische Wagniskosten

Kalkulatorisches Wagnis
Als Wagnis wird das Risiko bezeichnet, einen (zeitlich und betragsmäßig) unvorhersehbaren Wertverlust zu erlangen. Zur Vorwegnahme der durch die betrieblichen Aktivitäten und externe Einflüsse zu erwartenden Wertverluste erfolgt ein Ansatz in der Kostenrechnung.

Nicht angesetzt wird dabei **das allgemeine Unternehmerrisiko**, da dies durch den Gewinn des Unternehmens abzudecken ist. Als zu berücksichtigende Risiken verbleiben solche der Produktion (*z. B. durch Ausschuss oder Minderqualität*), der Lagerung und des Transportes, der Forschung und Entwicklung oder des Vertriebs (*z. B. Forderungsausfall*).

Nur der nicht versicherte Teil dieser Risiken ist als kalkulatorische Position in Form von Durchschnittswerten oder auf Erfahrungswerten neben den aus der Finanzbuchführung zu entnehmenden Aufwandspositionen für die anderen (versicherten) Bestandteile anzusetzen.

Langfristig sollten sich die kalkulatorischen Wagniskosten und die in der Finanzbuchhaltung erfassten Zahlungen für Schadensfälle und Versicherungsprämien weitgehend entsprechen.

2.1.6 Kosten für Dienstleistungen

Die Dienstleistungskosten (Fremdleistungskosten) entstehen durch die Inanspruchnahme von Dienstleistungen anderer Unternehmer, z. B. für Transport, Reparaturen oder Forschung. Ihre Erfassung und Bewertung ist i. d. R. unproblematisch, da die Übernahme aus der Finanzbuchführung möglich und sinnvoll ist.

2.1.7 Kosten für Abgaben an die öffentliche Hand

Die Kosten für Abgaben an die öffentliche Hand setzen sich aus Gebühren, Steuern und Umweltschutzabgaben zusammen. Steuern haben dann Kostencharakter, wenn sie der Leistungserstellung oder der Aufrechterhaltung der Betriebsbereitschaft dienen (z. B. *Grundsteuer, Kfz.-Steuer*). Nach überwiegender Literaturauffassung werden Ertragsteuern als Gewinnsteuern angesehen und nicht den Kosten zugerechnet.

2.2 Kostenverteilung in der Kostenstellenrechnung

Die in der Kostenartenrechnung erfassten und aufgegliederten Kosten können nur zum Teil eindeutig auf die Kostenträger zugerechnet werden (Einzelkosten). Ein Schwerpunkt der Kostenstellenrechnung bildet somit die (möglichst **verursachungsgerechte**) **Zuordnung der Gemeinkosten auf die Orte der Kostenentstehung** (Kostenstellen) mit dem Ziel, letztendlich auch diese Kosten den **Kostenträgern zuzuordnen** (Kostenvermittlung zwischen Kostenarten und Kostenträgern). Darüber hinaus dient sie der **Kostenkontrolle der Kostenstellen**.

Denkbar ist, dass alle Kosten mit Hilfe der Kostenstellenrechnung auf die Stellen verteilt werden. Im bisher beschriebenen Aufbau der Kostenrechnung werden aber nur die nicht Kostenträgern zuordenbaren Gemeinkosten weiterverarbeitet. Da die Zurechnung der Einzelkosten (z. B. *auf Basis von Stücklisten oder Entnahmescheinen*) leicht möglich ist, wird die Kostenvermittlungsfunktion der Kostenstellenrechnung durch diese Einschränkung nicht beeinträchtigt.

Besondere Bedeutung für die Ausgestaltung einer aussagekräftigen Kostenrechnung hat die **Einteilung des Unternehmens in Kostenstellen**, also die **Aufspaltung in Abrechnungsbereiche**. Diese Unterteilung und die Analyse der dort stattfindenden Aktivitäten ermöglichen es, Kostenbestimmungsgrößen und ihren Einfluss zu verstehen, sie erfüllen also eine wichtige unterstützende Funktion für die **Kostenplanung und -kontrolle**.

Eine „richtige" und allgemeingültige Einteilung gibt es nicht, als Kriterien für die Bildung der Kostenstellen kommen räumliche, funktionale oder verantwortungsbereichsbezogene Gesichtspunkte in Frage.

Die Kostenstellenbildung nach räumlichen Gesichtspunkten *(z. B. alle Anlagen und das dazugehörige Bedienpersonal innerhalb einer Betriebshalle werden zusammengefasst)* wird häufig die geforderten Aufgaben nicht gut erfüllen können, beispielsweise wenn die räumliche Verteilung nicht mit den Verantwortungsbereichen übereinstimmt. Auch Unterteilungen nach Funktionen werden regelmäßig nicht geeignet sein, z. B. dann, wenn funktional zusammengefasste Arbeitsschritte sehr verschiedene Kostenstrukturen haben. In den Verantwortungsbereichen stimmen die Kostenstellen mit den Abrechnungseinheiten, denen ein Vorgesetzter vorsteht, überein. Eine Einteilung bis zu den einzelnen Arbeitsplätzen hin (Platzkostenrechnung) ist denkbar, dürfte häufig aber der Anforderung nach Wirtschaftlichkeit widersprechen.

Eine gebräuchliche Einteilung, die sich auch in der Kalkulation widerspiegelt, ist beispielsweise nach:
- Allgemeiner Bereich,
- Materialbereich,
- Fertigungsbereich,
- Vertriebsbereich und
- Verwaltungsbereich.

Die genannten Bereiche bündeln jeweils mehrere Kostenstellen, wobei insbesondere der Fertigungsbereich eine stark differenzierte Kostenstellenbildung aufweisen kann.

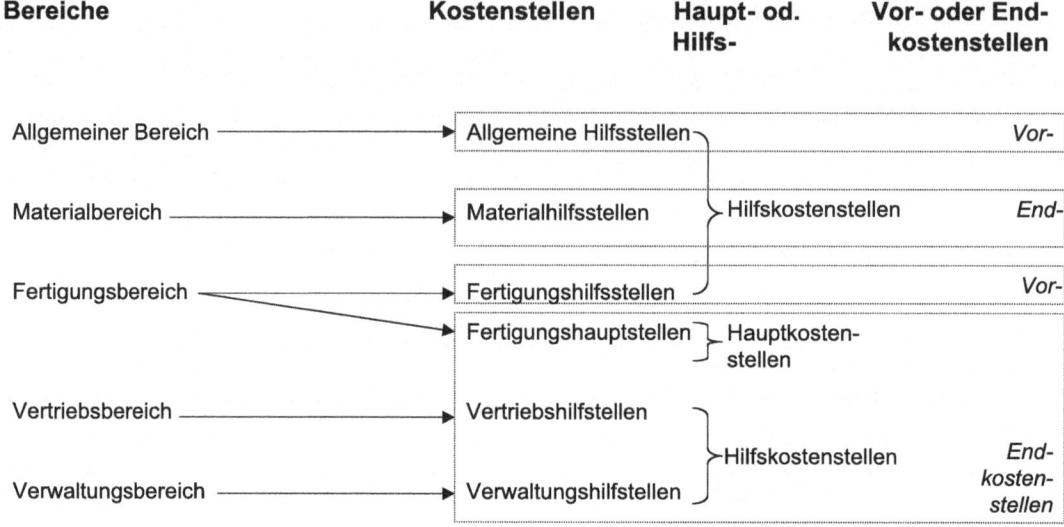

Abb. 2.7 Hilfs-, Haupt-, Vor- und Endkostenstellen

Bei der Bildung von Kostenstellen zu berücksichtigende **Anforderungen** sind unter anderem:
- homogene Kostenverursachung,
- Übereinstimmung von Kostenstellen und Verantwortungsbereichen,
- eindeutige Zuordenbarkeit der in der Kostenartenrechnung erfassten Gemeinkosten zu Kostenstellen und
- Übersichtlichkeit.

Homogene Kostenverursachung bedeutet, dass die **Kosten** einer Kostenstelle als **lediglich von einer Bezugsgröße abhängig** angenommen werden. Die Kostenstellenbildung und damit die gesamte Ausgestaltung der Kostenstellenrechnung wird (wie auch schon die Kostenartenrechnung) durch die Besonderheiten und die Erfordernisse des Unternehmens bestimmt.

2.2.1 Primärkostenrechnung

Die Kostenstellenrechnung folgt einem mehrstufigen Aufbau: Alle auf Kostenstellen erstmals verteilten oder zugerechneten Kosten werden als Primäre Kosten bezeichnet. Die in der zweiten Stufe der Kostenstellenrechnung weiterverrechneten Kosten als Äquivalent für den Verbrauch im Unternehmen selbst erzeugter Leistungen stellen Sekundäre Kosten dar. Häufig unterscheidet man zum einen (nach produktionstechnischen Gesichtspunkten) zwischen **Haupt-, Neben- und Hilfskostenstellen** und zum anderen (nach verrechnungstechnischen Gesichtspunkten) zwischen **Vor- und Endkostenstellen**.

Hauptkostenstellen sind am Produktionsprozess unmittelbar beteiligt, d. h. führen Be- oder Verarbeitungen der Produkte durch, Nebenkostenstellen verarbeiten dagegen Produkte, die nicht zum eigentlichen Programm gehören und Hilfskostenstellen sind nur mittelbar mit der Herstellung absatzfähiger Produkte befasst (z. B. Reparaturstelle oder Kostenstelle Fuhrpark, die aber wiederum Hauptkostenstelle sein kann, wenn es sich um ein Speditionsunternehmen handelt), indem sie vor allem der Aufrechterhaltung der Betriebsbereitschaft dienen.

Endkostenstellen verrechnen ihre Kosten unmittelbar auf Kostenträger, Vorkostenstellen geben ihre Kosten lediglich an andere Kostenstellen weiter. Obwohl häufig angenommen werden kann, dass die Verwaltungsstellen ausschließlich für andere Kostenstellen arbeiten und nicht unmittelbar an den absatzfähigen Produkten beteiligt sind, werden Verwaltungs- und Vertriebsstellen teilweise als Endkostenstellen behandelt. Materialhilfs- und Fertigungshauptstellen bilden ferner weitere Endkostenstellen (siehe auch **Abb. 2.7**).

Die Kostenstellenrechnung kann mit Hilfe von Konten für die einzelnen Kostenstellen erfolgen.

2.2 · Kostenverteilung in der Kostenstellenrechnung

Kostenarten \ Kostenstellen	Allgemeine Hilfskostenstellen und Fertigungshilfsstellen (Vorkostenstellen)	Materialhilfsstellen (Endkostenstellen)	Fertigungshauptstellen (Endkostenstellen)	Verwaltungs- und Vertriebshilfsstellen (Endkostenstellen)
Gemeinkostenverteilung nach Kostenarten:				
Materialkosten				
Personalkosten				
Kalk. Abschreibungen				
Kalk. Zinsen				
Kalk. Wagniskosten				
Kosten für Dienstleistungen				
Kosten für Abgaben an die öffentliche Hand				
Summe aller primären Gemeinkosten				
Innerbetriebliche Leistungsverrechnung: Umlage zwischen den Kostenstellen				
Endkosten				
Bezugsbasis				
Zuschlagssatz				

Abb. 2.8 Aufbau eines Betriebsabrechnungsbogens

Üblich ist auch die Darstellung in Form einer Tabelle, des **Betriebsabrechnungsbogens (BAB)**, in dessen Zeilen die Kostenarten und in dessen Spalten die Kostenstellen abgebildet werden. Eine beispielhafte Struktur zeigt die ◘ Abb. 2.8.

Die Verteilung der primären Kosten, die aus Kostenstelleneinzelkosten und Kostenstellengemeinkosten bestehen, kann nach dem **Verursachungs-** oder nach dem **Durchschnittsprinzip** erfolgen. Nach Ersterem werden jeder Kostenstelle genau die Kosten zugerechnet, die sie eindeutig verursacht hat. Bei dem Durchschnittsprinzip werden alle Kosten mit Hilfe von Schlüsselgrößen umgelegt. Für diese Verteilung der Gemeinkosten müssen geeignete Größen verwendet werden, wobei häufig ein proportionaler Schlüssel Anwendung findet, um eine möglichst verursachungsgerechte Zurechnung zu erreichen. Als **Kostenschlüssel** kommen

Kostenschlüssel für die Kostenverteilung	
Mengenschlüssel	**Wertschlüssel**
Zählgrößen	Kostengrößen
(z. B. Zahl der eingesetzten, hergestellten oder abgesetzten Stücke, Zahl der Buchungen)	(z. B. Fertigungslohnkosten, Fertigungsmaterialkosten, Fertigungskosten, Herstellkosten)
Zeitgrößen	Einstandsgrößen
(z. B. Kalenderzeit, Fertigungszeit, Maschinenstunden, Rüstzeit, Meisterstunden)	(z. B. Wareneingangswert, Lagerzugangswert)
Raumgrößen	Absatzgrößen
(z. B. Länge, Fläche, Rauminhalt)	(z. B. Warenumsatz, Kreditumsatz)
Gewichtsgrößen	Bestandsgrößen
(z. B. Einsatzgewichte, Transportgewichte, Produktmengen in Gewichtseinheiten)	(z. B. Bestandswert an Stoffen, Zwischen- oder Endprodukten, Anlagenbestandswert)
Technische Maßgrößen (z. B. kWh, PS, km, Kalorien)	Verrechnungsgrößen (z. B. Verrechnungspreise)
Beispiel 1: Berechnung eines Mengenschlüssels Stromkosten des Unternehmens: 200.000,– € Gesamtverbrauch des Unternehmens: 2.500.000 kWh Schlüsseleinheitskosten = 200.000 : 2.500.000 = 0,08 €/kWh Verbrauchsmenge der Kostenstelle A: 37.500 kWh Kostenanteil der Kostenstelle A = 37.500 · 0,08 = 3.000,– € **Beispiel 2: Berechnung eines Wertschlüssels** Urlaubslöhne in der Periode: 150.000,– € Gesamte Lohn- u. Gehaltsumme in der Periode: 2.000.000,– € Zuschlagsprozentsatz = 150.000 · 100 : 2.000.000 = 7,50 % Lohnsumme der Kostenstelle A: 50.000,– € Kostenanteil der Kostenstelle A = 50.000 · 7,50 % = 3.750,– €	

Abb. 2.9 Kostenschlüssel für die Kostenverteilung. (Quelle: leicht modifiziert entnommen aus Schweitzer, Küpper, 2003, S. 129)

mengen- oder wertorientierte Größen in Frage. Die ◘ Abb. 2.9 zeigt Beispiele für Kostenschlüssel und Berechnungen.

2.2.2 Sekundärkostenrechnung

Nach dem ersten Teil der Kostenstellenrechnung, der Verteilung der primären Kosten auf die Kostenstellen, erfolgt nun die **Berücksichtigung der innerbetrieblichen Leistungen**, d. h. die Verrechnung der Kosten, die sich durch Leistungsverflechtungen innerhalb des Unternehmens ergeben. Innerbetriebliche Leistungen sind Leistungen, die Kostenstellen an andere Kostenstellen des Unternehmens abgeben. Zur kostengenauen Darstellung ist die Abbildung dieser Leistungsbeziehungen und damit die innerbetriebliche Verrechnung erforderlich.

In der Praxis haben sich verschiedene Verfahren bewährt, von denen im Folgenden die wichtigsten beschrieben werden. Die ersten beiden Verfahren, das Anbauverfahren und das Stufenleiterverfahren, liefern dabei nur dann genaue Informationen, wenn keine wechselseitigen bzw. nur einseitige Leistungsbeziehungen bestehen. Die exakte ◘ Abb. 2.10 liefert die simultane Leistungsverrechnung mit Hilfe von Gleichungen, also des Gleichungsverfahrens.

Anbau- oder Blockverfahren und das Stufenleiter- oder Treppenverfahren arbeiten mit einer Trennung zwischen Vor- und Endkostenstellen.

2.2 · Kostenverteilung in der Kostenstellenrechnung

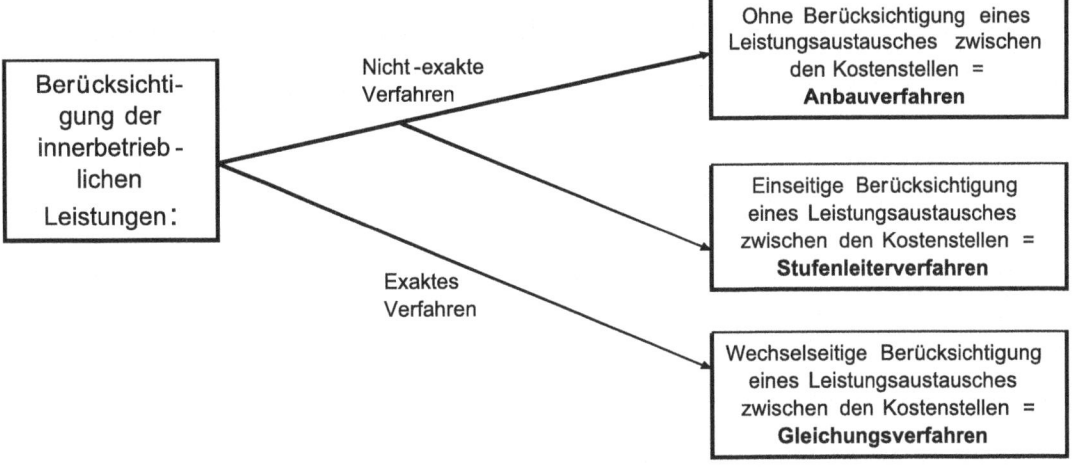

◘ Abb. 2.10 Verfahren der innerbetrieblichen Leistungsverrechnung

Beim **Stufenleiterverfahren** werden die Kostenstellen in eine solche Reihenfolge gebracht, dass jede Kostenstelle (möglichst) keine Leistungen an vorgeordnete Kostenstellen erbringt, da nun die **Verrechnung** innerbetrieblichen Leistungen **nur noch in eine Richtung** erfolgt. Von der ersten (Hilfs-)Kostenstelle an werden nun jeweils beispielsweise mittels einer Divisionsrechnung die gesamten Kosten der Kostenstelle auf die nachgeordneten Stellen verteilt. Die neuen Kostenwerte sind nun die Basis für die weitere Umlage, bis die Kosten aller Hilfskostenstellen verteilt sind.

Die realitätsnahe Darstellung dieser Rechnung hängt davon ab, dass die treppenförmige Abbildung die Struktur der Leistungsbeziehungen wiedergibt, also **keine Leistungen von als nachgelagert eingestuften Kostenstellen an vorgelagerte Kostenstellen** erfolgen.

Bei Vorliegen solcher Lieferungen kann das Verfahren nur als Näherungslösung angesehen werden, wobei dann bei der Reihenfolgebildung angestrebt werden sollte, möglichst wenig Informationen durch Nicht-Berücksichtigung der Beziehung zu „verlieren".

Die Weiterverrechnungen beim **Anbau- oder Blockverfahren** erfolgen in ähnlicher Weise. Es wird unterstellt, dass zwei Gruppen von Kostenstellen existieren:
1. Kostenstellen, die innerbetriebliche Leistungen abgeben, aber keine empfangen sowie
2. Kostenstellen, die innerbetriebliche Leistungen empfangen, aber nicht abgeben.

Sämtliche Kosten der **Vorkostenstellen** werden nun **als Block auf die Endkostenstellen** verrechnet. Nur wenn diese Annahmen den tatsächlichen Verhältnissen entsprechen, erfüllt das Verfahren die Forderung nach verursachungsgerechter Ermittlung der Endkosten zur Weiterverrechnung auf die Kostenträger.

Auch dieses Verfahren kann zu ungenauen Ergebnissen führen, da die genannten Bedingungen (und somit die Forderung der verursachungsgerechten Abbildung) zumeist nicht erfüllt sind. Bei manueller Rechnung bieten die bisher beschriebenen Verfahren indes eine leichtere Handhabung, die in Zeiten preisgünstiger leistungsfähiger EDV-Anlagen allerdings kaum relevante Vorteile erbringt.

Bei Vorliegen wechselseitiger Leistungsbeziehungen ist somit nur die **simultane Leistungsverrechnung** zu einer verursachungsgerechten Abbildung der Kostenstrukturen geeignet. Eine genaue **Berücksichtigung aller Leistungsverflechtungen** erfolgt **mittels (üblicherweise: linearer) Gleichungen**, die für jede in die Leistungsverrechnung einbezogene Kostenstelle aufgestellt werden. Nach Lösung des Gleichungssystems erfolgt dann die Verteilung der Kosten entsprechend der Güterbeziehungen. Da dieses Verfahren ohne einschränkende Annahmen bezüglich Leistungsverflechtungen verwendet werden kann, führt der Einsatz auch bei komplexen Strukturen der Leistungsbeziehungen zu genauen Ergebnissen, wenn diese in Gleichungen dargestellt werden können.

□ Tab. 2.1 Beispiel innerbetriebliche Leistungsverrechnung (1)

nach von	KoSt. 1	KoSt. 2	KoSt. 3	KoSt. 4	Summe
KoSt. 1	–	150	250	400	800
KoSt. 2	200	–	350	100	650

Beispiel
In einem Unternehmen wurden vier Kostenstellen gebildet. Diesen sind folgende primäre Kosten zugeordnet:

Kostenstelle 1	(Vorkostenstelle)	150.000,- €
Kostenstelle 2	(Vorkostenstelle)	300.000,- €
Kostenstelle 3	(Endkostenstelle)	850.000,- €
Kostenstelle 4	(Endkostenstelle)	700.000,- €
Die gesamten Kosten ergeben somit		2.000.000,- €

Die Leistungsabgabe zwischen den Vor- und Endkostenstellen sieht wie folgt aus (jeweils in Mengeneinheiten) (□ Tab. 2.1).

1. Ergebnis nach Anbauverfahren:
Da auf eine Verrechnung zwischen den Vorkostenstellen verzichtet wird und lediglich die Leistungen der Vorkostenstellen auf die Endkostenstellen Berücksichtigung finden, ergeben sich folgende Verrechnungspreise und Gesamtkosten der Hauptkostenstellen.

□ Beispiel innerbetriebliche Leistungsverrechnung (2)

	KoSt. 3	KoSt. 4
Primäre Kosten	850.000,–	700.000,–
Sekundäre Kosten:		
Von KoSt. 1	250 · 230,77 = 57.692,50	400 · 230,77 = € 92.308,–
Von KoSt. 2	350 · 666,67 = 233.334,50	100 · 666,67 = 66.667,–
Gesamtkosten	1.141.027,- €	858.975,- €
Summe = 2.000.002,- € (2,- € Rundungsfehler)		

Unberücksichtigt bleiben die Leistungsbeziehungen zwischen KoSt. 1 und KoSt. 2, sodass das Ergebnis ungenau ist.

- Verrechnungspreis KoSt. 1
  = 150.000,- € / (250 + 400) ME = 230,77 €
  je Mengeneinheit
- Verrechnungspreis KoSt. 2
  = 300.000,- € / (350 + 100) ME = 666,67 €
  je Mengeneinheit

2. Ergebnis nach Stufenleiterverfahren:
Da hierbei charakteristisch ist, dass Kosten nur jeweils an nachgelagerte Stellen weiterberechnet werden (d. h. Leistungsbeziehungen zwischen Vorkostenstellen werden nur einseitig berücksichtigt), ist die Reihenfolgebildung von besonderer Bedeutung. Vorkostenstellen sind in jedem Fall vor Endkostenstellen anzuordnen. In einer Hilfsrechnung werden näherungsweise die Werte der zu vergleichenden Leistungen ermittelt – im Beispiel KoSt. 1 an KoSt. 2 und umgekehrt:
Wert der Leistung der KoSt. 1 an KoSt. 2:
150.000,- € / 800 · 150 = 28.125,- €.
Wert der Leistung der KoSt. 2 an KoSt. 1:
300.000,- € / 650 · 200 = 92.307,69 €.
Da der letztgenannte Wert den ersten übersteigt, erfolgt die Reihenfolgebildung: 2 – 1 – 3 – 4.

□ Beispiel innerbetriebliche Leistungsverrechnung (3)

KoSt. 2	KoSt. 1	KoSt. 3	KoSt. 4
300.000,–	150.000,–	850.000,–	700.000,–
	92.307,69[1]	161.538,46[1]	46.153,85[1]
	242.307,69	1.011.538,46	746.153,85
		93.195,27[2]	149.112,42[2]
		1.104.733,73	895.266,27

Summe = 2.000.000,- €

[1] 300.000,- € / 650 · 200 bzw. 350 bzw. 100.
[2] 242.307,69 € / 650 · 250 bzw. 400. (Die 150 an KoSt. 2 werden nicht berücksichtigt.)

3. Ergebnis nach dem Gleichungsverfahren:
Alle Leistungsverflechtungen werden in einem Gleichungssystem dargestellt. Im Beispiel ergeben sich folgende vier Gleichungen (vereinfachend wird angenommen, dass es keinen Eigenverbrauch und keine Beziehungen von den Kostenstellen 3 oder 4 aus gibt; die linke Seite der Gleichungen zeigt die aus primären und sekundären Kosten zusammengesetzten Kosten der jeweiligen Kostenstelle, die recht Seite, was die Kostenstelle abgibt. Daraus lassen sich dann die Verrechnungspreise der beiden Endkostenstellen bestimmen):

KoSt. 1:	$150.000 + 200\, q_2$	$= 800\, q_1$
KoSt. 2:	$300.000 + 150\, q_1$	$= 650\, q_2$
KoSt. 3:	$850.000 + 250\, q_1 + 350\, q_2$	$= q_3$
KoSt. 4:	$700.000 + 400\, q_1 + 100\, q_2$	$= q_4$

Es ergeben sich folgende Verrechnungspreise: für KoSt. 1: $q_1 = 321{,}43$, für KoSt. 2: $q_2 = 535{,}71$. Gesamtkosten der KoSt. 3: $850.000 + 250\, q_1 + 350\, q_2 = 1.117.856{,}-$; KoSt. 4: $700.000 + 400\, q_1 + 100\, q_2 = 882.143{,}-$ €. Gesamtkosten = 1.999.999,– € (1,– € Rundungsdifferenz). Vergleich der Ergebnisse.

◘ Beispiel innerbetriebliche Leistungsverrechnung (4)

Gesamtkosten von:	Kostenstelle 3	Kostenstelle 4
Anbauverfahren	1.141.027,– €	858.975,– €
Stufenleiterverfahren	1.104.733,73 €	895.266,27 €
Gleichungsverfahren	1.117.856,– €	882.143,– €

Die dargestellten Verfahren der **Sekundärkostenrechnung** wurden unter der Prämisse beschrieben, dass alle innerbetrieblichen Güter in der laufenden Periode verbraucht werden. Bei einer **mehrperiodigen Nutzung** (z. B. selbsterstellte Gebäude oder Maschinen) sind sie zu aktivieren und ihre Kosten in den Jahren der Nutzung als Abschreibung und Zinsen in der Kostenartenrechnung zu erfassen.

Die Darstellung der Zuschlagssätze kann im letzten Teil des Betriebsabrechnungsbogens erfolgen (s. ◘ Abb. 2.8). Der BAB setzt sich also aus drei Teilen zusammen: Im ersten erfolgt die **Primärkostenrechnung**, im zweiten die Berücksichtigung der Leistungsverflechtungen (Sekundärkostenrechnung) und im abschließenden Teil werden dann die jeweiligen (kostenstellenbezogenen) Zuschlagssätze (z. B. für Material- und Fertigungsgemeinkosten) ermittelt, die dann in der produktbezogenen Kalkulation Verwendung finden (siehe die Beispiele zur Zuschlagskalkulation, z. B. Aufgabe 1). So wird dann das in ◘ Abb. 1.8 dargestellte Verfahren (Einzelkosten werden durch direkte Zuordnung und Gemeinkosten durch Schlüsselung z. B. mit Hilfe von Zuschlagssätzen über die Kostenstellen auf die Kostenzurechnungsobjekte, z. B. Produkte, gebracht) abgeschlossen.

2.3 Kalkulation in der Kostenträgerrechnung

Im Anschluss an Kostenarten- und Kostenstellenrechnung folgt als abschließendes Element der konventionellen Kostenrechnung die **Kostenträgerrechnung**. Sie fasst die Ergebnisse der vorherigen Teile zusammen. In der Kostenartenrechnung sind Einzelkosten, die den Kostenträgern direkt zurechenbar sind, und Gemeinkosten, die mittels Kostenstellenrechnung ebenfalls auf die Kostenträger verrechnet werden, identifiziert, sodass in der Kostenträgerstückrechnung alle Kosten (und Leistungen) zusammengefasst und auf die Produkteinheiten bezogen werden (vgl. ◘ Abb. 2.11).

Als Kostenträger werden meist die Endprodukte des Unternehmens gewählt, da sie gleichzeitig auch Erlös- (bzw. Leistungs-)träger sein können und somit die **Gegenüberstellung von Kosten und Leistungen** erlauben. In der Kostenträgerrechnung sind nun zwei Varianten zu unterscheiden: Zum einen ist Ziel der Kostenträgerstückrechnung (oder Kalkulation) die Ermittlung der (gesamten) Kosten und Leistungen je Produkteinheit, zum anderen verfolgt die Kostenträgerzeitrechnung den Zweck, den periodischen sachzielbezogenen Erfolg des Unternehmens zu ermitteln.

- **Kostenträgerstückrechnung**

Die **Aufgabe der Kalkulation**, der Kostenträgerstückrechnung, stellt die **Ermittlung von Stückherstellkosten** zur Bestandsbewertung für die interne

Abb. 2.11 Zusammenhang von Kostenarten-, Kostenstellen- und Kostenträgerrechnung

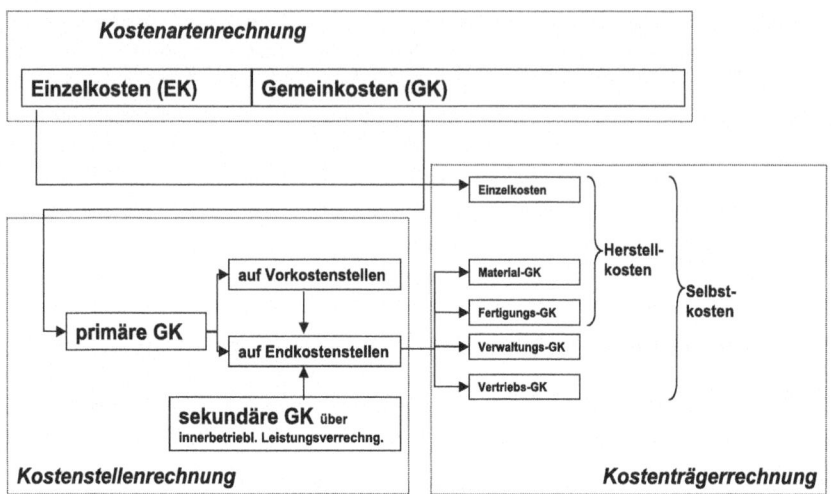

Unternehmensrechnung (ohne Bindung an Vorschriften für die kurzfristige Erfolgsrechnung, um noch nicht verkaufte Produktmengen zu erfassen) und für die externe Unternehmensrechnung (nach handels- und steuerrechtlichen Vorschriften für die Handels- und Steuerbilanz), von **Stückselbstkosten** und **Stückgewinnen** der Produkte, um unter anderem Preisentscheidungen, Produktionsprogrammentscheidungen zu fundieren, dar.

Tendenziell nimmt der Schwierigkeitsgrad der Kalkulation mit zunehmender Anzahl von verschiedenartigen Produkten sowie Fertigungs- und Bearbeitungsstufen und Arbeitsgängen zu. Der Unterschied der Verfahren liegt im Wesentlichen in der unterschiedlichen Verarbeitung der Gemeinkosten. Warum sind Gemeinkosten zuzuordnen?

Die Allokation von Gemeinkosten ist notwendig,
- um geeignete Informationen über Kosten zu haben und damit Entscheidungen fällen zu können,
- zur Motivation von Mitarbeitern (bessere Zuordnung erhöht Kostenbewusstsein der Mitarbeiter),
- um Kostenerstattungen zu rechtfertigen sowie
- am Rande auch um Hilfestellung bei den Daten des externen Rechnungswesens leisten zu können.

In der Kostenträgerstückrechnung werden verschiedene Verfahren angewendet, die sich auf zwei Grundformen zurückführen lassen: a) die **Divisionskalkulation** und b) die **Zuschlagskalkulation**, deren Eignung und konkrete Ausgestaltungen abhängig vom zugrunde liegenden Fertigungsverfahren sind, also von Produktaufbau und -zahl. Den Zusammenhang zwischen Fertigungstypen und Kalkulationsverfahren zeigt die ◘ Abb. 2.12 auf.

2.3.1 Divisionskalkulation

Eine Grundform der Kostenträgerstückrechnung stellt die Divisionskalkulation dar. Alle angefallenen Kosten werden ohne Trennung in Einzel- und Gemeinkosten durch die Menge der absatzbestimmten Produkteinheiten geteilt. Es ist ein Verfahren, das typischerweise bei Produkten in Massenfertigung angewendet wird.

In der einstufigen Variante (summarische oder kumulative Divisionskalkulation) ist eine weitere Prämisse, dass keine Lagerbestandsveränderungen an Halb- und Fertigfabrikaten auftreten (also keine Kostenbestandteile aus der Produktion früherer Perioden bzw. für den Absatz späterer Perioden enthalten sind). Es gilt dabei:

$$k = K/x$$

(wobei: k = Selbstkosten pro Stück, K = Gesamtkosten, x = Produktions- und Absatzmenge).

2.3 · Kalkulation in der Kostenträgerrechnung

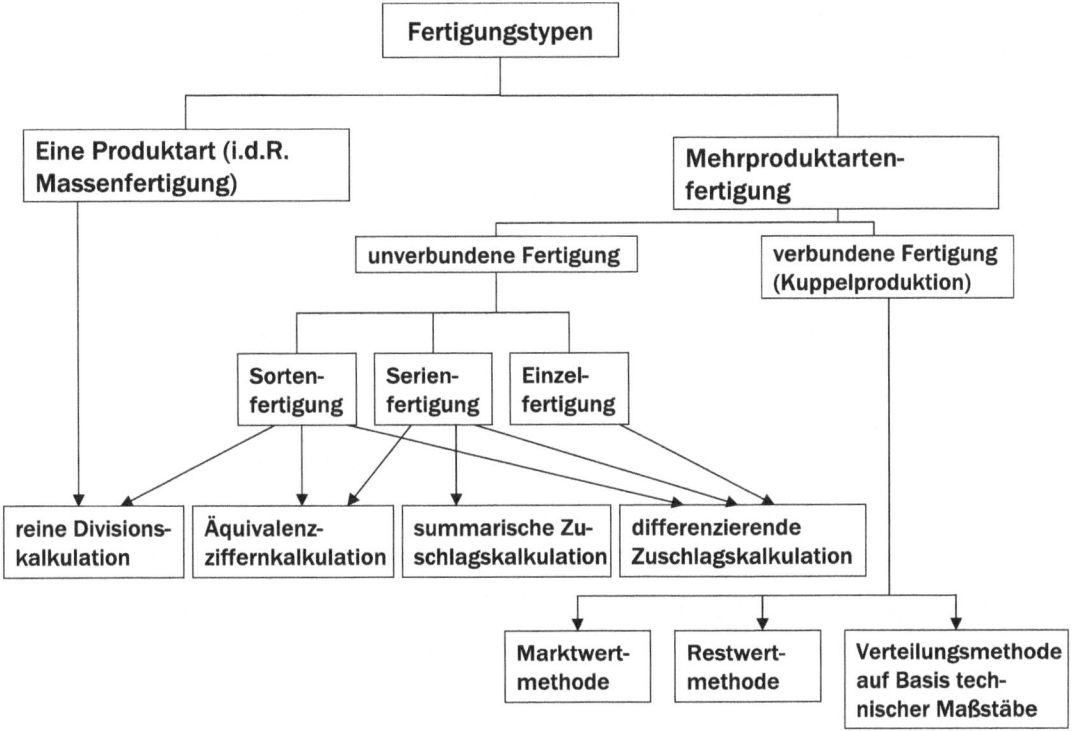

◘ **Abb. 2.12** Zusammenhänge zwischen Fertigungstypen und Kalkulationsverfahren. (Quelle: in modifizierter Form übernommen aus Eisele, 1993, S. 668)

Beispiel
Bei Gesamtkosten von 100.000,- € innerhalb einer Periode und 2.000 Mengeneinheiten ergeben sich Selbstkosten pro Stück von 50,- €.

Eine Verfeinerung zur **differenzierenden Divisionskalkulation (elektive oder mehrstufige Divisionskalkulation)** kann durchgeführt werden, wenn die Gesamtkosten aufgegliedert werden und die Kostenbestandteile, die dem Produkt in jeder Stufe zugerechnet werden, auf gleiche Weise durch Division der gesamten Kosten dieser Stufe durch die Menge der Produkteinheiten dieser Stufe geteilt wird. Hier bleibt nur noch die Einprodukt-Annahme als notwendige Voraussetzung. Die Unterteilung in Stufen kann in Anlehnung an die Kostenstellen erfolgen, wenngleich auch deren Bildung – wie auch die Kostenstellenrechnung zum Zwecke der (Weiter-)Verrechnung der Gemeinkosten in den Einproduktunternehmen – gar nicht erforderlich ist.

Die Selbstkosten pro Stück lassen sich bei dieser Form wie folgt darstellen:

$$k = K_1/x_1 + K_2/x_2 + K_3/x_3 + \ldots + K_i/x_i + + K_I/x_I + K_A/x_A$$

(wobei: k = Selbstkosten pro Stück, K_i = Gesamtkosten der Stufe i (i = 1, 2, …, I), X_i = Produktionsmenge der Fertigungsstufe i, K_A = Gesamtkosten des Verwaltungs- und Vertriebsbereichs und x_A = Absatzmenge).

Beispiel
Bei Vorliegen von drei Fertigungsstufen, in denen Gesamtkosten (Produktionsmengen) von 15.000,- € (2.000 Stück), 40.000,- € (1.800 Stück) und 35.000,- € (1.600 Stück) anfallen und bei Verwaltungs- und Vertriebskosten in Höhe von 10.000,- € (abgesetzte Menge: 1.500 Stück), ergeben sich die Herstellkosten der Halbfabrikate, des Fertigfabrikats sowie die Selbstkosten pro Stück in folgenden Höhen (Zahlen gerundet):

Herstellkosten Halbfabrikat Stufe 1:
15.000,– € : 2.000 = 7,50 € pro Stück,
Herstellkosten Halbfabrikat Stufe 2:
7,50 € + 40.000,– € : 1.800 = 29,72 € pro Stück,
Herstellkosten Fertigfabrikat:
29,72 € + 35.000,– € : 1.600 = 51,60 € pro Stück sowie
Selbstkosten pro Stück in Höhe von:
51,60 € + 10.000,– € : 1.500 = 58,27 €.

Mindestanforderung bezüglich der Einteilung in Stufen stellt die Ausgliederung der Verwaltungs- und Vertriebskosten als separate Stufe(n), um Stückherstellkosten und Stückselbstkosten ermitteln zu können. Eine Mischform aus Divisions- und (die später dargestellte) Zuschlagskalkulation ist denkbar.

Stellt ein Unternehmen mehrere verschiedene Produktarten in größeren Mengen her, die im Wesentlichen die gleichen Fertigungsstufen und Arbeitsgänge durchlaufen und sich nur geringfügig (z. B. in qualitativer Hinsicht) unterscheiden (z. B. *verschiedene Sorten von Tauen unterschiedlicher Dicke*), ist die **Äquivalenzziffernkalkulation** geeignet, die zur Divisionskalkulation im weiteren Sinn gerechnet werden kann.

Bei dem hier zur Anwendung kommenden Fertigungsverfahren, der Sortenfertigung, erfolgt eine Erweiterung der Abrechnungstechnik der Divisionskalkulation i. e. S. durch Einbezug von sogen. Äquivalenzziffern, die die geschätzten Stückkostenverhältnisse der einzelnen Sorten zueinander widerspiegeln. Dabei wird oftmals ein Produkt als Einheitsprodukt gewählt und mit der Äquivalenzziffer 1,0 bewertet, den anderen Sorten werden die geschätzten Verhältnisse der Stückkosten entsprechende Ziffern zugeordnet. Sorten sind verschiedene Produktarten innerhalb einer einheitlichen Produktgattung.

Beispiel 1
Ein zweites Produkt, dessen Stückkosten 80 % höher als die des Einheitsproduktes geschätzt werden, erhält die Äquivalenzziffer 1,8.

Beispiel 2
Bei Gesamtkosten von 500.000,– € einer Stufe ergeben sich als anteilig zu verrechnende Kosten (Stückkosten) der in der Stufe bzw. verarbeiteten Mengen nachfolgende Werte: Sorte 1: 100 Stck., Äquivalenzziffer 1,0; Sorte 2: 80 Stück, Äquivalenzziffer: 1,5; Sorte 3: 15 Stück, Äquivalenzziffer 2,0.
Als Ergebnis folgt:
Sorte 1:
500.000– : $(100 \cdot 1,0 + 80 \cdot 1,5 + 15 \cdot 2,0) \cdot 100 \cdot 1,0$
= 200.000,– € (2.000,– € pro Stück);
Sorte 2:
240.000,– € (3.000,– € pro Stück);
Sorte 3:
60.000,– € (4.000,– € pro Stück).

Die Exaktheit der Kalkulationsergebnisse hängt von der Genauigkeit der Äquivalenzziffern ab, die häufig nur näherungsweise geschätzt werden können und von deren Konstanz zumeist ausgegangen wird, bis sich die Herstellungsverfahren, die Unternehmensstruktur oder Preise von Produktionsfaktoren verändern.

Die mehrstufige Anwendung der Äquivalenzziffernrechnung ist grundsätzlich wie bei der mehrstufigen Divisionskalkulation möglich. Im Gegensatz zu dieser erhält man die zuzurechnenden Kostenbestandteile einer jeden Stufe nicht, indem die Kosten jeder Stufe durch die Zahl der hergestellten Produkteinheiten geteilt werden, da nun ja mehrere Produkte jede Stufe durchlaufen, sondern indem eine Zwischengröße bestimmt wird: die Zahl der Rechnungseinheiten. Diese errechnet sich durch die Summe aller Äquivalenzziffern multipliziert mit der Zahl der jeweils hergestellten Einheiten. Die Kosten einer jeden Stufe dividiert durch die Summe der Rechnungseinheiten der Stufe und multipliziert mit der jeweiligen Äquivalenzziffer des untersuchten Produktes führen zum Ergebnis. Letztlich wird dieser Mehrproduktfall also durch die Verhältnisziffern auf den Einproduktfall zurückgeführt, da man die Kosten aller Produkte kennt, sobald man die Kosten für ein Produkt und deren Stückkostenverhältnisse zueinander (durch die Äquivalenzziffern) bestimmt hat.

Allen hier dargestellten Kalkulationsverfahren gemein ist, dass Fixkostenbestandteile auf die Produkte verrechnet werden, diese somit (dem Verursachungsprinzip widersprechend) proportionalisiert werden. Neben dieser Fixkostenproblematik ist die Gemeinkostenproblematik für die Aussagefähigkeit einer Kostenrechnung von Bedeutung.

Da bei der Divisionskalkulation i. e. S. von der Annahme nur einer Produktart ausgegangen wird, ist in diesem Fall das Problem nicht existent, da letztlich alle Kosten von diesem Produkt getragen werden müssen, ein Zurechnungsproblem also gar nicht auftauchen kann.

2.3.2 Zuschlagskalkulation

Einproduktunternehmen sind in der Unternehmenspraxis nur äußerst selten anzutreffen. Bei den meisten Mehrproduktunternehmen führt die Äquivalenzziffernkalkulation wegen der zu großen Produktzahl oder der mangelhaften Schätzung der Äquivalenzziffern zu groben Ungenauigkeiten. Zur Verbesserung der Kalkulationsergebnisse findet deshalb häufig die Zuschlagskalkulation Anwendung.

Wenn unterschiedliche Produktarten in komplexer Zusammensetzung gleichzeitig oder nacheinander (Serienfertigung) oder jedes Produkt individuell und separat (Einzelfertigung) hergestellt werden, kann die Zuschlagskalkulation als das geeignete Verfahren zum Einsatz kommen. Sie berücksichtigt die Trennung zwischen Einzel- und Gemeinkosten, wobei alle zurechenbaren Kosten (soweit wirtschaftlich sinnvoll) als Einzelkosten direkt den Kostenträgern zugeordnet werden. Die Gemeinkosten werden danach mit Hilfe von Zuschlagssätzen verrechnet.

Das Vorgehen erfolgt in mehreren Schritten:
1. Wahl des Kostenträgers (Produktart), für den die Herstell- und/oder Selbstkosten ermittelt werden sollten
2. Bestimmung der mit der Herstellung verbundenen Einzelkosten
3. Wahl einer geeigneten Zurechnungsbasis (geeigneter Zurechnungsbasen) für die Allokation der Gemeinkosten
4. Bestimmung dieser Gemeinkosten
5. Ermittlung des (der) Zuschlagssatzes (Zuschlagssätze)
6. Gesamtermittlung aller Einzel- und Gemeinkosten.

Die Zuschlagskalkulation kann ein- oder mehrstufig ausgerichtet sein. Bei der einstufigen Rechnung, der sogenannten **summarischen** (kumulativen) **Zuschlagskalkulation** werden alle Gemeinkosten unter Verwendung einer einheitlichen Bezugsbasis umgerechnet und dann mit Hilfe eines Zuschlagssatzes auf die Produkte verrechnet. Bezugsbasis können die gesamten Fertigungslohnkosten (Fertigungseinzelkosten), die gesamten Materialkosten (Materialeinzelkosten) oder die Summe beider sein. Der Zuschlagssatz errechnet sich dann durch Division der gesamten Gemeinkosten durch die Summe der Bezugsbasis. Der so ermittelte Zuschlagssatz angewendet auf die betrachtete und auf eine Produkteinheit bezogene Bezugsbasis führt zu den Selbstkosten des Produktes.

Beispiel
Gemeinkosten = 100.000,– €; Fertigungseinzelkosten = 125.000,– €; Materialeinzelkosten = 85.000,– €. Dies führt zu einem Zuschlagssatz:
a. bei Fertigungseinzelkosten als Bezugsbasis: von 100.000,– : 125.000,– = 80 %,
b. bei Materialeinzelkosten als Bezugsbasis: von 118 % (gerundet) und
c. bei der Summe beider: von 48 %.

Die drei Alternativen unterscheiden sich jetzt dadurch, dass der errechnete Zuschlagssatz jeweils nur auf den Kostenbestandteil angewendet wird, auf den er sich als Bezugsbasis bezieht. Bei Materialeinzelkosten von 100,– € und Fertigungseinzelkosten von 200,– € ergeben sich die Selbstkosten nach
a. 100,– (Materialeinzelkosten) + 80 % von 100,– (Gemeinkosten) + 200,– (Fertigungseinzelkosten) = 380,– €
b. 100,– + 200,– + 118 % von 200,– = 536,– €
c. 100,– + 200,– + 48 % von 300,– = 444,– €

Die Wahl der Bezugsbasis beeinflusst damit erheblich das Ergebnis, da die anteilige Zurechnung der Gemeinkosten auf die verschiedenen Produkte sehr unterschiedlich ausfällt. Die Bildung der Zuschlagssätze kann in der Kostenstellenrechnung im dritten Teil des BAB durchgeführt werden. Neben Prozentsätze können auch bei Zugrundelegung von Maschinenstunden Maschinenstundensätze verwendet werden (siehe das Beispiel Rayer AG).

Eine Verfeinerung bei prinzipieller weiterer Existenz des Fehlers der Gemeinkostenschlüsselung erfolgt in der differenzierenden (elektiven)

Zuschlagskalkulation, bei der die Gemeinkosten in mehrere Teilbeträge aufgespalten und auf verschiedene Bezugsbasen verteilt werden. Dadurch wird die Bestimmung von Herstell- und Selbstkosten möglich. In dem Betriebsabrechnungsbogen ergeben sich am Ende des zweiten Teils (nach Durchführung der innerbetrieblichen Leistungsverrechnung) die Endkosten, d. h. die Gemeinkosten, die an die Kostenträger weitergegeben werden. Diese werden nun bei der Zuschlagskalkulation beispielsweise den entsprechenden Einzelkosten gegenüber gestellt (z. B. Materialgemeinkosten den Materialeinzelkosten, Fertigungsgemeinkosten den Fertigungseinzelkosten, Verwaltungs- und Vertriebsgemeinkosten den Herstellkosten – analog zum in ◘ Abb. 2.13 dargestellten Schema). Der dritte Teil des BAB dient also dazu, Zuschlagssätze zu bestimmen, die dann für die weitere Kalkulation verwendet werden können. Mithilfe dieser Prozentsätze kann dann relativ jeder Auftrag kalkuliert werden, sobald die Einzelkosten bekannt sind, die Gemeinkosten finden über die im BAB ermittelten Prozentsätze Eingang in die Rechnung (vgl. Aufgabe 1).

Unter Rückgriff auf die für die Kostenstellenrechnung gebildete Struktur des Unternehmens in Form bestimmter Kostenstellen kann beispielsweise folgendes Kalkulationsschema entwickelt werden.

Häufig werden die Gemeinkosten anhand geplanter Wertansätze verrechnet, um die Durchführung der Rechnung zu vereinfachen und zu beschleunigen. Dann können zu hoch oder zu niedrig verrechnete Gemeinkosten auftreten, deren **Ausgleich** mindestens periodenweise vorgenommen werden sollte. Die Berechnung sieht wie folgt aus:

    tatsächlich angefallene Gemeinkosten
– zugerechnete Gemeinkosten
= zu hoch oder zu niedrig verrechnete Gemeinkosten

Da sich Differenzen ergeben (können), muss ein Ausgleich dieser Differenzen erfolgen. Hierzu gibt es verschiedene Möglichkeiten, so der Ausgleich durch:

- die anteilsmäßige Zuordnung auf die unfertigen Erzeugnisse, Fertigerzeugnisse und abgesetzte Produkte: Verteilung im gleichen Verhältnis wie die übrigen verrechneten Gemeinkosten,

Fertigungsmaterial (Einzelkosten)	**Materialkosten**	**Herstellkosten**	**Selbstkosten**
Materialgemeinkosten (Zuschlagsbasis: Fertigungsmaterial)			
Fertigungslohn (Einzelkosten)	**Fertigungskosten**		
Fertigungsgemeinkosten (Zuschlagsbasis: Fertigungslohn, für jede Fertigungshauptstelle)			
Sondereinzelkosten der Fertigung (Einzelkosten)			
Verwaltungsgemeinkosten (Zuschlagsbasis: Herstellkosten)		**Verwaltungs-** und **Vertriebskosten**	
Vertriebsgemeinkosten (Zuschlagsbasis: Herstellkosten)			
Sondereinzelkosten des Vertriebs			

◘ Abb. 2.13 Schema der differenzierenden Zuschlagskalkulation. (Quelle: Kloock et al. 2005, 158 geringfügig modifiziert)

- ebenfalls anteilsmäßige Zuordnung auf die unfertigen Erzeugnisse, Fertigerzeugnisse und abgesetzte Produkte, im Gegensatz zur ersten Variante aber anhand der Verhältnisse vor Verteilung der Gemeinkosten oder
- die Zuordnung ausschließlich auf die abgesetzten Produkte.

Die erste Variante ist die genaueste, die Letzte die einfachste und schnellste.

2.3.3 Kuppelkalkulation

Als besonderes Problem erweist sich die Kalkulation von **Kuppelprodukten**, verschiedenartigen Produkten, die gleichzeitig und zwangsläufig im Produktionsprozess entstehen (typisch z. B. in der chemischen Industrie). Die Kosten fallen für diese Produkte gemeinsam an, sodass keines der beschriebenen Verfahren geeignet ist und die Kalkulation vollständig auf dem Durchschnitts- oder dem Tragfähigkeitsprinzip basieren muss. Folgekosten der unterschiedlichen Produkte lassen sich selbstverständlich wieder den Produkten zuordnen.

Für die im Zuge der Kuppelproduktion entstehenden Kosten gibt es mehrere Möglichkeiten der weiteren Berechnung:

Nach dem Kostentragfähigkeitsprinzip (Kostenverteilungsprinzip, nach dem die Gemeinkosten entsprechend dem Erfolg – somit der Tragfähigkeit – auf die Kostenträger verteilt werden; daneben gibt es weitere Kostenverteilungsprinzipien, z. B. das unten erwähnte Durchschnittsprinzip oder das Verursachungsprinzip. Danach werden Kosten den Ausbringungsgütern bzw. Leistungen zugeordnet, die sie als Zweckursache bewirkt haben) werden in der sogenannten **Marktwertrechnung** den Kuppelprodukten die Herstellkosten proportional zu ihren Erlösen zugerechnet. Dieses Verfahren setzt die Kenntnis der Marktpreise voraus und wird häufig dort eingesetzt, wo die Einteilung in Haupt- und Nebenprodukte nicht möglich oder wünschenswert ist.

Formal wird die Rechnung wie bei der Äquivalenzziffernkalkulation durchgeführt, wobei die **Marktpreise** der anfallenden Produkte **als Quasi-Äquivalenzziffern** angesehen werden. Im Unterschied zur Äquivalenzziffernkalkulation stellen diese Werte aber nicht den Maßstab der Kostenverursachung dar, sondern spiegeln die Kostentragfähigkeit wider.

Beispiel

In einem Herstellungsprozess fallen folgende Produkte an, denen die geplanten Marktpreise zugeordnet werden können.

Produkt	Menge (in kg)	Marktpreis (€/kg)	Rechnungs-einheiten
1	5.000	100,–	500.000
2	2.000	15,–	30.000
3	1.000	4,–	4.000
Summe Rechnungseinheiten			534.000

◘ Beispiel Kuppelkalkulation

Bei zu verteilenden Gesamtkosten von 500.000,– € ergeben sich die Stückkosten der Produkte wie folgt:
Produkt 1:
500.000,– : 534.000 · 100 = 93,63 €
Produkt 2:
500.000,– : 534.000 · 15 = 14,04 €
Produkt 3:
500.000,– : 534.000 · 4 = 3,75 €

Als Anwendung des **Durchschnittsprinzips** (häufigstes in der Praxis anzutreffendes Kostenverteilungsprinzip, nach dem die Kosten mittels einer Division gleichmäßig auf eine bestimmte Menge einer einzelnen Bezugsgröße verteilt werden) kann die Verwendung technischer Maßgrößen (*z. B. Heizwert mehrerer gleichzeitig anfallender Öl- und Gaserzeugnisse*) als Quasi-Äquivalenzziffern analog dem eben beschriebenen Vorgehen angesehen werden, z. B., wenn die Marktpreise unbekannt sind. Hier werden die technischen Maßgrößen dann einfach in gleicher Weise wie bei obiger Variante die Marktpreise zur Verteilung der Gesamtkosten verwendet (*Im obigen Beispiel: Wenn es sich bei den Werten von 100,– € / 15,– € / 4,– € nicht um die Marktpreise, sondern beispielsweise Gewichte, Heizwerte, Volumen oder andere technische Maßgrößen handelte, so ergäben sich die gleichen Werte, d. h., die Berechnung über die Rechnungseinheiten ist auch bei dieser Methode formal gleich.).

Die **Restwertrechnung (Subtraktionsmethode)** basiert teilweise auf dem Kostenträgfähigkeitsprinzip und ist dann einsetzbar, wenn ein Hauptprodukt identifiziert werden kann. Alle übrigen Produkte werden als Nebenprodukte angesehen und ihre Erlöse (abzüglich evtl. auftretender Folgekosten) dazu verwendet, die gesamten Herstellkosten der Kuppelproduktion zu vermindern. Der verbleibende Betrag kann nun auf das (eine) Hauptprodukt umgelegt werden. Allen Verfahren ist die **Willkürlichkeit der Zuordnung der Kosten** auf die Produkte gemein.

Beispiel
Wenn im obigen Beispiel unterstellt wird, dass das Produkt 1 das Hauptprodukt und Produkte 2 und 3 die Nebenprodukte sind und deren Erlöse bekannt sind, nämlich:
Erlös Produkt 2 (3) = 18,- € (5,- €) ergeben sich folgende Werte: Gesamterlöse Produkt 2 (3) = 36.000,- € (5.000,- €).
Die nach Abzug dieser Erlöse verbleibenden Kosten (im Beispiel: 500.000,- − 36.000,- − 5.000,- = 459.000,- €) sind nun vom Hauptprodukt 1 zu tragen und folglich ergeben sich hierfür Stückkosten in Höhe von 459.000,- : 5.000 Stck. = 91,80 €.

Die Problematik der Abhängigkeit des Kalkulationsergebnisses (oder genauer: des Anteils der auf das betrachtete Produkt geschlüsselten Gemeinkosten) von der gewählten Bezugsbasis, weitet sich zu einer **systematischen Fehlerquelle der Vollkostenrechnung** aus: Gemeinkosten, also Kosten, die nicht dem Kostenträger (Produkt) zuordenbar sind, werden letztlich durch **mehr oder minder willkürliche Schlüsselung** auf die Produkte umgerechnet, da nach dem Anspruch der Vollkostenrechnung alle Kosten auf die Produkte verteilt werden sollen. Je höher die Gemeinkosten desto höher sind die Zuschlagssätze und die damit verbundenen **Ungenauigkeiten der Rechnungen.**

Die **Verfälschung durch Schlüsselung** ist genau betrachtet noch größer, denn neben der **Kostenträgergemeinkostenproblematik** gibt es zuvor schon eine **Periodengemeinkostenproblematik**

(z. B. werden bereits in der Kostenartenrechnung Abschreibungen in problematischer Weise auf die einzelnen Perioden verteilt) sowie eine **Kostenstellengemeinkostenproblematik** (Schlüsselung der Kostenstellengemeinkosten auf die Kostenstellen) und die Problematik der Berücksichtigung **wechselseitiger Lieferungsverflechtungen** in der Kostenstellenrechnung.

Die beschriebene Dreiteilung Kostenarten-, Kostenstellen- und Kostenträgerrechnung stellt das übliche Vorgehen der traditionellen Kostenrechnung dar. Wie dargestellt erfolgt eine **mehrfache Umgruppierung der Kosten:**
1. von Kostenarten auf Kostenstellen,
2. von Vorkostenstellen auf Endkostenstellen sowie
3. von Endkostenstellen auf die Kostenträger.

Es erweist sich als ein schlüssiges Vorgehen mit dem Ziel, die Kosten ein- und zuordnen und letztlich auf die Kostenträger zu verrechnen.

Beispiel
Die Rayer AG, ein Unternehmen der chemischen Industrie, produziert die vier verschiedenen Kunststoffprodukte P1, P2, P3 und P4. Von P1 werden 600 Stück, von P2 200 Stück, von P3 1.000 Stück und von P4 500 Stück gefertigt. Während die Produkte P1 und P2 im Fertigungsbereich I hergestellt werden, werden die Produkte P3 und P4 im Fertigungsbereich II produziert. Die detaillierte Kostenstelleneinteilung der Rayer AG kann in folgender Tabelle entnommen werden. Ebenfalls sind in dieser Tabelle die primären Gemeinkosten der jeweiligen Kostenstelle ersichtlich.

◘ Beispiel Kostenstellengemeinkosten (1)

Kostenstelle	Summe primäre Gemeinkosten
Hilfskostenstellen:	
KS1: Strom	45.000,-
KS2: Wasser	60.000,-
KS3: Reparatur	15.000,-
KS4: Fuhrpark	80.000,-

2.3 · Kalkulation in der Kostenträgerrechnung

Kostenstelle	Summe primäre Gemeinkosten
Hauptkostenstellen, Fertigungsbereich I:	
KS5: Bohren I	405.510,–
KS6: Drehen	155.850,–
Hauptkostenstellen, Fertigungsbereich II:	
KS7: Bohren II	273.640,–
KS8: Walzen	277.000,–

Bezüglich der Hilfskostenstellen liegen folgende Informationen vor:

KS1 (Strom):
Bezugsgröße: 300.000 kWh Stromverbrauch, davon:
30.000 kWh für KS2, 20.000 kWh für KS3, 2.000 kWh für KS4, 25.000 kWh für KS5, 33.000 kWh für KS6, 90.000 kWh für KS7, 100.000 kWh für KS8.

KS2 (Wasser):
Bezugsgröße: 55.000 m³ Wasserverbrauch, davon:
1.250 m³ für KS1, 2.000 m³ für KS3, 500 m³ für KS4, 12.250 m³ für KS5, 18.000 m³ für KS6, 8.000 m³ für KS7, 13.000 m³ für KS8.

KS3 (Reparaturwerkstatt):
Bezugsgröße: 400 Reparaturstunden, davon:
40 h für KS1, 20 h für KS2, 10 h für KS4, 100 h für KS5, 160 h für KS6, 30 h für KS7, 40 h für KS8.

KS4 (Fuhrpark):
Bezugsgröße: 103.000 km, davon:
1.125 km für KS3, 51.300 km für KS5, 50.575 km für KS7.
Die in den einzelnen Kostenstellen angefallenen Maschinenstunden pro Produkteinheit P1, P2, P3 und P4 sind folgender Tabelle zu entnehmen.

Beispiel Kostenstellengemeinkosten (2)

Produkt	KS5	KS6	KS7	KS8
P1	3	3	–	–
P2	6	1	–	–
P3	–	–	2	2
P4	–	–	2	6

Das Unternehmen geht davon aus, dass sich die Kosten in KS5 – KS8 proportional zu den Maschinenstunden in den Stellen verhalten.

a. Führen Sie mit Hilfe des Stufenleiterverfahrens die Sekundärkostenrechnung für die Ray er AG durch (Reihenfolge gemäß der Nummerierung der Hilfskostenstellen) und berechnen Sie sodann die Maschinenstundensätze der einzelnen Hauptkostenstellen.

b. Berechnen Sie für P1, P2, P3 und P4 die Herstellkosten pro Stück, wenn Ihnen – zusätzlich zu den Erkenntnissen aus Teilaufgabe a) – bekannt ist, dass für die Herstellung der Produkte die vier Inputfaktoren R1, R2, R3 und R4 notwendig sind. Folgende Tabelle gibt Ihnen den Bedarf des jeweiligen Inputfaktors pro Produkteinheit P1, P2, P3 und P4 sowie die Beschaffungspreise von R1, R2, R3 und R4 an.

Beispiel Kostenstellengemeinkosten (3)

Produkt	R1	R2	R3	R4
P1	–	3 kg	–	–
P2	1 kg	–	2 kg	4 kg
P3	2 kg	–	3 kg	2 kg
P4	3 kg	–	2 kg	4 kg
Beschaffungspreise	50 €/kg	60 €/kg	35 €/kg	40 €/kg

a. Die Verrechnungssätze nach dem Stufenleiterverfahren ergeben sich wie in ◘ Abb. 2.14.
Mit Hilfe des BAB können sodann die Sekundärkostenrechnung durchgeführt und die Maschinenstundensätze berechnet werden (◘ Tab. 2.2).

b. Herstellkosten pro Stück:
P1: 3 h · 157,– €/h + 3 h · 96,– €/h + 3 kg · 60,– €/kg
    = 939,– €
P2: 1.318,– €
P3: 635,– €
P4: 978,– €

- **Kostenträgerzeitrechnung**

Die Kostenträgerzeitrechnung weist vom grundsätzlichen Vorgehen keine Unterschiede zur Kostenträgerstückrechnung auf. Spezifische Erfassungsprobleme existieren lediglich durch die **Berücksichtigung von Lagerbestandsveränderungen**. In der Kostenträgerzeitrechnung (auch

Abb. 2.14 Die Verrechnungssätze nach dem Stufenleiterverfahren

$$KS1: \frac{45.000\,€}{300.000\,kWh} = 0{,}15\,€/kWh$$

$$KS2: \frac{60.000\,€ + 30.000\,kWh \cdot 0{,}15\,€/kWh}{55.000\,m^3 - 1.250\,m^3} = 1{,}20\,€/m^3$$

KS3:

$$\frac{15.000\,€ + 20.000\,kWh \cdot 0{,}15\,€/kWh + 2.000\,m^3 \cdot 1{,}2\,€/m^3}{400\,h - 40\,h - 20\,h} = 60{,}\text{-}\,€/h$$

KS4:

$$\frac{80.000\,€ + 2.000\,kWh \cdot 0{,}15\,€/kWh + 500\,m^3 \cdot 1{,}2\,€/m^3 + 10\,h \cdot 60\,€/h}{103.000\,km - 1.125\,km} = 0{,}80\,€/km$$

kurzfristige Erfolgsrechnung genannt) erfolgt die Zusammenführung von Kosten und Leistungen (die Darstellung der Leistungs- bzw. Erlösseite folgt im Anschluss an diesen Teil) nicht nur auf die Produkte (bzw. Produkteinheiten), sondern auf Zeitabschnitte, sie erfolgt für einen Abrechnungszeitraum, der kürzer als ein Jahr ist (im allgemeinen ein Monat, seltener ein Quartal).

Aufgabe der Kostenträgerzeitrechnung ist die Überwachung der Wirtschaftlichkeit des Unternehmens, deshalb sind kurze Abrechnungszeiträume und eine zeitnahe Durchführung der Rechnung erforderlich. Die Durchführung der Kostenträgerzeitrechnung kann entweder nach dem Gesamtkostenverfahren oder nach dem Umsatzkostenverfahren erfolgen.

- **Gesamtkostenverfahren**

Das Gesamtkostenverfahren **stellt alle innerhalb der betrachteten Periode angefallenen und nach Kostenarten getrennten Kosten der Gesamtleistung der Periode gegenüber**. Um Wirkungen von Kostenbestandteilen, die aus früheren Perioden stammen oder für spätere Perioden bestimmt sind, zu neutralisieren, werden Lagerbestandsveränderungen entsprechend berücksichtigt: Lagerbestandserhöhungen an unfertigen oder fertigen Erzeugnissen werden den Verkaufserlösen der Periode hinzugerechnet, um als Gegenposition die in gleicher Höhe entstandenen Herstellkosten auszugleichen, Lagerbestandsminderungen, die (Herstell-)Kostenbestandteile früherer Perioden darstellen und deren Erlöse in der betrachteten

Tab. 2.2 Beispiel Kostenstellengemeinkosten (4)

Kostenstelle	KS1	KS2	KS3	KS4	KS5	KS6	KS7	KS8
Summe primäre, Gemeinkosten	45.000	60.000	15.000	80.000	405.510	155.850	273.640	277.000
Umlage KS1	↪	4.500	3.000	300	3.750	4.950	13.500	15.000
Umlage KS2		↪	2.400	600	14.700	21.600	9.600	15.600
Umlage KS3			↪	600	6.000	9.600	1.800	2.400
Umlage KS4				↪	41.040	–	40.460	–
Σ					471.000	192.000	339.000	310.000
Maschinenstunden					3.000	2.000	3.000	5.000
Maschinenstundensatz					157,- €/h	96,- €/h	113,- €/h	62,- €/h

2.3 · Kalkulation in der Kostenträgerrechnung

Periode realisiert werden, werden wie die übrigen Kosten von den Erlösen abgezogen. Andere „aktivierte Eigenleistungen" (Güter, die nicht auf den Absatzmarkt gelangen sollen und in späteren Perioden wieder zu Einsatzgütern werden) sind wie die Lagerbestandszunahmen an unfertigen und fertigen Erzeugnissen zu behandeln. Die verbleibende Restgröße stellt dann den sachzielbezogenen Erfolg der Periode dar. Deutlich wird, dass die Bewertung der Lagerbestandsveränderungen problematisch sein kann, üblicherweise werden diese kostenorientiert bewertet und zwar in Höhe der Herstellkosten.

Die Gegenüberstellung von Leistungen und Kosten erfolgt, wie gezeigt wurde, durch nach unterschiedlichen Kriterien geordnete Größen, der Erfolgsanteil einzelner Produkte lässt sich beim Gesamtkostenverfahren nicht bestimmen, eine **Erfolgsanalyse** ist also **nicht vollständig möglich**.

- **Umsatzkostenverfahren**

Um den genannten Mangel zu beheben, werden bei dem Umsatzkostenverfahren den Erlösen der abgesetzten Produktmengen ihre Selbstkosten gegenübergestellt. Seine Anwendung setzt somit eine Kostenträger- und Erlösträgerstückrechnung voraus. Auf Lager produzierte, d. h. in der Periode nicht abgesetzte Produkte werden zu ihren Herstellkosten bewertet erst dann zum Ansatz gebracht, wenn ihnen Erlöse gegenüberstehen.

Da das Umsatzkostenverfahren schwerer in die Finanzbuchführung integriert werden kann als das Gesamtkostenverfahren, erfreut sich Letzteres weiterhin hoher Beliebtheit, auch wenn die **Aussagekraft** des Umsatzkostenverfahrens für die Kostenrechnung **deutlich höher** ist, da der sachzielbezogene Periodenerfolg nicht nur bestimmt, sondern auch **nach Erfolgsbeiträgen der Produkte aufgeschlüsselt** werden kann. Für die unten dargestellten Teilkosten- und Plankostenrechnungen erlangt das Umsatzkostenverfahren noch besondere Vorteile. Da auch das Gesamtkostenverfahren (zur Bewertung der Bestandveränderungen) eine Kostenträgerstückrechnung voraussetzt, besitzt es keine rechnerischen Vorteile gegenüber dem Umsatzkostenverfahren. Im Gegensatz zum Gesamtkostenverfahren erfordert das Umsatzkostenverfahren keine monatliche Inventur (zur Ermittlung der Veränderungen der Bestände), eine Halbjahresinventur erscheint dennoch zweckmäßig. Die Erfolgsrechnung wird bei dem **Gesamtkostenverfahren kostenartenorientiert**, beim **Umsatzkostenverfahren kostenträgerorientiert** durchgeführt. Bei Zugrundelegung der gleichen Annahmen führen beide Verfahren zum gleichen Periodenerfolg.

2.3.4 Erlösrechnung

Die Erlösrechnung stellt das **Gegenstück zur Kostenrechnung** dar. Sie erfasst und verrechnet die durch den Absatz von Gütern erzielten Erlöse.

Im Vergleich zur in der Literatur ausführlich behandelten und in der Praxis sehr weit verbreiteten Kostenrechnung wird die Erlösrechnung bisweilen vernachlässigt. Dies liegt keineswegs daran, dass die Erlösrechnung eine vergleichsweise unwichtige Rechnung darstellt, sondern lässt sich vor allem darauf zurückführen, dass die den Erlös bestimmenden Größen aus Sicht der betrieblichen Entscheidungsträger i. d. R. schwieriger zu planen und zu beeinflussen sind. Während die Zusammenhänge von Kosten und deren Einflussgrößen zu einem großen Teil auf (produktions-)technischen Gesetzmäßigkeiten beruhen, wird die Höhe der Erlöse weitgehend durch Marktgegebenheiten bestimmt. Dies führt zur Auffassung, dass sich Kosten durch interne Maßnahmen beeinflussen lassen, Erlöse hingegen extern vorgegeben sind und daher nicht unmittelbar der betrieblichen Einflussnahme unterliegen.

Die **Erlösrechnung** bildet den **Kernbereich der Leistungsrechnung**. Neben der Erlösrechnung gehören zur Leistungsrechnung die innerbetriebliche Leistungsrechnung und die Bestandsrechnung. Diese beiden Rechnungen enthalten Leistungen, die nicht unmittelbar zu Umsätzen geführt haben. Die innerbetriebliche Leistungsrechnung befasst sich mit der Bewertung innerbetrieblicher Leistungen (siehe hierzu die oben vorgestellten Verfahren im Rahmen der Sekundärkostenrechnung). In der Bestandsrechnung werden Bestandserhöhungen von fertigen und unfertigen Erzeugnissen sowie „aktivierte" Eigenleistungen (z. B. selbst erstellte und dann selbst genutzte Gebäude oder Maschinen) wertmäßig erfasst.

Die Erlösrechnung lässt sich analog zum Aufbau der Kostenrechnung in eine Erlösarten-, Erlösstellen- und Erlösträgerrechnung unterteilen. Die konzeptionellen Grundlagen dieser drei Teilgebiete werden im Folgenden zunächst in Einzelabschnitten erläutert. Anschließend werden die Zusammenhänge der Erlösrechnung anhand eines Beispiels verdeutlicht.

- **Erlösartenrechnung**

Da Unternehmen i. d. R. ihren Kunden häufig abhängig von Absatzmengen und Zahlungsbedingungen sehr **unterschiedliche Absatzkonditionen** einräumen, ergibt sich eine größere Zahl von Erlösarten. Diese aufzuzeigen, zu klassifizieren und zu erfassen, stellt die wesentliche Aufgabe der Erlösartenrechnung dar. Sie muss den abgesetzten Produkten Erlösschmälerungen, Zuschläge und Wechselkursschwankungen zurechnen und analog der Kostenartenrechnung auch eine Trennung in Einzel- und Gemeinerlöse (z. B. Boni für Produktbündel) vornehmen.

Die ◘ Abb. 2.15 zeigt eine mögliche Gliederung der verschiedenen Erlösarten auf.

Der letztlich für das Unternehmen bedeutsame **Nettoerlös eines Produktes** ist somit das Ergebnis mehrerer Erlösarten. Der Nettoerlös ergibt sich, indem der Grundpreis eines Produktes um eventuelle Zuschläge (z. B. aufgrund kleiner Mengen oder Sonderausstattungen) erhöht und um vorhandene Erlösschmälerungen (z. B. Mengenrabatte, Funktionsrabatte, Kundenskonti, Preisnachlässe aufgrund von Mängelrügen, Kundenboni, Wechselkursänderungen) vermindert wird.

Zu beachten ist, dass es sich bei den Zuschlägen und Erlösschmälerungen häufig um **Gemeinerlöse** handelt, die dem einzelnen Produkt nicht verursachungsgerecht zugerechnet werden können. So werden z. B. auf den Jahresumsatz eines Kunden gewährte Boni, für die eine verursachungsgerechte Zurechnung nicht möglich ist, gemäß dem Durchschnittsprinzip auf die verschiedenen Produkte aufgeteilt.

- **Erlösstellenrechnung**

Während in der Erlösartenrechnung der Frage nachgegangen wird, welche Erlösarten in der Betrachtungsperiode angefallen sind, ermittelt die Erlösstellenrechnung, wo durch welche Absatzmarktkonstellationen Erlöse entstanden sind. Die **Erlösstellen** können als Orte oder – da mit dem Begriff des Ortes unter Umständen ein zu starker räumlicher Bezug verbunden wird – einfach als **Quellen der Erlösentstehung** aufgefasst werden. Für die Bildung von Erlösstellen kommen unter anderem folgende Einteilungskriterien in Betracht:

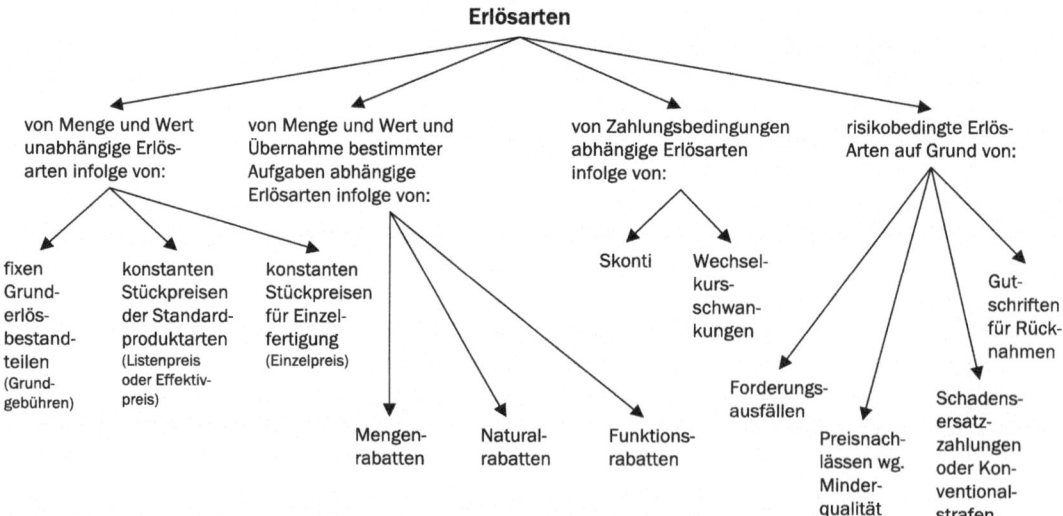

◘ Abb. 2.15 Erlösarten, einschließlich Arten von Erlösminderungen. (Quelle: in modifizierter Form übernommen aus: Kloock et al. 2005, 174)

- Produktgruppen
- Marktsegmente oder Teilmärkte
- Absatzwege (z. B. indirekt über Groß- oder Einzelhandel bzw. direkt an die Verbraucher) oder Absatzmethoden (z. B. Versandgeschäft, Verkauf über Internet)
- Kunden oder Kundengruppen (z. B. Groß- und Kleinkunden)

In der Erlösstellenrechnung werden unter Berücksichtigung der jeweiligen Absatzmengen und Absatzmarktkonstellationen (z. B. gewährte Mengenrabatte oder Boni für bestimmte Kundengruppen) die Erlöse der einzelnen Erlösstellen ermittelt. Dazu werden den Erlösstellen die verschiedenen Erlösarten aus der Erlösartenrechnung zugerechnet. Für **Stellengemeinerlöse** – also Gemeinerlöse, die den Erlösstellen nicht direkt zurechenbar sind – können sich Zurechnungsprobleme ergeben. Sie werden meist nach dem Durchschnittsprinzip verteilt, denkbar ist auch eine Schlüsselung nach der Tragfähigkeit.

Die Zuordnung der Erlösarten auf die Erlösstellen erfolgt im Wesentlichen mit dem Ziel, letztendlich diese Erlösarten den Erlösträgern zuzuordnen (Erlösvermittlung zwischen Erlösarten und Erlösträgern). Zu diesem Zweck werden – analog zur Kostenstellenrechnung – in der Erlösstellenrechnung Gemeinerlössätze ermittelt, die dann wiederum in der Erlösträgerrechnung Verwendung finden. Da Erlöseinzelkosten direkt den Erlösträgern zugerechnet werden können, ist aus Sicht der **Erlösvermittlungsfunktion** deren Übernahme in die Erlösstellenrechnung eigentlich nicht erforderlich. Da die Erlösstellenrechnung jedoch auch zur Erlöskontrolle eingesetzt werden kann, ist es nicht unüblich, auch die Erlöseinzelkosten den Erlösstellen zuzuordnen.

- **Erlösträgerrechnung**

Die Aufgabe der Erlösträgerrechnung besteht darin, die (durchschnittlichen) Stückerlöse der Erlösträger zu kalkulieren. Erlösträger sind i. d. R. die Endprodukte, können aber auch innerbetriebliche Leistungen sein. Für die **Kalkulation der Erlösträger** können die Einzelerlöse direkt aus der Erlösartenrechnung entnommen werden. Die Zurechnung der Gemeinerlöse erfolgt unter Zuhilfenahme der in der Erlösstellenrechnung ermittelten Gemeinerlössätze im Rahmen einer Zuschlagsrechnung analog zur aus der Kostenträgerrechnung bekannten Zuschlagskalkulation. Als Zuschlagsbasis werden üblicherweise die Einzelerlöse verwendet.

Abschließend werden die geschilderten Vorgehensweisen der Erlösarten-, der Erlösstellen- und der Erlösträgerrechnung sowie deren Zusammenhänge noch einmal anhand eines Beispiels veranschaulicht.

Beispiel

Die Hinterseer OHG produziert zwei Arten von Langlaufskiern, das Modell Allround und das Modell Athlet. Für diese beiden Produkte soll für das vergangene Jahr eine Erlösrechnung durchgeführt werden. Folgende Daten stehen hierfür zur Verfügung:

Die Hinterseer OHG vertreibt ihre beiden Produkte über zwei verschiedene Absatzwege. Für Deutschland beliefert sie alle Einzelhändler selbst. Das Geschäft mit dem Ausland wird einem Großhändler überlassen. Die Anzahl der verkauften Skier je Absatzweg ist der folgenden Tabelle zu entnehmen.

Beispiel Erlösrechnung (1)

Absatzweg	Allround	Athlet
Großhändler	5.000	2.000
Einzelhändler	6.000	1.000
Summe	11.000	3.000

Der Listenpreis für den Allround beträgt 150,– € der Listenpreis für den Athlet ist mit 200,– € anzusetzen. Gemeinerlösarten sind durch Funktionsrabatte, auftragsbezogene Rabatte sowie durch gewährte Boni entstanden.

Funktionsrabatte wurden folgende vergeben: Dem Großhändler wurden für das Produkt Allround 40 % und für das Produkt Athlet 25 % auf die Listenpreise erlassen. Die Einzelhändler erhielten für das Produkt Allround 20 % und für das Produkt Athlet 15 % Rabatt auf die Listenpreise.

Wenn Aufträge einen Auftragsumsatz (Listenpreis minus Funktionsrabatte) von 25.000,– € hatten, so gab es einen Mengenrabatt in Höhe von 5 % des Auftragsumsatzes. Der Großhändler hat dabei in 80 % der Fälle den auftragsbezogenen Rabatt erhalten. Bei den Bestellun-

gen der Einzelhändler lagen 40 % der Bestellungen über einem Auftragsumsatz von 25.000,- €.
Den Einzelhändlern und dem Großhändler wurde für das Jahresende ein Bonus in Höhe von 5 % der Jahresnettoumsätze versprochen, wenn sie ihren Umsatz mit der Hinterseer OHG um mindestens 10 % gegenüber dem Vorjahr steigern würden. Sowohl der Großhändler als auch 20 % der Einzelhändler steigerten den Umsatz so stark, dass sie am Jahresende einen Anspruch auf den Bonus hatten.

Erlösartenrechnung:
Die Einzelerlöse ergeben sich wie folgt:
Allround:
$11.000 \cdot 150 = 1.650.000,- €$
Athlet:
$3.000 \cdot 200 = 600.000,- €$
Die dem Großhändler und den Einzelhändlern eingeräumten Funktionsrabatte werden nachstehend ermittelt:
Großhändler:
$5.000 \cdot 150 \cdot 0,4 + 2.000 \cdot 200 \cdot 0,25 = 400.000,- €$
Einzelhändler:
$6.000 \cdot 150 \cdot 0,2 + 1.000 \cdot 200 \cdot 0,15 = 210.000,- €$
Summe Funktionsrabatte:
$400.000 + 210.000 = 610.000,- €$
Hierauf aufbauend können die auftragsbezogenen Rabatte für den Großhändler und die Einzelhändler errechnet werden:
Großhändler:
$(5.000 \cdot 150 + 2.000 \cdot 200 - 400.000) \cdot 0,05 \cdot 0,8$
$= 30.000,- €$
Einzelhändler:
$(6.000 \cdot 150 + 1.000 \cdot 200 - 210.000) \cdot 0,05 \cdot 0,4$
$= 17.800,- €$
Summe auftragsbezogene Rabatte:
$30.000 + 17.800 = 47.800,- €$
Abschließend werden die gewährten Boni ermittelt:
Großhändler:
$(5.000 \cdot 150 + 2.000 \cdot 200 - 400.000 - 30.000) \cdot 0,05$
$= 36.000,- €$
Einzelhändler:
$(6.000 \cdot 150 + 1.000 \cdot 200 - 210.000 - 17.800) \cdot 0,05 \cdot 0,2$
$= 8.722,- €$
Summe gewährte Boni:
$36.000 + 8.722 = 44.722,- €$
Aus den errechneten Einzel- und Gemeinerlösen ergibt sich folgendes Ergebnis:

Einzelerlöse:
Allround	1.650.000
+ Athlet	600.000
Gemeinerlöse:	
– Funktionsrabatte	610.000
– Auftragsbezogene Rabatte	47.800
– Gewährte Boni	44.722
Gesamterlöse:	1.547.478

Erlösstellenrechnung:
Die Erlösstellengliederung unterscheidet zum einen zwischen dem Großhändler und den Einzelhändlern, zum anderen zwischen den Produktarten Allround und Athlet. Insgesamt gibt es damit vier Erlösstellen (◘ Tab. 2.3).
In der Erlösstellenrechnung werden mit Hilfe der angegebenen Schlüssel die Gemeinerlösarten den einzelnen Erlösquellen, also den Produktarten des jeweiligen Absatzweges, zugerechnet.
Für die Einzelhändlerwerte von Allround ergeben sich z. B. bei den Funktionsrabatten direkt erfassbare Erlösminderungen von $0,2 \cdot 150 \cdot 6.000 = 180.000,- €$.
Auftragsbezogene Rabatte fielen bei dieser Erlösstelle $(900.000 - 180.000) \cdot 0,05 \cdot 0,4 = 14.400,- €$ an. Die gewährten Boni betrugen hier $(900.000 - 180.000 - 14.400) \cdot 0,05 \cdot 0,2 = 7.056,- €$.
Die Gemeinerlössätze in der letzten Zeile der Erlösstellenrechnung ergeben sich aus dem Verhältnis der gesamten Gemeinerlöse einer Erlösstelle zu den entsprechenden Einzelerlösen.

Erlösträgerrechnung:
Die durchschnittlichen Nettopreise der Produkte Allround und Athlet ergeben sich unter Anwendung der in der Erlösstellenrechnung ermittelten Gemeinerlössätze für die beiden Absatzwege wie folgt:
Nettopreis Allround (Großhändler):
$150 \cdot (1 - 0,4528) = 82,08$
Nettopreis Allround (Einzelhändler):
$150 \cdot (1 - 0,22384) = 116,424$
Nettopreis Athlet (Großhändler):
$200 \cdot (1 - 0,316) = 136,80$
Nettopreis Athlet (Einzelhändler):
$200 \cdot (1 - 0,17533) = 164,934$
Um die durchschnittlichen Nettopreise der beiden Produkte unabhängig vom Absatzweg zu ermitteln, müssen die obigen Nettopreise noch mit den jeweili-

Tab. 2.3 Beispiel Erlösrechnung (2)

	Großhändler		Einzelhändler	
	Allround	Athlet	Allround	Athlet
Einzelerlöse	750.000,–	400.000,–	900.000,–	200.000,–
Funktionsrabatte	300.000,–	100.000,–	180.000,–	30.000,–
Auftragsbezogene Rabatte	18.000,–	12.000,–	14.400,–	3.400,–
Gewährte Boni	21.600,–	14.400,–	7.056,–	1.666,–
Summe Gemeinerlöse	339.600,–	126.400,–	201.456,–	35.066,–
in % der Einzelerlöse	45,28	31,6	22,384	17,533

gen Anteilen des Großhändlers und der Einzelhändler an der insgesamt abgesetzten Stückzahl gewichtet werden. Es ergibt sich somit:
Nettopreis Allround:

$$\frac{5.000}{11.000} \cdot 82,08 + \frac{6.000}{11.000} \cdot 116,424 = 100,813$$

Nettopreis Athlet:

$$\frac{2.000}{3.000} \cdot 136,80 + \frac{1.000}{3.000} \cdot 164,934 = 146,178$$

2.4 Zusammenfassung

Die Kostenrechnung hat im deutschsprachigen Raum eine lange Tradition. Dabei hat sich ein dreiteiliges System der Kostenverrechnung herausgebildet. In der Kostenartenrechnung werden die Kosten erfasst, nach Einzel- und Gemeinkosten gegliedert sowie wert- und mengenmäßig erfasst. Die Weiterberechnung der Gemeinkosten erfolgt in der Kostenstellenrechnung und die Zusammenfassung aller Kosten und Leistungen schließlich im letzten Teil, der Kostenträgerrechnung.

Eine gängige Möglichkeit der Einteilung nach Kostenarten ist: Werkstoff-, Personal-, Dienstleistungskosten, Kosten für Abgaben an die öffentliche Hand, kalkulatorische Abschreibungen, kalkulatorische Zinsen und kalkulatorische Wagniskosten. Besonders deutliche Abweichungen im Ansatz gegenüber der Buchführung finden sich: bei den Personalkosten, die auch den kalkulatorischen Unternehmerlohn beinhalten und die darüber hinaus, Krankheits- und Abwesenheitslöhne auf das Jahr verteilen; bei den Abschreibungen, die mitunter völlig losgelöst von tatsächlich bezahlten Beträgen berechnet werden und den vermuteten Wertverlust widerspiegeln sollen, bei den kalkulatorischen Zinsen, die auch auf Eigenkapital berechnet werden sowie bei den kalkulatorischen Wagniskosten, die durchschnittliche erwartete Wertverluste darstellen sollen.

Die Weiterverrechnung der Gemeinkosten erfolgt im zweiten Abschnitt: der Kostenstellenrechnung. Im Zuge der Primärkostenrechnung erfolgt die Zuordnung dieser Gemeinkosten auf die Kostenstellen des Unternehmens, darin schließt sich die Sekundärkostenrechnung an, die innerbetriebliche Leistungen berücksichtigt.

Im letzten Teil, der Kostenträgerrechnung, kann zwischen Kostenträgerstückrechnung und Kostenträgerzeitrechnung Sicht unterschieden werden. In ersterer, auch „Kalkulation" genannt, werden die Kosten produktbezogen berechnet, während in letzterer, auch „kurzfristige Erfolgsrechnung", erfolgt darüber hinaus eine Gegenüberstellung von Kosten und Leistungen für einen kurzen Abrechnungszeitraum (i. d. R. ein Monat), um die Überwachung der Wirtschaftlichkeit des Unternehmens mit den Wertansätzen der Kostenrechnung zu ermöglichen.

Abhängig vom gewählten Fertigungsverfahren empfehlen sich unterschiedliche Kalkulationsverfahren. Die Divisionskalkulation ist in erster Linie für die Massenfertigung eines einzelnen homogenen Produktes geeignet und kann ein- oder mehrstufig aufgebaut werden. Die Äquivalenzziffernrechnung eignet sich besonders bei Sortenfertigung (mehrere verschiedene Produktarten/Sorten, die in größeren Mengen hergestellt werden und im Wesentlichen die gleichen Fertigungsstufen und Arbeitsgänge durchlaufen). Das bekannteste Verfahren ist die Zuschlagskalkulation, die auch bei Serien- oder Einzelfertigung, als bei der Herstellung von Produkten in komplexer Zusammensetzung, einsetzbar ist. Die Kuppelkalkulation hilft schließlich bei Kuppelprodukten, die gemeinsam im Produktionsprozess anfallen.

In Analogie kann auch die Erlösrechnung erfolgen. Sie stellt das Gegenstück zur Kostenrechnung (i. e. S.) dar. Die Erlösarten werden im ersten Teil (Erlösartenrechnung) aufgezeigt, erfasst und klassifiziert. Erlösstellen, als Orte der Erlösentstehung, können in der Erlösstellenrechnung beispielsweise nach Produktgruppen, Marktsegmenten, Absatzwegen oder Kunden eingeteilt werden. Im dritten Teil, der Erlösträgerrechnung, erfolgt dann wieder die Verbindung in Form der Kalkulation der Erlösträger.

In diesem Kapitel wurden am Beispiel der Vollkostenrechnung die verrechnungstechnischen Grundlagen der Kosten- und Leistungsrechnung dargestellt. In den folgenden Kapiteln erfolgt nun die Diskussion von Teil- und Plankostenrechnungen, um ein controllinggerechtes Kostenrechnungssystem aufbauen zu können.

2.5 Wiederholungsfragen

1. Stellen Sie das dreiteilige System einer auf Vollkosten basierenden Rechnung dar! Lösung siehe Beginn dieses Kapitels.
2. Nennen Sie Beispiele für typische Kostenarten und zeigen Sie ihre kostenrechnerische Erfassung auf (Mengen- und Wertkomponenten)! Lösung ▶ Abschn. 2.1.
3. Worin unterscheiden sich die verschiedenen Abschreibungsverfahren und welchen Annahmen liegen ihnen typischerweise zugrunde? Lösung ▶ Abschn. 2.1.3.
4. Wodurch erklärt sich, dass die Wertansätze für Abschreibungen im externen und im internen Rechnungswesen erheblich abweichen können (erläutern Sie an einem Beispiel)? Lösung ▶ Abschn. 2.1.3.
5. Was sind „kalkulatorische" Kosten? Lösung ▶ Abschn. 2.1.3 bis 2.1.5.
6. Wodurch unterscheiden sich Hilfs-, Haupt-, Vor- und Endkostenstellen? Lösung ▶ Abschn. 2.2.1.
7. Wodurch unterscheiden sich die Weiterberechnungen der Gemeinkosten in den verschiedenen Verfahren der Sekundärkostenrechnung? Lösung ▶ Abschn. 2.2.2.
8. Was sind die Aufgaben der Kostenarten-, der Kostenstellen- und der Kostenträgerrechnung? Lösung ▶ Abschn. 2.3.
9. Stellen Sie die Zusammenführung der Einzel- und Gemeinkosten kostenträgerbezogen für verschiedene Produktionsarten dar! Lösung ▶ Abschn. 2.3.
10. Was ist die Kuppelkalkulation und wann findet sie Anwendung? Lösung ▶ Abschn. 2.3.3.
11. Welche Aufgabe haben Äquivalenzziffern und wann werden sie eingesetzt? Lösung ▶ Abschn. 2.3.1.
12. Beschreiben Sie den Zusammenhang zwischen Fertigungstypen und Kalkulationsverfahren! Lösung ▶ Abschn. 2.3.
13. Wie sieht die Erlösrechnung in einem System der Vollkostenrechnung aus? Beschreiben Sie einige Beispiele von Erlösarten. Lösung ▶ Abschn. 2.3.4.

2.6 Aufgaben

- **Aufgabe 1**

In der Kostenstellenrechnung wurden für die abgelaufene Periode folgende Gesamtkosten der Endkostenstellen ermittelt:

Material:	200.000,– €
Fertigungsstelle I:	300.000,– €
Fertigungsstelle II:	500.000,– €
Verwaltung:	100.000,– €
Vertrieb:	200.000,– €

Zusätzlich sind im Fertigungsbereich 50.000,– € Sondereinzelkosten angefallen. Weiterhin entstanden folgende Einzelkosten:

Materialeinzelkosten:	100.000,– €
Endkosten der Fertigungsstelle I:	100.000,– €
Endkosten der Fertigungsstelle II:	300.000,– €

2.6 · Aufgaben

a. Berechnen Sie die für die Verteilung der Gemeinkosten erforderlichen Zuschlagssätze.
b. Das Unternehmen erhält einen Auftrag von 100 Stück eines Produktes.

Ermitteln die Herstell- und Selbstkosten pro Stück, wenn für den Auftrag folgende Einzelkosten ermittelt wurden (in € pro Stück):

Materialeinzelkosten:	150,-
Einzelkosten Fertigungsstelle I:	200,-
Einzelkosten Fertigungsstelle II:	110,-
Sondereinzelkosten der Fertigung:	250,-

c. In der zweiten Fertigungsstelle sollen die Gemeinkosten auf Basis der Maschinenlaufzeit verrechnet werden. In der abgelaufenen Periode war die Maschine 1.500 h in Betrieb. Die Bearbeitungszeit pro Stück des Auftrags beträgt in der ersten Fertigungsstelle zwei Stunden. Berechnen Sie den Gemeinkostensatz pro Maschinenstunde und ermitteln Sie die Herstell- und Selbstkosten pro Stück des Auftrags.

▪ Aufgabe 2

a. Ermitteln Sie anhand der nachfolgenden Angaben die Herstellkosten der Halb- und Fertigfabrikate sowie die Selbstkosten der drei Sorten S_1, S_2 und S_3.
Die nachfolgende Tabelle listet neben den Kosten, die in den Kostenstellen Material, Produktion 1, Produktion 2 und Vertrieb anfallen, die Mengen (in der Tabelle: M.) und Äquivalenzziffern (in der Tabelle: Äz.) der drei Sorten für alle Kostenstellen auf (◘ Tab. 2.4).

b. Erläutern Sie, was die Äquivalenzziffern aussagen und wann die Anwendung der Äquivalenzziffernkalkulation sinnvoll erscheint.
c. Geben Sie einen groben Überblick über die Kostenträgerstückrechnung und gehen Sie dabei auf wesentliche Verfahren ein (mindestens drei Verfahren).

▪ Aufgabe 3

Ein Unternehmen hat eine Anlage mit dem Anschaffungswert von 350.000,- € installiert.

Für die bilanzielle Abschreibung wird eine 10-jährige, für die kalkulatorische Abschreibung eine achtjährige Nutzungsdauer angenommen.

Der Restwert am Ende der Nutzung beträgt voraussichtlich 20.000 €.

a. Wie hoch ist die Differenz zwischen kalkulatorischer und bilanzieller Abschreibung im 1. Jahr, wenn kalkulatorisch arithmetisch-degressiv und bilanziell linear abgeschrieben wird?
b. Wie hoch ist die Differenz zwischen beiden Ansätzen im 1. bis 3. Jahr, wenn nun abweichend von Frage a) kalkulatorisch zwischen zeit- und leistungsabhängiger Abschreibung unterschieden wird, wobei beide jeweils gleichgewichtig angenommen werden und bei der Zeitabschreibung die lineare Methode und bei der Leistungsabschreibung folgende Daten gelten:
c. Bei einem Nutzungspotential von insgesamt 20.000 h wird mit folgenden Leistungsinanspruchnahmen gerechnet:
1. Jahr: 1.500 h,
2. Jahr: 2.100 h und

◘ **Tab. 2.4** Aufgabe 2

Kostenstellen								
Kosten /	Material		Produktionsstufe 1		Produktionsstufe 2		Vertrieb	
	$K_{Mat.}$ = 500.000,- €		$K_{prod.1}$ = 400.000,- €		$K_{prod.2}$ = 32.000,- €		$K_{Veltr.}$ = 100.000,- €	
	M.	Äz.	M.	Äz.	M.	Äz.	M.	Äz.
S_1	100	1	100	1	80	0,5	50	0,5
S_2	80	1,5	80	1,5	75	1	60	1
S_3	15	2	15	2	15	3	12	1,25

Tab. 2.5 Aufgabe 3

	(1) bilanzielle Abschreibung	(2) kalkulatorische Abschreibung	(3) Differenz (1) – (2)
a) Abschreibung 1. Jahr			
b) Abschreibung 1. Jahr			
Abschreibung 2. Jahr			
Abschreibung 3. Jahr			

3. Jahr: 2.450 h.
Welche Auswirkung haben die errechneten Differenzen auf die Gewinn- und Verlustrechnung (Tab. 2.5)?

2.7 Lösungen

Aufgabe 1

a. Zuschlagsatz für:
- Materialgemeinkosten
  = 200.000 / 100.000 = 200 %
- Fertigungsgemeinkosten I
  = 300.000 / 100.000 = 300 %
- Fertigungsgemeinkosten II
  = 500.000 / 300.000 = 166,67 %
- Verwaltungsgemeinkosten
  = 100.000 / 1.550.000 = 6,45 %
- Vertriebsgemeinkosten
  = 200.000 / 1.550.000 = 12,90 %

b.

MEK	150,–	
MGK (200 %)	300,–	
Materialkosten	450,–	Diese und
FEK I	200,–	alle weiteren
FGK I (300 %)	600,–	Angaben auf €
FEK II	110,–	gerundet.
FGK II (167 %)	183,–	
SEK Fert	250,–	
Fertigungskosten	1.343,–	
= Herstellkosten	1.793,–	
VwGK (6,45 %)	116,–	
VertrGK (12,9 %)	231,–	
= Selbstkosten	2.140,–	

c.
Maschinenstundensatz:
500.000,– / 1.500
= 333,33 (€/Stunde)

MEK	150,–	
MGK (200 %)	300,–	
Materialkosten	450,–	
FEK I	200,–	
FGK I (300 %)	600,–	
FEK II	110,–	
FGK II	**667,–**	*(geänderte Werte)*
SEK Fert	250,–	
Fertigungskosten	**1.827,–**	
= Herstellkosten	**2.277,–**	
VwGK (6,45 %)	**147,–**	
VertrGK (12,9 %)	**294,–**	
= Selbstkosten	**2.718,–**	

Aufgabe 2
a. Tab. 2.6 und 2.7
b. Äquivalenzziffern erfassen die durch den unterschiedlichen Werkstoffeinsatz und unterschiedliche Bearbeitung der Sorten hervorgerufenen (Stück-)Kostenverhältnisse.
c. Verfahren der Kostenträgerstückrechnung: siehe ▶ Abschn. 2.3.

Aufgabe 3
a. Tab. 2.8
b. Tab. 2.8
c. Kalkulatorische Abschreibungen werden nur im internen Rechnungswesen angewandt und somit haben die Differenzen haben keinen Einfluss auf die GuV.

2.7 · Lösungen

Tab. 2.6 Lösung Aufgabe 2 (1)

Kostenstellen									
Kosten	Material		Produktionsstufe 1		Produktionsstufe 2		Vertrieb		
	$K_{Mat.} = 500.000{,}-$ €		$K_{Prod.\,1} = 400.000$ €		$K_{Prod.\,2} = 32.000{,}-$ €		$K_{Vertr.} = 100.000{,}-$ €		
	Rechnungs-einheiten	Kosten	RE.	K.	RE.	K.	RE.	K.	
S_1	100	2.000,–	100	1.600,–	40	100,–	25	500,–	
S_2	120	3.000,–	120	2.400,–	75	200,–	60	1.000,–	
S_3	30	4.000,–	30	3.200,–	45	600,–	15	1.250,–	
	250		250		160		100		

Tab. 2.7 Lösung Aufgabe 2 (2)

Kosten	Material	Produktions-stufe 1	Produktions-stufe 2	Vertrieb	Summe
Selbstkosten					
S_1	2.000,–	1.600,–	100,–	500,–	4.200,–
S_2	3.000,–	2.400,–	200,–	1.000,–	6.600,–
S_3	4.000,–	3.200,–	600,–	1.250,–	9.050,–
Herstellkosten Halbfabrikate					
S_1	2.000,–	1.600,–			3.600,–
S_2	3.000,–	2.400,–			5.400,–
S_3	4.000,–	3.200,–			7.200,–
Herstellkosten Fertigfabrikate					
S_1	2.000,–	1.600,–	100,–		3.700,–
S_2	3.000,–	2.400,–	200,–		5.600,–
S_3	4.000,–	3.200,–	600,–		7.800,–

Tab. 2.8 Lösung Aufgabe 3

	(1) Bilanzielle Abschreibung	(2) Kalkulatorische Abschreibung	(3) Differenz (1) – (2)
a) Abschreibung 1. Jahr	35.000,–	73.333,–	– 38.333,–
b) Abschreibung 1. Jahr	35.000,–	12.375,– + 20.625,– = 33.000,–	– 2.000,–
Abschreibung 2. Jahr	35.000,–	17.325,– + 20.625,– = 37.950,–	2.950,–
Abschreibung 3. Jahr	35.000,–	20.212,50 + 20.625,– = 40.837,50	5.837,50

Teilkostenrechnung

Christian Ernst, Gerald Schenk, Peter Schuster

3.1 Grundsätzliche Probleme von Vollkostenrechnungen – 56

3.2 Systeme der Teilkostenrechnung – 57

3.3 Ablauf der Teilkostenrechnung – 58

3.4 Der Deckungsbeitrag – 58

3.5 Verfahren der Kostenauflösung – 59
3.5.1 Buchtechnisches Verfahren – 59
3.5.2 Mathematische Kostenauflösung (Differenzenquotienten-Verfahren) – 60
3.5.3 Statistische Verfahren der Kostenauflösung – 61

3.6 Einstufige Deckungsbeitragsrechnung (Direct Costing) – 62
3.6.1 Vorgehensweise – 62
3.6.2 Bestimmung von Preisuntergrenzen – 63
3.6.3 Entscheidungen über Zusatzaufträge – 64
3.6.4 Produktionsprogrammplanung – 64
3.6.5 Eigenfertigung versus Fremdbezug – 67
3.6.6 Kritische Würdigung der einstufigen Deckungsbeitragsrechnung – 68

3.7 Mehrstufige Deckungsbeitragsrechnung (Fixkostendeckungsrechnung) – 69

3.8 Relative Einzelkostenrechnung – 72

3.9 Beurteilung der Deckungsbeitragsrechnung – 75

3.10 Zusammenfassung – 75

3.11 Wiederholungsfragen – 76

3.12 Aufgaben – 77

3.13 Lösungen – 80

© Springer-Verlag GmbH Deutschland 2017
C. Ernst, G. Schenk, P. Schuster, *Kostenrechnung klipp & klar*, Wiwi klipp & klar,
https://doi.org/10.1007/978-3-662-53508-0_3

Lernziele dieses Kapitels
- Erkennen der grundsätzlichen Probleme von Vollkostenrechnungen
- Verstehen der Deckungsbeitragsbegriffs und der Deckungsbeitragsrechnung
- Anwendung der Teilkostenrechnung auf betriebswirtschaftliche Fragestellungen
- Kenntnis der verschiedenen Systeme der Teilkostenrechnung

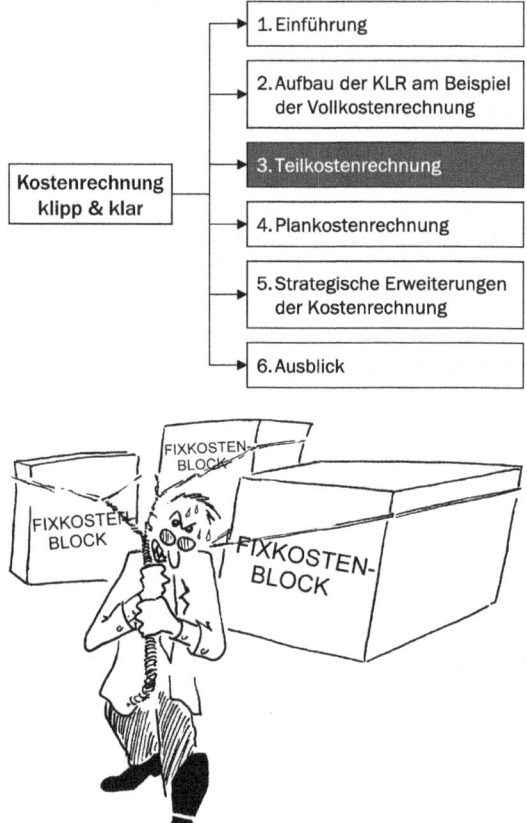

Kostenrechnung klipp & klar
1. Einführung
2. Aufbau der KLR am Beispiel der Vollkostenrechnung
3. Teilkostenrechnung
4. Plankostenrechnung
5. Strategische Erweiterungen der Kostenrechnung
6. Ausblick

deutlicht werden, dass die Vollkostenrechnung als Entscheidungsgrundlage für bestimmte betriebswirtschaftliche Fragestellungen nicht geeignet ist und mitunter sogar zu falschen Entscheidungen führen kann. Mit Hilfe zweier Beispiele wird nachstehend die **Notwendigkeit der Teilkostenrechnung** begründet, also eines Kostenrechnungssystems, das zwischen fixen und variablen Kosten unterscheidet.

Beispiel
Betrachtet werde ein Unternehmen, das insgesamt zehn Produkte produziert und vertreibt. Neun Produkte erzielen insgesamt einen Gewinn von 1.000,- €. Das zehnte Produkt erzielt einen Verlust von 200,- €. Ohne nähere Informationen zur genauen Kostenstruktur liegt die Idee nahe, das zehnte Produkt aus dem Produktsortiment zu entfernen und dadurch den mit diesem Produkt verbundenen Verlust zu vermeiden.

Angenommen werde nun, dass sich der Verlust des zehnten Produktes in Höhe von 200,- € wie folgt ergibt:

Umsatzerlöse	700,- €
Variable Kosten	600,- €
Fixe Kosten	300,- €

Diese Information zur Aufteilung der Kosten in fixe und variable Bestandteile macht ersichtlich, dass die Elimination des zehnten Produktes – zumindest aus kurzfristiger Sicht – nicht zu einer Erhöhung des Gesamtgewinns auf 1.000,- € führt, sondern zu einer Verminderung auf 700,- €. Durch die Elimination des zehnten Produktes können kurzfristig nur die variablen Kosten eingespart werden, die fixen Kosten in Höhe von 300,- € jedoch müssen von den anderen neun Produkten gedeckt werden. Da mit der Einstellung des zehnten Produktes auch dessen Umsatzerlöse verloren gehen, kommt es damit gegenüber der Ausgangssituation zu einer Verminderung des Gesamtgewinns um 100,- €.

Gewinn Ausgangssituation	1.000 + (700 − 600 − 300) = 800,- €
Gewinn nach Elimination Produkt 10	1.000 − 300 = 700,- €

3.1 Grundsätzliche Probleme von Vollkostenrechnungen

Bei der Vollkostenrechnung werden alle Kosten (d. h. ohne Unterscheidung danach, ob sie fixe oder variable Kosten darstellen) auf die Kalkulationsobjekte verrechnet. Im Folgenden soll zunächst ver-

Eine Vollkostenrechnung, die **keine Unterscheidung von fixen und variablen Kosten** vornimmt, hätte diese Entscheidungsunterstützung in obigem Beispiel nicht liefern können bzw. hätte eine falsche Handlungsempfehlung gegeben. Mit dem zweiten, in der Literatur in dieser oder ähnlicher Form häufig zu findenden Beispiel soll im Folgenden veranschaulicht werden, welche Probleme im Rahmen der Kalkulation entstehen können, wenn fixe Kosten bei der Kostenzuordnung auf Kostenträger genauso wie variable Kosten behandelt werden.

Beispiel
Der geschäftstüchtige Student Raff mietet für mehrere Samstage einen Doppeldeckerbus mit 60 Plätzen, um Kommilitonen preisgünstig in die Berge zum Skifahren zu bringen. Für jeden Samstag hat Raff 500,- € Miete an das Busunternehmen zu zahlen. Für den ersten Samstag legt er den Fahrpreis auf 20,- € pro Person fest, und es nehmen 25 Studenten an der Fahrt teil. Die Einnahmen betragen also 500,- €, was genau der Höhe der Ausgaben von Raff entspricht. Nun sagt sich Raff: „Mit diesem Preis komme ich ja nur auf meine Selbstkosten; etwas will ich doch auch verdienen". Für die nächste Fahrt erhöht er deshalb den Preis pro Person auf 30,- €. Die Fahrt am nächsten Samstag hat 15 Teilnehmer. Raff hat demnach Einnahmen von 450,- € und erzielt damit einen Verlust von 50,- €.
Daraufhin stellt Raff fest: „Die Durchschnittskosten betragen ja 33,33 € pro Person, und ich befördere meine Kommilitonen für 30,- €; so kann es nicht weitergehen." Deshalb erhöht Raff den Preis für die nächste Fahrt auf 40,- € mit dem Ergebnis, dass der Bus am nächsten Samstag nur fünf Studenten befördert. Der Verlust erhöht sich auf 300,- €. Völlig außer sich lässt sich Raff zu folgender Äußerung hinreisen (Raff hat aufgrund seiner vielfältigen Nebenbeschäftigungen die Vorlesungen zur Teilkostenrechnung verpasst): „Das, was wir in der Uni über die Selbstkosten gelernt haben, ist ja in der Praxis der völlige Unsinn, die Orientierung an den Selbstkosten bringt ja nur Verluste." Wütend auf seine Dozenten und sich selbst senkt Raff den Fahrpreis in der folgenden Woche trotzig auf 10,- €. Der Erfolg am nächsten Samstag macht ihn sprachlos: Alle 60 Plätze des Busses sind besetzt. Raff erzielt einen Gewinn von 100,- €, und – was ihm besonders merkwürdig vorkommt – die Selbstkosten sind auf 8,33 € pro Teilnehmer zurückgegangen.

Die Missverständnisse und falschen Schlussfolgerungen des Studenten Raff beruhen darauf, dass er die fixen Mietkosten für den Bus wie variable Kosten behandelt, also proportionalisiert. Er lässt außer Acht, dass die fixen Mietkosten des Busses eben nicht von der jeweiligen Beschäftigung (hier Teilnehmerzahl) abhängig sind. Indem er die fixen Mietkosten auf die immer kleiner werdende Teilnehmerzahl verteilt, werden die Stückkosten und damit auch das von ihm verlangte Teilnehmerentgelt zwangsläufig immer höher. Anschaulich wird obiges Beispiel zur Problematik der **Proportionalisierung von Fixkosten** im Rahmen einer Vollkostenrechnung in der Literatur auch mit „Hinauskalkulieren aus dem Markt" übertitelt.

3.2 Systeme der Teilkostenrechnung

Im Gegensatz zur Vollkostenrechnung wird in den Systemen der Teilkostenrechnung den Kalkulationsobjekten nur ein Teil der Gesamtkosten zugerechnet. Grundsätzlich sind zwei Varianten der Teilkostenrechnung möglich:

- Bei der in der Praxis vorherrschenden **Teilkostenrechnung auf der Basis von variablen Kosten** werden den Kostenträgern nur die variablen Kosten zugeteilt. Die fixen Kosten werden bei dieser Variante zwar in der Kostenrechnung erfasst, jedoch nicht den einzelnen Kostenträgern zugerechnet.
- Im Rahmen der **Teilkostenrechnung auf der Basis von Einzelkosten** werden Einzelkosten und Gemeinkosten derart aufgeteilt, dass nur eine Zurechnung von Einzelkosten auf die einzelnen Kalkulationsobjekte erfolgt.

Im Einzelnen können die Systeme der Teilkostenrechnung aus ◘ Abb. 3.1 unterschieden werden.

Zunächst werden in diesem Kapitel die einstufige und die mehrstufige Deckungsbeitragsrechnung dargestellt. Erläuterungen zum Ablauf und zu den erforderlichen Begriffen der Teilkostenrechnung beziehen sich daher vorerst nur auf die Teilkostenrechnung auf Basis von variablen Kosten. Der „Sonderfall" der relativen Einzelkostenrechnung wird am Ende dieses Kapitel behandelt. Auf die

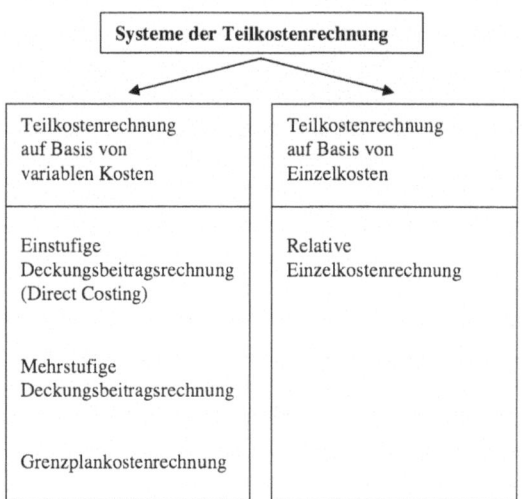

◘ Abb. 3.1 Systeme der Teilkostenrechnung

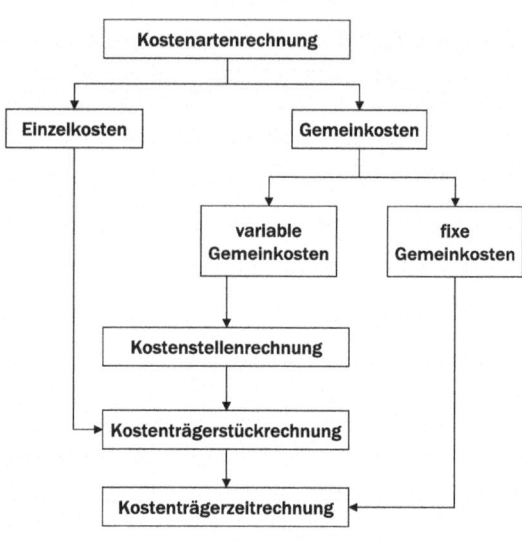

◘ Abb. 3.2 Ablauf der Teilkostenrechnung

Grenzplankostenrechnung wird aufgrund ihrer systematischen Zugehörigkeit zur Plankostenrechnung erst in ▶ Kap. 4 eingegangen.

3.3 Ablauf der Teilkostenrechnung

Der für die Vollkostenrechnung erläuterte grundsätzliche Ablauf der Kostenerfassung und -Verteilung findet auch im Rahmen der Teilkostenrechnung seine Anwendung. Die Kostenerfassung erfolgt in der Kostenartenrechnung, die Kostenverteilung findet über die Kostenstellen- und die Kostenträgerrechnung statt. Allerdings werden die in der Kostenartenrechnung erfassten **fixen Kosten von der Kostenverteilung ausgeschlossen**. Sie werden nicht von der Kostenarten- in die Kostenstellenrechnung übernommen, sondern gehen direkt in einem Block in die Kostenträgerzeitrechnung ein. Neben den direkt zurechenbaren Einzelkosten werden folglich den Kostenträgern über die Kostenstellen- und -trägerstückrechnung zusätzlich nur die variablen Gemeinkosten zugerechnet. ◘ Abb. 3.2 stellt die Zusammenhänge noch einmal anschaulich dar.

Im Vergleich zur Vollkostenrechnung tritt bei den Systemen der Teilkostenrechnung die Erlösseite stärker in den Vordergrund. Wie sich im Folgenden zeigen wird, sind die Erlöse rechentechnisch in die Teilkostenrechnung eingebunden, sodass im Grunde eine Erweiterung zur Ergebnisrechnung stattfindet.

3.4 Der Deckungsbeitrag

Zentraler Begriff der Teilkostenrechnung ist der Deckungsbeitrag. Der Deckungsbeitrag ergibt sich aus der **Differenz zwischen den erzielten Erlösen und den variablen Kosten**. Er stellt somit den Betrag dar, der zur Deckung der fixen Kosten zur Verfügung steht. Der Deckungsbeitrag kann sich sowohl auf die Gesamtmenge eines Produktes beziehen (= Gesamtdeckungsbeitrag) als auch auf eine Mengeneinheit (= Deckungsbeitrag pro Stück). Es gilt:

Gesamtdeckungsbeitrag: $DB = E - K_v$

Deckungsbeitrag pro Stück: $db = p - k_v$

wobei:

	Gesamt	Durchschnitt/pro Stück
Deckungsbeitrag:	DB	db
Erlöse:	E	p
Variable Kosten:	K_v	k_v

Übersteigen die Erlöse die variablen Kosten eines Produktes (E > K_v), entsteht ein Überschussbetrag, der zur Deckung der fixen Kosten beiträgt. Sind die variablen Kosten eines Produktes hingegen größer als dessen Erlöse (E < K_v), leistet das betrachtet Produkt keinen Beitrag zur Deckung der fixen Kosten.

Gewinn wird in einem Einproduktunternehmen erst dann erzielt, wenn der Deckungsbeitrag DB des Produktes die fixen Kosten K_f übersteigt. Der entsprechende Grenzwert wird als Nutzenschwelle (oder Break-Even-Point) bezeichnet. Die **Nutzenschwelle** ist definiert als diejenige Ausbringungsmenge x_{NS}, bei der der Deckungsbeitrag gerade die gesamten fixen Kosten deckt. Es gilt also:

$$\text{Nutzenschwelle erreicht, wenn DB} = K_f$$

Liegt im Einproduktunternehmen die Situation DB > K_f („oberhalb der Nutzenschwelle") vor, erzielt das Unternehmen einen Gewinn (G) in Höhe von DB – K_f. Im umgekehrten Fall DB < K_f („unterhalb der Nutzenschwelle") entsteht ein Verlust (V) in Höhe von K_f – DB. Durch Umformung der Gleichung K_f = DB = db · x ergibt sich die Nutzenschwelle x_{NS} als:

$$x_{NS} = K_f / db$$

Beispiel
Gegeben:
p = 20,- € k_v = 10,- € K_f = 4.000,- €   x = 1.000
Gesucht:
db, DB, G, x_{NS}
Lösung:
db = p – k_v = 10,- €
DB = x · db = 10.000,- €
G = DB – K_f = 6.000,- €
x_{NS} = K_f / db = 400

3.5 Verfahren der Kostenauflösung

Damit die Teilkostenrechnung durchgeführt werden kann, ist eine **Aufteilung** der in der Kostenartenrechnung erfassten Gesamtkosten **in variable und fixe Kosten** erforderlich. Dieser Vorgang wird als Kostenauflösung bezeichnet. Variable Kosten sind definitionsgemäß von der Beschäftigung abhängig, fixe Kosten fallen unabhängig von der Beschäftigung an. Es gibt Kostenarten, die eindeutig den variablen Kosten zuzurechnen sind (z. B. *Materialeinzelkosten*), und Kostenarten, die aus kurzfristiger Sicht unzweifelhaft fixen Charakter haben (z. B. *Mieten und Pachten*). Probleme bei der Zuordnung zu diesen beiden Kategorien ergeben sich bei den sogenannten **Mischkosten** (auch semivariable Kosten). Hierbei handelt es sich um Kosten, die sich aus variablen und fixen Bestanteilen zusammensetzen und daher weder den variablen noch den fixen Kosten vollständig zugerechnet werden können (z. B. *sind durch den Betrieb der Fertigungsmaschinen entstehende Stromkosten variabel, auf die Nachtbeleuchtung des Fabrikgeländes zurückzuführende Stromkosten hingegen fix*). In der Praxis wurden für die Aufteilung der Kosten in variable und fixe Bestandteile (insbesondere auch für die Zuordnung der **Mischkosten**) verschiedene Verfahren der Kostenauflösung entwickelt, die im Folgenden vorgestellt werden sollen.

3.5.1 Buchtechnisches Verfahren

Im Rahmen des buchtechnischen Verfahrens wird jede einzelne Kostenart auf ihre variablen und fixen Bestandteile untersucht. Anhand **der kostenrechnerischen Unterlagen** der Vergangenheit wird festgestellt, wie sich die einzelnen Kostenarten bei Beschäftigungsänderungen verhalten haben, und anhand dieser Erkenntnisse eine Zuordnung zu den beiden Kostenkategorien vorgenommen. Mischkosten werden entweder einer der beiden Kategorien zur Gänze zugeschlagen (je nachdem, welcher Kategorie sie am ehesten entsprechen) oder aufgrund von vergangenheitsbasierten Schätzungen in variable und fixe Bestandteile aufgespalten.

Als kritisch ist bei diesem Verfahren die hohe Subjektivität bei der Kostenzuordnung anzusehen. Hinsichtlich der Kategorisierung der Kosten ist ferner die Dauer der Abrechnungsperiode zu beachten. Wie bereits erläutert, sind auf lange Frist alle Kosten als variabel anzusehen, da sie durch geeignete Maßnahmen – langfristig – angepasst werden können. So sind z. B. Mietkosten für eine Fertigungshalle mit dreimonatiger Kündigungsfrist bezogen auf einen Abrechnungszeitraum von einem Monat als fix, hingegen für einen Abrechnungszeitraum von mehr als drei Monaten als variabel zu betrachten.

3.5.2 Mathematische Kostenauflösung (Differenzenquotienten-Verfahren)

Bei diesem Verfahren geht es darum, die Gesamtkostenfunktion mit Hilfe zweier Vergangenheitswerte der Gesamtkosten zu bestimmen. Es wird ein linearer Verlauf der variablen Kosten K_v unterstellt. Ausgegangen wird von zwei unterschiedlichen Beschäftigungen (*z. B. Ausbringungsmengen, Fertigungsstunden*) x_1 und x_2 der Vergangenheit und den dazugehörigen Gesamtkosten K_1 und K_2. Aufgrund der oben gesetzten Linearitätsannahme lassen sich die Gesamtkosten K_1 und K_2 in Abhängigkeit von x_1 bzw. x_2 wie folgt darstellen:

$$K_1 = K_f + x_1 \cdot k_v$$

$$K_2 = K_f + x_2 \cdot k_v$$

Gesucht werden die fixen Kosten K_f und die variablen Stückkosten k_v. Für die Lösung bietet es sich an, die erste Gleichung von der zweiten zu subtrahieren. Es entsteht eine Gleichung, die nur noch die Unbekannte k_v enthält:

$$K_2 - K_1 = x_2 \cdot k_v - x_1 \cdot k_v \quad \text{bzw.}$$

$$K_2 - K_1 = (x_2 - x_1) \cdot k_v$$

Folglich ergibt sich k_v als:

$$k_v = K_2 - K_1 / x_2 - x_1$$

Zur Bestimmung von k_v müssen also die Gesamtkostendifferenz und die entsprechende Beschäftigungsdifferenz zueinander ins Verhältnis gesetzt werden, was die Bezeichnung „Differenzenquotienten-Verfahren" verständlich macht. K_f lässt sich sodann ermitteln, indem das Ergebnis von k_v in die obige Bestimmungsgleichung von K_1 (oder von K_2) eingesetzt wird.

Die gesuchten Größen können auch grafisch bestimmt werden. Hierzu werden die beiden Wertepaare (x_1; K_1) und (x_2; K_2) in ein entsprechendes Koordinatensystem eingetragen und durch eine Gerade miteinander verbunden. Der Schnittpunkt dieser Gerade mit der Ordinate ergibt die Höhe der fixen Kosten K_f. Die variablen Stückkosten k_v werden durch die Steigung der Geraden repräsentiert.

Beispiel
In den vergangenen zwei Perioden sind folgende Gesamtkosten für ein Produkt angefallen:
im Januar: 28.000,- € bei Produktion von 70 Stück
im Februar: 54.000,- € bei Produktion von 200 Stück
Gesucht werden die fixen Kosten sowie die variablen Kosten und die Gesamtkosten bei einer geplanten Produktion von 160 Stück.
Lösung:
Die Gesamtkosten der beiden Monate lassen sich wie folgt ausdrücken:
Januar: 28.000,- € = K_f + 70 · k_v
Februar: 54.000,- € = K_f + 200 · k_v
Die variablen Stückkosten ergeben sich somit als:

$$k_v = \frac{54.000 - 28.000}{200 - 70} = 200,-\,€$$

Durch Einsetzen von k_v in z. B. die Gesamtkostengleichung des Januars kann nun auch K_f ermittelt werden:

28.000,- € = K_f + 70 · 200 → K_f = 14.000,- €

Für die Ausbringungsmenge von 160 Stück ergeben sich die variablen Kosten und die Gesamtkosten wie folgt:

$K_v(160) = 160 \cdot k_v = 32.000,-\,€$

$K(160) = K_f + K_v = 46.000,-\,€$

Nachstehend ist in der ◘ Abb. 3.3 die grafische Lösung dargestellt.
Problematisch ist beim Differenzen-Quotienten-Verfahren, dass der Verlauf der Gesamtkostenfunktion aus nur zwei beliebig ausgewählten Wertepaaren bestimmt wird und damit stark von deren „Qualität" abhängt. Deshalb sollten die beiden ausgesuchten Wertepaare möglichst repräsentativ und nicht Ergebnis einer außerordentlichen Situation (keine

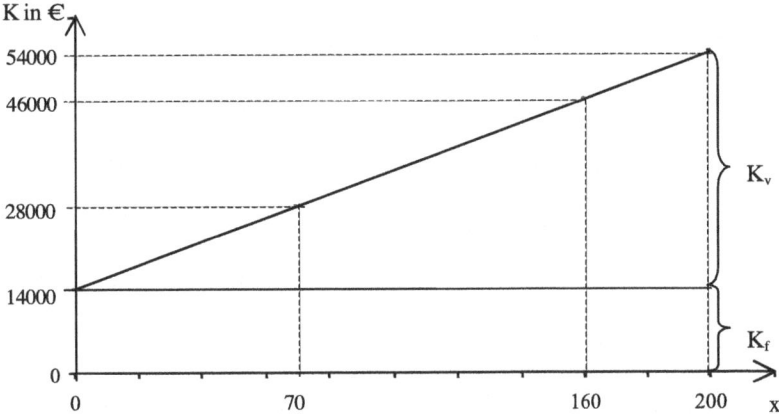

◘ Abb. 3.3 Beispiel zur mathematischen Kostenauflösung

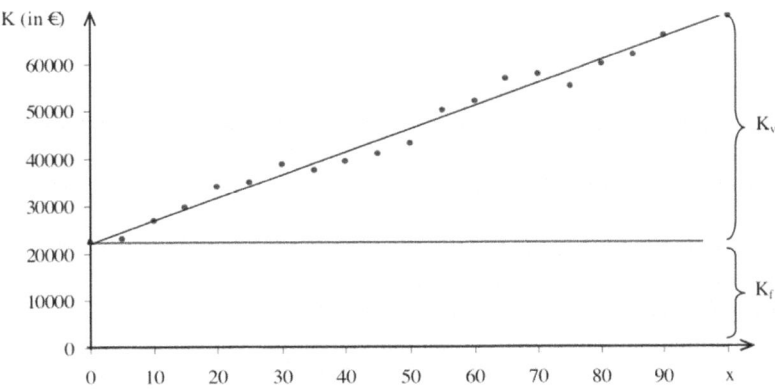

◘ Abb. 3.4 Streupunktdiagramm

„Ausreißer") sein. Ein weiterer kritischer Aspekt des Verfahrens ergibt sich daraus, dass die ausgewählten Wertepaare verschiedenen Zeitpunkten der Vergangenheit entstammen. Damit wird bei der Ermittlung der Gesamtkostenfunktion unterstellt, dass sich die Höhe von k_v und K_f im Zeitablauf nicht ändert.

3.5.3 Statistische Verfahren der Kostenauflösung

Bei den statistischen Verfahren der Kostenauflösung ist die Anzahl der verwendbaren Beschäftigungsgrad-Gesamtkosten-Wertepaare nicht auf zwei beschränkt. Die fixen und variablen Kosten werden mittels eines Kostentrends ermittelt.

Kern der grafisch-statistischen Kostenauflösung ist das **Streupunktdiagramm**. In dieses werden die verschiedenen in der Vergangenheit festgestellten Kombinationen aus Beschäftigung und Gesamtkosten eingetragen. Durch die „Mitte" der entstehenden „Punktwolke" wird eine Gerade gezogen, die den Kostentrend möglichst exakt wiedergibt. Der Schnittpunkt der Trendgeraden mit der Ordinate gibt die Höhe der fixen Kosten an. Die Steigung der Trendgeraden stellt die variablen Stückkosten dar. Die Vorgehensweise wird anhand der ◘ Abb. 3.4 veranschaulicht.

Mathematisch exakt kann die Trendgerade durch eine lineare **Regressionsanalyse** bestimmt werden. Berechnet wird dabei jene Gerade, bei der die Summe aller quadrierten Abweichungen der Punkte von der Geraden am geringsten ist.

Am Ende dieses Abschnitts sei ein Kritikpunkt hervorgehoben, der sich nicht nur auf die statistischen, sondern auf jedes der hier behandelten Verfahren der Kostenauflösung bezieht. Allen dargestellten Verfahren liegen Kostendaten der Vergangenheit zugrunde. Es bleibt daher stets zu prüfen, ob die in der Vergangenheit gültigen Kostenstrukturen problemlos auf die gegenwärtige Situation übertragen werden können.

3.6 Einstufige Deckungsbeitragsrechnung (Direct Costing)

3.6.1 Vorgehensweise

Die Deckungsbeitragsrechnung ist ein Rechnungssystem, in dem auch die Erlösseite berücksichtigt wird, und stellt daher eine mögliche **Form der Ergebnisrechnung** dar.

In der einstufigen Deckungsbeitragsrechnung werden den Kostenträgern unmittelbar nur die variablen Kosten zugerechnet. Diese werden in diesem Zusammenhang auch als **direct costs** bezeichnet. Es wird für die Rechnung ein proportionaler Verlauf der variablen Kosten unterstellt.

In einem ersten Schritt der Rechnung werden von den Erlösen die variablen Kosten subtrahiert; man erhält den **Deckungsbeitrag, der zur Deckung der fixen Kosten zur Verfügung steht.** Das Ergebnis (Gewinn/Verlust) ergibt sich schließlich, indem in einem zweiten Schritt die Fixkosten in einem Block (einstufig) vom Deckungsbeitrag abgezogen werden. ◘ Abb. 3.5 stellt die Vorgehensweise der einstufigen Deckungsbeitragsrechnung dar.

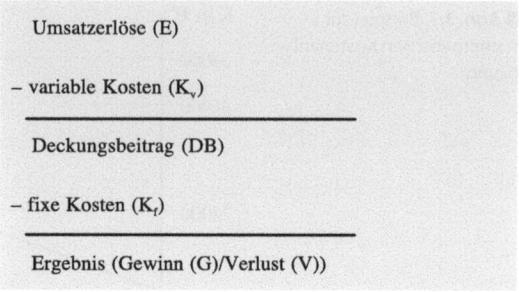

◘ Abb. 3.5 Vorgehensweise bei der einstufigen Deckungsbeitragsrechnung

Beispiel für ein Einproduktunternehmen

Die Brauerei Feinbier stellt ausschließlich die Sorte Export her. In der Abrechnungsperiode sind insgesamt fixe Kosten in Höhe von 25.000,- € und pro Flasche Export variable Kosten in Höhe von 0,30 € angefallen. Insgesamt wurden 50.000 Flaschen Export hergestellt und verkauft. Der Stückpreis betrug 0,90 €.

Die Deckungsbeitragsrechnung ergibt sich hier wie folgt:

E:	50.000 · 0,90 =	45.000,- €
$-K_v$:	50.000 · 0,30 =	15.000,- €
DB:		30.000,- €
$-K_f$:		25.000,- €
G:		5.000,- €

◘ Tab. 3.1 Beispieldaten Mehrproduktunternehmen

Modell	Asche	Bobele	Center Court
Stückzahlen	600	300	800
Preise je Paar	60,-	80,-	50,-
Variable Kosten je Paar	35,-	58,-	30,-

◘ Tab. 3.2 Einstufige Deckungsbeitragsrechnung Mehrproduktunternehmen

	Asche	Bobele	Center Court
E	600 · 60,- = 36.000,-	300 · 80,- = 24.000,-	800 · 50,- = 40.000,-
$-K_v$	600 · 35,- = 21.000,-	300 · 58,- = 17.400,-	800 · 30,- = 24.000,-
DB	15.000,-	6.600,-	16.000,-
$-K_f$		32.000,-	
G		5.600,-	

3.6 · Einstufige Deckungsbeitragsrechnung (Direct Costing)

Beispiel für ein Mehrproduktunternehmen
Die Stich AG, Hersteller von Tennisschuhen, produziert und vertreibt drei verschiedene Modelle Tennisschuhe. ◘ Tab. 3.1 können die Absatzzahlen der Modelle sowie die Preise und variablen Kosten je Paar entnommen werden.
Die fixen Kosten der Stich AG betragen 32.000,– €.
Die Deckungsbeitragsrechnung für dieses Mehrproduktunternehmen ergibt sich wie in ◘ Tab. 3.2.
Die Erkenntnisse der Deckungsbeitragsrechnung können zur Lösung einer ganzen Reihe von betriebswirtschaftlichen Entscheidungsproblemen beitragen. Diesen Problemen seien die nächsten Abschnitte gewidmet.

3.6.2 Bestimmung von Preisuntergrenzen

Die Preise für Produkte werden auf dem Absatzmarkt durch Angebot und Nachfrage bestimmt. Wenn ein Unternehmen aufgrund der Marktsituation gezwungen ist, den Preis für sein Erzeugnis zu senken, muss es sich die Frage nach der Preisuntergrenze stellen. Diese gibt an, wie weit der Preis des Erzeugnisses herabgesetzt werden kann, ohne dass die Existenz des Unternehmens gefährdet ist. Es wird zwischen einer langfristigen und einer kurzfristigen Preisuntergrenze unterschieden. Vereinfachend wird in den folgenden Beschreibungen zunächst davon ausgegangen, dass keine wirksamen Restriktionen (z. B. knappe Produktionskapazität) vorliegen.

- **Langfristige Preisuntergrenze**

Langfristig kann ein Unternehmen nur existieren, wenn seine **Erlöse mindestens die Gesamtkosten decken**. Die langfristige Preisuntergrenze ist deshalb der Verkaufspreis (Stückerlös), bei dem die gesamten Stückkosten (= variable und fixe Stückkosten) gedeckt sind, also:

$$\text{Langfristige Preisuntergrenze:} \quad p = k = k_v + k_f$$

Zu beachten ist, dass die Höhe der langfristigen Preisuntergrenze von der Beschäftigung abhängig ist. Da sich die fixen Stückkosten aus dem Quotienten aus fixen Gesamtkosten und Beschäftigung errechnen ($k_f = K_f / x$), hat eine sinkende Beschäftigung steigende Stückkosten und damit eine steigende langfristige Preisuntergrenze zur Folge. Entsprechend führt eine steigende Beschäftigung zu sinkenden Stückkosten und damit einer sinkenden langfristigen Preisuntergrenze.

- **Kurzfristige Preisuntergrenze**

Die kurzfristige Preisuntergrenze ist der Verkaufspreis (Stückerlös), bei dem die variablen Stückkosten gedeckt sind, also:

$$\text{Kurzfristige Preisuntergrenze:} \quad p = k_v$$

Kurzfristig kann demnach auf eine Deckung der fixen Kosten verzichtet werden. **Die fixen Kosten sind auf kurze Sicht unvermeidlich und daher nicht entscheidungsrelevant.** Entspricht der Verkaufspreis der kurzfristigen Preisuntergrenze, entsteht ein Verlust in Höhe der gesamten fixen Kosten. Liegt der Verkaufspreis zwischen kurz- und langfristiger Preisuntergrenze, wird zumindest ein Teil der fixen Kosten gedeckt. Sinkt der Verkaufspreis unter die kurzfristige Preisuntergrenze, sollten Produktion und Verkauf des Produktes eingestellt werden.

Bedeutung hat die Kenntnis um die kurzfristige Preisuntergrenze insbesondere im Rahmen von **Preisstrategien**. So kann z. B. ein Unternehmen den Preis für sein Produkt vorübergehend bis zu dieser Grenze herabsetzen, um von der Konkurrenz nicht vom Markt verdrängt zu werden bzw. einen anderen Konkurrenten vom Markt zu drängen. Auch der Einführungspreis eines neu entwickelten Produktes kann bewusst bis zur kurzfristigen Preisuntergrenze abgesenkt werden in der Hoffnung, dass sich das Produkt auf diese Weise zunächst leichter am Markt durchsetzen wird und sein Preis dann bei ausreichendem Marktanteil und höherem Bekanntheitsgrad schrittweise angehoben werden kann.

Hinsichtlich der oben beschriebenen Handlungsanweisung, ein Produkt beim Vorliegen von $p < k_v$ aus dem Sortiment zu entfernen, gibt es Sonderfälle zu beachten. So muss z. B. ein Mehrproduktunternehmen die Preisfestsetzung eines Produkts unter der kurzfristigen Preisuntergrenze dann akzeptieren, wenn die Kunden ein Vollsortiment verlangen und die Eliminierung dieses „Verlustproduktes" auch zu Absatzeinbußen bei Gewinn erzielenden Produkten dieses Unternehmens führen würde.

Im Gegensatz zur langfristigen Preisuntergrenze ist die Höhe der kurzfristigen Preisuntergrenze unabhängig von der Beschäftigung.

3.6.3 Entscheidungen über Zusatzaufträge

Auch bei der Entscheidung über Zusatzaufträge kann die Teilkostenrechnung eine wertvolle Entscheidungsgrundlage sein. Die **optimale Kapazitätsauslastung** ist ein **wesentliches Ziel** des Fertigungsbereichs eines Unternehmens. Bei freien Kapazitäten kann es daher betriebswirtschaftlich sinnvoll sein, Zusatzaufträge anzunehmen. Aus kostenrechnerischer Sicht ist demnach zu prüfen, bis zu welcher Preisuntergrenze sich die Annahme eines Zusatzauftrages lohnt.

Da die Fertigungsanlagen in einer **Entscheidungssituation mit freien Kapazitäten** im Unternehmen bereits vorhanden sind und es nun lediglich darum geht, diese Kapazitäten besser auszunutzen, sind die fixen Kosten der Fertigungsanlagen für die Entscheidung irrelevant. Somit trägt jeder Zusatzauftrag zu einer Ergebnisverbesserung bei, der einen positiven Deckungsbeitrag erbringt. Die untere Grenze für die Annahme eines Zusatzauftrages bei freien Kapazitäten liegt also vor, wenn der Stückpreis den variablen Stückkosten des Zusatzauftrages entspricht.

$$\text{Preisuntergrenze für Zusatzauftrag bei freien Kapazitäten:} \quad p = k_v$$

Zusatzaufträge mit einem Stückpreis unterhalb dieser Grenze sind folglich aus kostenrechnerischer Sicht grundsätzlich abzulehnen. Auch hier sind jedoch wieder Sonderfälle zu beachten, wenn Unternehmen anderen Zielsetzungen den Vorrang geben (müssen). So muss wohl ein Zusatzauftrag mit $p < k_v$ von einem Großkunden akzeptiert werden, wenn zu befürchten ist, dass dieser Großkunde bei Ablehnung des Zusatzauftrages brüskiert andere (jedoch Gewinn bringende) Aufträge zurückzieht. Auch die Sicherung der Liquidität kann z. B. ein Grund dafür sein, Zusatzaufträge anzunehmen, die gegen die obige Bedingung verstoßen.

3.6.4 Produktionsprogrammplanung

Im Mehrproduktunternehmen wird das Ziel verfolgt, ein **gewinnoptimales Produktionsprogramm** zusammenzustellen. Um dieses Ziel zu erreichen, ist es möglich, die Anzahl der Produkte zu erweitern (Expansion), erfolglose Produkte aus dem Produktionsprogramm zu entfernen (Kontraktion) oder alte Produkte durch neue zu ersetzen. Bei all diesen Maßnahmen sind die Auswirkungen auf die Nachfrage nach den anderen Produkten des Produktionsprogramms zu berücksichtigen (Verbundwirkungen).

Bei der Programmplanung ist außerdem zu beachten, dass die Kosten für bestehende Produktionskapazitäten aus kurzfristiger Sicht fixe Kosten darstellen und daher für die Suche nach dem optimalen Produktionsprogramm keine Relevanz besitzen. Zu suchen ist demnach nach dem Produktionsprogramm, das den größten Gesamtdeckungsbeitrag erbringt. Die kostenrechnerischen Entscheidungsregeln zur Bestimmung des optimalen Produktionsprogramms unterscheiden sich danach, ob freie oder beschränkte Produktionskapazitäten vorliegen.

- **Programmplanung bei freien Produktionskapazitäten**

Grundsätzlich sind bei bereits vorhandenen, jedoch nicht beschränkten Produktionskapazitäten alle am Markt absetzbaren Artikel mit einem positiven Stückdeckungsbeitrag in das Produktionsprogramm aufzunehmen, da jede zusätzliche Produkteinheit mit positivem Stückdeckungsbeitrag den Gewinn erhöht. Ist durch den Absatzmarkt eine Obergrenze für die Anzahl der absetzbaren Stückzahlen vorgegeben, sind die Artikel mit den höchsten Stückdeckungsbeiträgen zu fördern, bzw. ist eine **Rangfolge der Artikel entsprechend ihren Stückdeckungsbeiträgen** vorzunehmen.

3.6 · Einstufige Deckungsbeitragsrechnung (Direct Costing)

Beispiel
Das Produktionsprogramm der Baumann GmbH besteht aus den drei Produkten A, B, C. Für die betrachtete Periode hat die Kostenrechnung folgende Daten geliefert.

Beispieldaten für Produktionsprogramm

Produkt	A	B	C
Stückzahlen	80	200	1.000
Stückpreise	400,–	200,–	150,–
Variable Stückkosten	270,–	84,–	110,–
Stückdeckungsbeiträge	130,–	116,–	40,–

Da die Stückdeckungsbeiträge für die drei Produkte positiv sind, wäre bei freien Produktionskapazitäten und keinen Beschränkungen auf dem Absatzmarkt für alle drei Produkte eine Erhöhung der Produktionszahlen betriebswirtschaftlich sinnvoll. Unter der Annahme hingegen, dass eine Absatzsteigerung um z. B. 100 Stück nur von A oder B oder C möglich wäre, sollte die Produktion des Produktes A um 100 Stück gesteigert werden, weil dieses von den drei Produkten den höchsten Stückdeckungsbeitrag und damit auch die größte Gewinnverbesserung erbringen würde.

- **Programmplanung bei beschränkten Produktionskapazitäten**

Die Entscheidungsregel, dass sich die Rangfolge der Produkte entsprechend der Stückdeckungsbeiträge bestimmt, führt nur dann zur richtigen Produktionsprogrammplanung, wenn keine Kapazitätsbeschränkungen vorliegen. Jedoch treten in der Praxis vielfältige **Engpässe** im Rahmen des Herstellungsprozesses von Produkten auf.

Beispiel
In obigem Beispiel der Baumann GmbH sei angenommen, dass die Produktionskapazität in der betrachteten Periode auf 600 h beschränkt ist. Außerdem sei davon ausgegangen, dass für die Fertigung eines Stückes von A 1 h, von B 2 h und von C 0,25 h nötig sind. In diesem Fall liegt ein Engpass vor, weil die insgesamt benötigte Fertigungszeit für die absetzbare Menge der drei Produkte in Höhe von

$80 \cdot 1 + 200 \cdot 2 + 1.000 \cdot 0,25 = 730$ h größer ist als die Periodenkapazität.

Die Bestimmung der Rangfolge der Produkte entsprechend der Stückdeckungsbeiträge kann bei Vorliegen eines Engpasses nicht mehr zum gewinnoptimalen Ergebnis führen, da bei dieser Vorgehensweise nicht berücksichtigt wird, wie effizient der knappe Faktor (in obigem Beispiel die Fertigungszeit) von den einzelnen Produkten ausgenutzt wird. Es ist ein Entscheidungskriterium notwendig, das den Engpassfaktor explizit einbezieht. Deshalb ist für die Produktprogrammplanung in einer Engpasssituation vom absoluten Deckungsbeitrag (= Stückdeckungsbeitrag db eines Produktes) auf den sogenannten relativen Deckungsbeitrag (= Deckungsbeitrag des Produktes je Engpasseinheit, db_{rel}) überzugehen. Der relative Deckungsbeitrag (teilweise findet sich in der Literatur auch die Bezeichnung „spezifischer Deckungsbeitrag") errechnet sich wie folgt:

$$\text{Relativer Deckungsbeitrag} = \frac{\text{absoluter Stückdeckungsbeitrag}}{\text{Engpassbelastung je Stück}}$$

Falls wie im betrachteten Beispiel die Fertigungszeit den Engpassfaktor darstellt, ist im Nenner der Formel die Fertigungszeit je Stück eines Produktes einzutragen. Der Quotient bringt dann zum Ausdruck, welcher Deckungsbeitrag für dieses Produkt pro Zeiteinheit erzielt wird. Bei Vorliegen eines Engpasses ist im Rahmen der Produktionsprogrammplanung somit die **Rangfolge** der Produkte **entsprechend ihren relativen Deckungsbeiträgen** vorzunehmen. Die Vorgehensweise wird nachstehend am fortgeführten Beispiel der Baumann GmbH erläutert:

Beispiel
Die relativen Deckungsbeiträge der drei Produkte errechnen sich wie folgt:

Produkt A: $db_{rel} = \dfrac{130,-}{1 \text{ Std./Stück}} = 130,- €/\text{Std.}$

Produkt B: $db_{rel} = \dfrac{116,-}{2 \text{ Std./Stück}} = 58,- €/\text{Std.}$

Produkt C: $db_{rel} = \dfrac{40,-}{0,25 \text{ Std./Stück}} = 160,- €/\text{Std.}$

Es ergibt sich somit die Rangfolge C – A – B.
Die Herstellung der absetzbaren Menge von Produkt C erfordert $1.000 \cdot 0{,}25 = 250$ Fertigungsstunden, für die gesamte Stückzahl von A sind $80 \cdot 1 = 80$ Fertigungsstunden notwendig. Damit stehen für die Herstellung von Produkt B nur noch $600 - 250 - 80 = 270$ h zur Verfügung. Vom Produkt B können demnach nur $270 / 2 = 135$ Stück gefertigt werden. Das optimale Produktionsprogramm lautet also: A: 80 Stück, B: 135 Stück, C 1.000 Stück

Neben der begrenzten Fertigungszeit gibt es noch eine **Reihe anderer Gründe für Engpasssituationen**. Zu nennen sind beispielsweise (vgl. Heyd, Meffle, 2008, S. 220):

- begrenzte Transportkapazitäten
- begrenzte Rohstoffmengen
- Arbeitskräftemangel
- Raum-/Flächenbedarf der Waren
- begrenzte Verkaufszeit im Handel

Falls **mehrere Engpässe** vorliegen (z. B. an mehreren Maschinen ist die Fertigungszeit beschränkt), ist die oben geschilderte Problemlösung mit Hilfe des relativen Deckungsbeitrages im Allgemeinen nicht möglich. Das Planungsproblem ist in diesem Fall als lineares Programm zu formulieren, das mit Hilfe von Methoden des Operations Research gelöst werden kann.

Beispiel

Der Reifenhersteller Helmes produziert vier Reifentypen auf zwei Maschinen. Von den Reifentypen können jeweils maximal 1.000 Stück abgesetzt werden. Folgender Tabelle können die Stückdeckungsbeiträge der vier Reifentypen sowie die benötigten Fertigungszeiten pro Stück auf den beiden Maschinen entnommen werden:

Reifentyp	Deckungsbeitrag pro Stück in €	Fertigungszeit pro Stück in Minuten Maschine I	Fertigungszeit pro Stück in Minuten Maschine II
Senna	20,–	7	7
Prost	10,–	5	2
Alonso	16,–	3	4
Lauda	6,–	2	5

Im Planungszeitraum hat Maschine I eine maximale Kapazität von 18.000 h, die maximale Kapazität der Maschine II ist mit 14.000 h gegeben.

Die benötigten Kapazitäten an den beiden Maschinen ergeben sich für die insgesamt absetzbaren Reifen wie folgt:

Maschine I: $(7 + 5 + 3 + 4) \cdot 1.000 = 19.000 \, h$

Maschine II: $(7 + 2 + 4 + 5) \cdot 1.000 = 18.000 \, h$

Bei beiden Maschinen liegen also Engpässe vor. Im Folgenden soll daher geprüft werden, ob über die Bestimmung der relativen Deckungsbeiträge für beide Maschinen Aussagen zum optimalen Produktionsprogramm gemacht werden können.

Relative Deckungsbeiträge der Produkte bei Maschine I:

Senna: $db_{rel} = \dfrac{20{,}-}{7 \, \text{Min.}/\text{Stück}} = 2{,}857 \, €/\text{Min.}$

Prost: $db_{rel} = \dfrac{10{,}-}{5 \, \text{Min.}/\text{Stück}} = 2 \, €/\text{Min.}$

Alonso: $db_{rel} = \dfrac{16{,}-}{3 \, \text{Min.}/\text{Stück}} = 5{,}33 \, €/\text{Min.}$

Lauda: $db_{rel} = \dfrac{6{,}-}{2 \, \text{Min.}/\text{Stück}} = 3 \, €/\text{Min.}$

⇒ Produktrangfolge: Alonso – Lauda – Senna – Prost

Relative Deckungsbeiträge der Produkte bei Maschine II:

Senna: $db_{rel} = \dfrac{20{,}-}{7 \, \text{Min.}/\text{Stück}} = 2{,}857 \, €/\text{Min.}$

Prost: $db_{rel} = \dfrac{10{,}-}{2 \, \text{Min.}/\text{Stück}} = 5 \, €/\text{Min.}$

Alonso: $db_{rel} = \dfrac{16{,}-}{4 \, \text{Min.}/\text{Stück}} = 4 \, €/\text{Min.}$

Lauda: $db_{rel} = \dfrac{6{,}-}{5 \, \text{Min.}/\text{Stück}} = 1{,}20 \, €/\text{Min.}$

⇒ Produktrangfolge: Prost – Alonso – Senna – Lauda

Da sich für die beiden Maschinen unterschiedliche Produktrangfolgen ergeben, ist ein Produktionsprogramm, das hinsichtlich beider Engpässe optimal ist, auf diesem Wege nicht ermittelbar. Eine Lösung lässt sich nur über die Formulierung eines linearen Programms finden. Zur Verdeutlichung soll das Gleichungssystem für das vorliegende Planungsproblem aufgestellt werden (auf eine Darstellung des Lösungsverfahrens wird jedoch aufgrund des einführenden Charakters dieses Lehrbuches verzichtet und auf Lehrbücher zum Operations Research verwiesen): x_1, x_2, x_3 und x_4 seien die produzierenden Mengen der Reifentypen Senna, Prost, Alonso, Lauda. Zu maximieren ist die Zielfunktion

$$DB = 20 \cdot x_1 + 10 \cdot x_2 + 16 \cdot x_3 + 6 \cdot x_4 \to \max$$

unter Beachtung der Kapazitätsrestriktionen

$$7 \cdot x_1 + 5 \cdot x_2 + 3 \cdot x_3 + 4 \cdot x_4 \leq 18.000$$
$$7 \cdot x_1 + 2 \cdot x_2 + 4 \cdot x_3 + 5 \cdot x_4 \leq 14.000$$

und der Absatzrestriktionen

$$0 \leq x_1 \leq 1.000$$
$$0 \leq x_2 \leq 1.000$$
$$0 \leq x_3 \leq 1.000$$
$$0 \leq x_4 \leq 1.000.$$

3.6.5 Eigenfertigung versus Fremdbezug

Die Formulierung „Eigenfertigung versus Fremdbezug" (englisch: **„Make or Buy"**) bezeichnet die Überlegung, ob einzelne Komponenten des Produktspektrums im eigenen Unternehmen hergestellt werden (Eigenfertigung) sollen oder ob es günstiger ist, diese Komponenten von Lieferanten zu beschaffen (Fremdbezug). Neben den durch beide Alternativen verursachten Kosten gibt es eine Vielzahl von Aspekten, die bei der Entscheidungsfindung zu beachten sind:
- Qualität der bezogenen bzw. selbst erstellten Komponenten
- Zuverlässigkeit des Lieferanten
- (unerwünschte) Abhängigkeit vom Lieferanten
- Auslastung eigener freier Kapazitäten bzw. Freistellung von eigenen Kapazitäten für andere Produkte

In Industriebetrieben ist ein Trend zur Verringerung des Eigenfertigungsanteils und somit der Fertigungstiefe festzustellen. Dahinter steht die Absicht der Unternehmen, sich auf das Kerngeschäft zu konzentrieren und auf diese Weise Spezialisierungsvorteile gegenüber Wettbewerbern zu entwickeln. Die Zulieferteile werden wiederum von spezialisierten Zulieferern bezogen, denen strenge Vorgaben bezüglich Qualität und Terminzuverlässigkeit gemacht werden.

Wesentlich für die Entscheidung zwischen Eigenfertigung und Fremdbezug ist ein **Kostenvergleich** der beiden Alternativen.

- **Kurzfristige Betrachtungsweise**

Aus kurzfristiger Sicht besitzen die fixen Kosten bestehender Produktionskapazitäten für Make-or-Buy-Entscheidungen keine Relevanz. Dies gilt sowohl für den Übergang von Eigenfertigung auf Fremdbezug als auch für den umgekehrten Vorgang. Im ersten Fall fallen beim Verzicht auf die Eigenfertigung kurzfristig die fixen Kosten der Produktionsanlagen nicht weg. Im zweiten Fall fallen bei nicht ausgelasteter Kapazität für die nun im Unternehmen zu produzierenden Komponenten lediglich die variablen Kosten an. Somit ist im Rahmen kurzfristiger Make-or-Buy-Entscheidungen der Einstandspreis bei Fremdbezug ep mit den variablen Stückkosten bei Eigenfertigung k_v zu vergleichen. Es gilt:

$$\text{Einstandspreis ep} < \text{variable Stückkosten } k_v$$
$$\to \text{Fremdbezug}$$

$$\text{Einstandspreis ep} > \text{variable Stückkosten } k_v$$
$$\to \text{Eigenfertigung}$$

- **Langfristige Betrachtungsweise**

Da **die fixen Kosten im langfristigen Kontext entscheidungsrelevant** sind, müssen sie nun auch beim Kostenvergleich berücksichtigt werden. Aufgrund der Fixkostendegression, die bei der Eigenfertigung zum Tragen kommt, hängt die Entscheidung von der Menge der benötigten Güter ab. Die Menge, bei der Eigenfertigung und Fremdbezug gleich hohe Kosten zur Folge hätten, die sogenannte Übergangsmenge $x_ü$, errechnet sich wie folgt:

$$K_f + x_ü \cdot k_v = x_ü \cdot ep$$

Die linke Seite der Gleichung gibt die Gesamtkosten bei Eigenfertigung an, die rechte Seite der Gleichung stellt die Gesamtkosten bei Fremdbezug dar. Für die Eigenfertigung entscheidet man sich, wenn die benötigte Menge größer als xü ist. Falls die benötigte Menge kleiner ist als $x_ü$, stellt der Fremdbezug die günstigere Alternative dar.

Beispiel
Für die Odonkor OHG besteht die Alternative, ein Bauteil für die Herstellung von Geschirrspülern selbst zu erstellen oder fremd zu beziehen. Von dem Bauteil werden 800 Stück benötigt. Bei Eigenfertigung ist von variablen Stückkosten von 50,- € und fixen Kosten von 30.000,- € auszugehen. Bei Fremdbezug wäre ein Einstandspreis von 80,- € pro Stück zu zahlen.
Bei kurzfristiger Betrachtungsweise und der Annahme, dass freie Kapazitäten vorhanden sind, muss lediglich ein Vergleich von ep und k_v vorgenommen werden. Da k_v < ep, entscheidet man sich für Eigenfertigung.
Bei langfristiger Betrachtungsweise muss zunächst die Übergangsmenge $x_ü$ mit Hilfe der Gleichung

$$30.000,- + x_ü \cdot 50,- = x_ü \cdot 80,-$$

errechnet werden. Da sich die Übergangsmenge $x_ü$ als 1.000 ergibt, ist der Fremdbezug der 800 Stück die günstigere Alternative.

- **Entscheidungen bei beschränkten Kapazitäten**

Kapazitätsbeschränkungen sind ein weiterer Aspekt, der bei der Make-or-Buy-Entscheidung Berücksichtigung finden muss. Zu beachten ist, dass die Eigenfertigung des benötigten Artikels zu Lasten der Herstellung eines anderen Produktes geht, wenn die bestehende Kapazität beschränkt ist und weiterer Kapazitätsaufbau z. B. durch den Kauf von zusätzlichen Maschinen nicht beabsichtigt oder möglich ist. Insofern ist ein vermeintlicher Kostenvorteil der Eigenfertigung noch den **Opportunitätskosten** (= Nutzenentgang) gegenüberzustellen, der durch den Wegfall eines anderen Produktes entsteht. Sind diese Opportunitätskosten größer als der (vorläufig berechnete) Kostenvorteil der Eigenfertigung, ist dem Fremdbezug der Vorrang zu geben. Die Entscheidung fällt nur dann für die Eigenfertigung aus, wenn der mit ihr verbundene Kostenvorteil den Nutzenentgang durch den Wegfall eines anderen Produktes übersteigt.

Beispiel
Bei der Löw GmbH, einem Anbieter von Klimaanlagen, ist noch nicht entschieden, ob 500 Stück des Bauteils XYZ über einen Lieferanten bezogen oder selbst erstellt werden sollen. Der Lieferant verlangt 10,- € pro Stück. Die variablen Stückkosten bei Eigenfertigung werden mit 8,- € angenommen, die Fertigungszeit pro Stück beträgt 5 min. Die Herstellung von XYZ würde zu Lasten des Produktes 0815 gehen, für das folgende Daten gelten:
Stückerlös: 17,- €
Variable Stückkosten: 12,- €
Benötigte Fertigungszeit: 10 min pro Stück
Der Kostenvorteil der Eigenfertigung gegenüber dem Fremdbezug vor Berücksichtigung der Opportunitätskosten beläuft sich auf:

$$500 \cdot 10,- - 500 \cdot 8,- = 1.000,- €$$

Die benötigte Fertigungszeit für die 500 Stück der Baugruppe XYZ beträgt 500 · 5 = 2.500 min. Bei Eigenfertigung von XYZ müsste somit auf die Herstellung von 2.500 / 10 = 250 Stück des Produktes 0815 verzichtet werden. Dieser Verzicht hat also einen „entgangenen" Deckungsbeitrag von

$$250 \cdot (17,- - 12,-) = 1.250,- €$$

zur Folge. Da die Opportunitätskosten durch den Wegfall von 250 Einheiten des Produktes 0815 mit 1.250,- € größer sind als der oben ermittelte Kostenvorteil für die Eigenfertigung des Bauteils XYZ, ist der Fremdbezug diese Bauteils die günstigere Alternative.

3.6.6 Kritische Würdigung der einstufigen Deckungsbeitragsrechnung

Wie die vorangegangenen Abschnitte gezeigt haben, leistet die einstufige Deckungsbeitragsrechnung einen wesentlichen Beitrag zur Beantwortung zahlreicher betriebswirtschaftlicher Fragestellungen. Da in der einstufigen Deckungsbeitragsrechnung zwischen fixen und variablen Kosten unterschieden wird, wird das einer Vollkostenrechnung anhaf-

tende **Problem der Fixkostenproportionalisierung** vermieden. Gegen die einstufige Deckungsbeitragsrechnung sind jedoch zwei **wesentliche Kritikpunkte** vorzubringen:
- Im Rahmen der einstufigen Deckungsbeitragsrechnung werden die Fixkosten lediglich als undifferenzierter Block behandelt. Eine differenzierte Zuordnung der fixen Kosten auf Kalkulationsobjekte findet nicht statt. Letztlich bleibt in der einstufigen Deckungsbeitragsrechnung das Verursachungsprinzip auf die variablen Kosten beschränkt.
- Die Trennung in fixe und variable Kosten ist unabdingbare Voraussetzung für die einstufige Deckungsbeitragsrechnung. Allerdings werden bei der Aufteilung der Kosten in fixe und variable Bestandteile (Kostenauflösung) einige praktische Mängel in Kauf genommen.

Diese beiden Kritikpunkte an der einstufigen Deckungsbeitragsrechnung stellen die wesentlichen Auslöser für die Entwicklung mehrstufiger Verfahren der Teilkostenrechnung dar. Sie werden im Folgenden erörtert.

3.7 Mehrstufige Deckungsbeitragsrechnung (Fixkostendeckungsrechnung)

Der Begriff der mehrstufigen Deckungsbeitragsrechnung wird in der Literatur zum einen als **Obergriff für die mehrstufigen Systeme der Teilkostenrechnung** verwendet, zu denen die Fixkostendeckungsrechnung und die relative Einzelkostenrechnung gehören. Zum anderen wird er aber sehr häufig lediglich als **Synonym für die Fixkostendeckungsrechnung** eingesetzt. Dieser zweiten Verwendungsweise wird in diesem Buch gefolgt.

In der einstufigen Deckungsbeitragsrechnung werden die Fixkosten „en bloc" vom Deckungsbeitrag abgezogen, um das Ergebnis zu ermitteln. Das Ziel der Fixkostendeckungsrechnung besteht darin, diesen Fixkostenblock in Schichten zu zerlegen und verursachungsgerecht einzelnen „**Hierarchiestufen**"

zuzuordnen. Auf diese Weise ergeben sich z. B. Fixkosten der Produkte, Fixkosten der Produktgruppen, Fixkosten der Bereiche und Fixkosten des Gesamtunternehmens. Werden diese **Fixkostenschichten** stufenweise von den Umsatzerlösen abgezogen, entstehen nach jeder Stufe als Zwischenergebnisse einzelne Deckungsbeiträge, die Aussagen zu den entsprechenden Hierarchiestufen zulassen. Nach Abzug der letzten Fixkostenschicht in der letzten Stufe erhält man schließlich dasselbe Ergebnis (Gewinn/Verlust) wie bei der einstufigen Deckungsbeitragsrechnung. Das Grundschema zeigt die folgende Abbildung und in der ◘ Tab. 3.3 finden sich Beispiele der einzelnen Fixkosten.

Grundschema der Fixkostendeckungsrechnung
Nettoerlöse der einzelnen Produkte
− variable Kosten der einzelnen Produkte
Deckungsbeitrag I
− Fixkosten der Produktarten
Deckungsbeitrag II
Zusammenfassung nach Produktgruppen
− Fixkosten der Produktgruppen
Deckungsbeitrag III
Zusammenfassung nach Bereichen
− Fixkosten der Bereiche
Deckungsbeitrag IV
Zusammenfassung über das gesamte Unternehmen
− Fixkosten des Unternehmens
Periodenerfolg

◘ Grundschema der einstufigen Deckungsbeitragsrechnung

Tab. 3.3 Beispiele für die Fixkosten der einzelnen Hierarchiestufen

Fixkosten der Produktarten	Abschreibungen für eine Maschine, auf der nur das betrachtete Produkt gefertigt wird; Lizenzgebühren oder Werbekosten für das betreffende Produkt
Fixkosten der Produktgruppen	Abschreibungen für eine Maschine, auf der die gesamte Produktgruppe gefertigt wird; Kosten für eine gemietete Halle, in der die betrachtete Produktgruppe (aber keine andere Produktgruppe) gefertigt wird
Fixkosten der Bereiche	Abschreibungen für ein eigenes Gebäude, in der der betreffende Bereich untergebracht ist; Gehalt des Bereichsleiters
Fixkosten des Unternehmens	Alle Fixkosten, die den anderen Hierarchiestufen bisher nicht zugerechnet werden konnten, z. B. Geschäftsführergehalt, Kosten für Pförtner oder Betriebsfeuerwehr

Rechenbeispiel

Die Plaste AG stellt sechs Typen Kunststoffgranulat (I bis VI) her. Die Granulate I und II bilden die Produktgruppe „Automotive", die Granulate III und IV die Produktgruppe „Baustoffe" und die Granulate V und VI die Produktgruppe „Diverses". Die Produktgruppe „Automotive" wird am Standort Entenhausen gefertigt. Die Produktgruppen „Baustoffe" und „Diverses" bilden zusammen einen Bereich und werden in Musterstadt gefertigt. Für die abgelaufene Periode wurden die Daten lt. Tab. 3.4 ermittelt.

Insgesamt fallen fixe Kosten in Höhe von 7.000,– € an. Diese lassen sich nach einer genaueren Analyse wie folgt aufteilen:

Fixkosten der Produktarten:

I: 100,– €   II: 150,– €   III: 300,– €

IV: 50,– €   V: 800,– €   VI: 800,– €

Fixe Kosten der Produktgruppen:

Automotive: 1.000,– €   Baustoffe: 1.500,– €   Diverses: 1.200,– €

Fixe Kosten der Bereiche:

Entenhausen: 300,– €   Musterstadt: 400,– €

Fixkosten des Unternehmens: 400,– €

Die Vorgehensweise im Rahmen einer einstufigen Deckungsbeitragsrechnung ist in Tab. 3.5 abgebildet.

Anhand der einstufigen Deckungsbeitragsrechnung lassen sich keine differenzierten Schlussfolgerungen ziehen, da sich insgesamt ein positives Ergebnis errechnet und die Deckungsbeiträge der einzelnen Produkte ebenfalls positiv sind. Betriebswirtschaftliche Maßnahmen erscheinen bei dieser Betrachtungsweise somit nicht notwendig. Die Fixkostendeckungsrechnung, die in Tab. 3.6 dargestellt wird, zeigt ein differenzierteres Bild.

Die Fixkostendeckungsrechnung führt zum gleichen Gesamtergebnis wie die einstufige Deckungsbeitragsrechnung. Auch hinsichtlich der DB I können sich keine Unterschiede ergeben. Allerdings wird im Rahmen der mehrstufigen Betrachtungsweise ersichtlich, dass das Gesamtergebnis negativ durch die aus den Produktarten V und VI bestehende Produktgruppe „Diverses" beeinflusst wird, da sie einen negativen DB II erzielt.

Tab. 3.4 Grunddaten der Plaste AG

Bereich	Entenhausen		Musterstadt			
Produktgruppe	Automotive		Baustoffe		Diverses	
Granulattyp	I	II	III	IV	V	VI
Produzierte und verkaufte Menge (kg)	180	120	210	90	150	100
Variable Kosten pro kg	40,–	45,–	30,–	40,–	50,–	48,–
Verkaufserlöse pro kg	50,–	60,–	50,–	45,–	60,–	58,–

3.7 · Mehrstufige Deckungsbeitragsrechnung (Fixkostendeckungsrechnung)

Tab. 3.5 Einstufige Deckungsbeitragsrechnung der Plaste AG

	I	II	III	IV	V	VI
E	9.000,–	7.200,–	10.500,–	4.050,–	9.000,–	5.800,–
– K_v	7.200,–	5.400,–	6.300,–	3.600,–	7.500,–	4.800,–
DB	1.800,–	1.800,–	4.200,–	450,–	1.500,–	1.000,–
– K_f				7.000,–		
G				3.750,–		

Tab. 3.6 Mehrstufige Deckungsbeitragsrechnung der Plaste AG

	I	II	III	IV	V	VI
Erlöse	9.000,–	7.200,–	10.500,–	4.050,–	9.000,–	5.800,–
– variable Kosten	7.200,–	5.400,–	6.300,–	3.600,–	7.500,–	4.800,–
DB I	1.800,–	1.800,–	4.200,–	450,–	1.500,–	1.000,–
– Produktfixkosten	100,–	150,–	300,–	50,–	800,–	800,–
DB II	1.700,–	1.650,–	3.900,–	400,–	700,–	200,–
– Produktgruppenfixkosten		1.000,–		1.500,–		1.200,–
DB III		2.350,–		2.800,–		–300,–
– Bereichsfixkosten		300,–				400,–
DB IV		2.050,–				2.100,–
– Unternehmensfixkosten				400,–		
Ergebnis				3.750,–		

Dieser negative Deckungsbeitrag kann nun zum Anlass genommen werden, Verbesserungsmaßnahmen für die betroffene Produktgruppe zu entwickeln. Vorstellbar sind beispielsweise Preiserhöhungen der Produkte V und VI, Maßnahmen zur Absatzsteigerung dieser Produkte und natürlich auch Kostensenkungsmaßnahmen. Die Eliminierung der gesamten Produktgruppe „Diverses" ist jedoch nur dann wirtschaftlich sinnvoll, wenn mit der Beseitigung der Produktgruppe auch die dieser Produktgruppe zurechenbaren fixen Kosten (Produktgruppenfixkosten) abgebaut werden.

Wie das obige Beispiel gezeigt hat, kann die Fixkostendeckungsrechnung der **differenzierteren Kontrolle der Wirtschaftlichkeit** von Produkten dienen. Die verursachungsgerechte Zuordnung von Kosten auf Kostenträger bleibt durch die Bildung von Hierarchiestufen nicht nur auf variable Bestandteile beschränkt. Es wird erkennbar, bis zu welcher Stufe die Kostenträger positive Deckungsbeiträge erbringen. Damit werden den Entscheidungsträgern auch Hinweise darauf gegeben, in welchen Schichten unter Umständen gegensteuernde Maßnahmen zu initiieren sind.

Sinnvoll unterstützt wird die Fixkostendeckungsrechnung durch eine Kostenstellenrechnung, bei der die Kostenstellenbildung auch produktbezogen erfolgt, also Kostenstellen für jede Produktart bzw. jede Produktgruppe gebildet werden. In diesem Fall können die betreffenden Fixkosten den einzelnen Kostentstellen direkt zugerechnet werden (= Kostenstelleneinzelkosten).

3.8 Relative Einzelkostenrechnung

Die Probleme bei der Aufteilung der Kosten in fixe und variable Bestandteile werden bei der relativen Einzelkostenrechnung vermieden. Das Prinzip dieses Rechnungssystems beruht darauf, dass die gesamten Kosten (ohne Trennung in fixe und variable Bestandteile) unmittelbar bestimmten Bezugsobjekten (-größen) zugerechnet werden. Auf die Schlüsselung von Kosten aus Gründen der Weitererrechnung wird bewusst verzichtet.

Von zentraler Bedeutung ist in diesem System der Begriff der **relativen Einzelkosten**. In der üblichen und bisher in diesem Buch auch so verwendeten Terminologie sind Einzelkosten die Kosten, die den Kostenträgern direkt zurechenbar sind. Im Rahmen der relativen Einzelkostenrechnung wird allerdings durch das jeweils gewählte **Bezugsobjekt** (z. B. Produktart, Produktgruppe, Bereich, Gesamtunternehmen, Kundengruppen, Verkaufsgebiete usw.) bestimmt, was Einzelkosten sind. Deshalb wird von den relativen Einzelkosten (relativ bezogen auf das jeweilige Bezugsobjekt) gesprochen. Als Gemeinkosten werden hier entsprechend die Kosten bezeichnet, die dem gewählten Bezugsobjekt nicht unmittelbar zugerechnet werden können.

In der relativen Einzelkostenrechnung werden sogenannte **Bezugsgrößenhierarchien** gebildet, die aus verschiedenen aufeinander aufbauenden Stufen bestehen können. Auf der untersten Stufe einer solchen Hierarchie könnten z. B. die Produkte angesiedelt sein, denen von unten nach oben die Bezugsobjekte „Produktgruppen", „Bereiche" und „Gesamtunternehmen" folgen. Für jede einzelne Stufe ist zu prüfen, welche Kosten relativ zum verwendeten Bezugsobjekt Einzelkosten darstellen. Auf diese Weise entstehen Einzelkosten der Produktarten, Einzelkosten der Produktgruppen, Einzelkosten der Bereiche und Einzelkosten des Gesamtunternehmens. Zu beachten ist, dass die Kosten in der Stufe zu erfassen sind, in der sie zum ersten Mal Einzelkosten darstellen (bei einer Betrachtung der Hierarchiestufen von unten nach oben). Folglich sind Einzelkosten einer übergeordneten Bezugsgröße (*z. B. Produktgruppe*) stets Gemeinkosten einer untergeordneten Bezugsgröße (*z. B. Produktart*).

Beispiel
Ist eine Produktgruppe (bestehend aus mehreren Produktarten) in einem gemeinsamen Gebäude untergebracht, sind die Mietkosten für dieses Gebäude relativ zur Bezugsgröße „Produktart" als Gemeinkosten, relativ zur Bezugsgröße „Produktgruppe" jedoch als Einzelkosten anzusehen.

Durch dieses Zuordnungsprinzip entstehen einzelne **Schichten an relativen Einzelkosten**, welche (beginnend mit der untersten Hierarchiestufe) stufenweise von den Umsatzerlösen abgezogen werden. Nach jeder Stufe ergeben sich als Zwischenergebnisse Deckungsbeiträge, die Aussagen zu den entsprechenden Hierarchiestufen zulassen. Der Periodenerfolg schließlich, der aus dem Abzug aller Schichten resultiert, unterscheidet sich selbstverständlich nicht von den Ergebnissen einer einstufigen Deckungsbeitragsrechnung oder einer Fixkostendeckungsrechnung. Das Grundschema zeigt die folgende Abbildung und in der ◘ Tab. 3.7 finden sich Beispiele für die relativen Einzelkosten.

Grundschema der relativen Einzelkostenrechnung
Nettoerlöse der Produktarten
− Einzelkosten der Produktarten
Deckungsbeitrag I (Produkt-DB)
Zusammenfassung nach Produktgruppen
− Einzelkosten der Produktgruppen
Deckungsbeitrag II (Produktgruppen-DB)
Zusammenfassung nach Bereichen
− Einzelkosten der Bereiche
Deckungsbeitrag III (Bereichs-DB)
Zusammenfassung über das gesamte Unternehmen
− Einzelkosten des Unternehmens
Periodenerfolg

◘ Grundschema de relativen Einzelkostenrechnung

3.8 · Relative Einzelkostenrechnung

Tab. 3.7 Beispiele für relative Einzelkosten

Einzelkosten der Produktarten	Materialeinzelkosten; Kosten einer Maschine, auf der nur das betrachtete Produkt gefertigt wird; Lizenzgebühren oder Verpackungskosten für das betreffende Produkt
Einzelkosten der Produktgruppen	Transportkosten für die betreffende Produktgruppe; Kosten einer Maschine, auf der die gesamte Produktgruppe gefertigt wird; Kosten für die Fertigungshalle, in der die betrachtete Produktgruppe (aber keine andere Produktgruppe) gefertigt wird
Einzelkosten der Bereiche	Gehalt für einen Verkäufer, der für den Bereich tätig ist; Kosten des Gebäudes, in der der betreffende Bereich untergebracht ist
Einzelkosten des Unternehmens	Alle Kosten, die den anderen Bezugsobjekten bisher nicht zugerechnet werden konnten, z. B. Verwaltungsgemeinkosten, die das gesamte Unternehmen betreffen; Kosten von Hilfsstellen, wie z. B. Stromerzeugung, Fuhrpark

Tab. 3.8 Grunddaten des Beispiels zum Handyproduzenten Podolski

Bereich	Europa				Asien	
Produktgruppe	I		II		III	
Handytyp	A	B	C	D	E	F
Umsatzerlöse	2.000,–	1.000,–	1.500,–	2.500,–	3.000,–	2.400,–
Einzelkosten der Produktarten	400,–	500,–	1.000,–	1.800,–	700,–	1.600,–

Bei der Zuordnung der Kosten zu den einzelnen Hierarchiestufen kommt es auf die Unterscheidung in fixe und variable Kostenbestandteile nicht an. Die in der Tabelle dargestellten Einzelkostenbeispiele für die verschiedenen Bezugsobjekte können daher sowohl fixen als auch variablen Ursprungs sein.

Beispiel

Der Handyproduzent Podolski stellt sechs verschiedene Handytypen (A, B, C, D, E, F) her. Die Handytypen A und B bilden die Produktgruppe I, C und D die Produktgruppe II und E und F die Produktgruppe III. Die Produktgruppen I und II sind im Bereich „Europa" zusammengefasst. Die Produktgruppe III bildet den Bereich „Asien". Im Unternehmen soll eine relative Einzelkostenrechnung durchgeführt werden. Die Umsatzerlöse und die Aufgliederung der gesamten Kosten in relative Einzelkosten unter Beachtung der Bezugsobjekte haben sich wie in ◘ Tab. 3.8 ergeben.
Den Produktgruppen wurden folgende Einzelkosten zugerechnet:

I: 2.200,– €   II: 500,– €   III: 1.000,– €

Auf Bereichsebene ist eine Zurechnung von Einzelkosten für den Bereich „Europa" von 200,– € möglich. Es verbleiben Einzelkosten des Gesamtunternehmens von 300,– €.
Die relative Einzelkostenrechnung wird in ◘ Tab. 3.9 durchgeführt.
Insgesamt ergibt sich ein positives Ergebnis von 900,– €. Als problematisch wird bei dieser relativen Einzelkostenrechnung die Produktgruppe I angesehen. Es kann versucht werden, den negativen Deckungsbeitrag II dieser Produktgruppe durch Preiserhöhungen und/oder Absatzsteigerungen sowie Kostensenkungsmaßnahmen zu beseitigen.

Im Gegensatz zu den bisher dargestellten Kostenrechnungssystemen **wird** in der relativen Einzelkostenrechnung **auf jede Art von Schlüsselung verzichtet.** Es sollen Fehler vermieden werden, die auf einer ungenauen Kostenaufteilung in fixe und variable Bestandteile bzw. auf einer nicht verursachungsgerechten Verteilung durch Schlüssel beruhen.

Für die Bestimmung der relativen Einzelkosten wird auf eine sogenannte **Grundrechnung**

Kapitel 3 · Teilkostenrechnung

◘ Tab. 3.9 Relative Einzelkostenrechnung des Handyherstellers Podolski

Bereich	Europa						Asien	
Produktgruppe	I		II				III	
Handytyp	A		B	C		D	E	F
Erlöse	2.000,–		1.000,–	1.500,–		2.500,–	3.000,–	2.400,–
– Einzelkosten der Produktarten	400,–		500,–	1.000,–		1.800,–	2.000,–	1.600,–
DB I	1.600,–		500,–	500,–		700,–	1.000,–	800,–
– Einzelkosten der Produktgruppen		2.200,–			500,–			1.000,–
DB II		–100,–			700,–			800,–
– Einzelkosten der Bereiche			200,–					–
DB III			400,–					800,–
– Einzelkosten des Gesamtunternehmens				300,–				
Ergebnis				900,–				

◘ Tab. 3.10 Beispiel für die Grundrechnung zur Bestimmung der relativen Einzelkosten. (Quelle: in Anlehnung an: Heyd und Meffle, 2008, S. 235)

	Produkte				Produktgruppen			Bereiche		Unternehmen
Materialkosten	x	x	x	x	x	x	x			
Fertigungskosten	.	.	.	.	.	.	.			
Gehälter	.	.	.	.	.	.	.	x	x	x
Hilfslöhne	.	.	.	.	.	.	.	.		
Abschreibungen	.	.	.	.	.	.	.	.		
Miete	.	.	.	.	.	.	.	.	.	.
usw.	.	.	.	.	.	.	.	.	.	.
.	.	.	.	.	.	.	.	.	.	.
Summen	x	x	x	x	x	x	x	x	x	x

zurückgegriffen. Es handelt sich hierbei um eine tabellarische Aufstellung ähnlich dem Betriebsabrechnungsbogen, der die notwendigen Daten für die Deckungsbeitragsrechnung mit relativen Einzelkosten entnommen werden können („Kostensammelbogen"). In der ◘ Tab. 3.10 ist ein Beispiel für eine derartige Grundrechnung abgebildet.

Die Grundrechnung ist vertikal nach Kostenarten und horizontal nach Bezugsobjekten gegliedert. Für jede Kostenart ist in der Grundrechnung zu klären, welcher Kostenbetrag den einzelnen Bezugsobjekten zuzurechnen ist. Im Gegensatz zum Betriebsabrechnungsbogen, in dem ein Großteil der zu verteilenden Kosten über Schlüssel den Kostenstellen zugerechnet wird, beruht die Zuteilung der Kosten im Rahmen der Grundrechnung ausschließlich auf „Ja-oder-Nein"-Entscheidungen. Kosten sind bezogen auf ein bestimmtes Bezugsobjekt eben Einzelkosten oder eben nicht.

Im Rahmen einer **kritischen Würdigung** muss die „Vertiefung des Verursachungsprinzips" als wesentlicher Vorteil der relativen Einzelkostenrechnung angesehen werden. Der Verzicht auf Schlüsselungen vermeidet Verstöße gegen das Verursachungsprinzip.

Aus praktischer Sicht wird jedoch häufig der hohe Aufwand bemängelt, der mit der Aufstellung der Grundrechnung verbunden ist (insbesondere der gedankliche Aufwand bei der Fragestellung, ob die betrachteten Kosten einem bestimmten Bezugsobjekt als relative Einzelkosten zuzurechnen sind oder nicht). Als problematisch wird außerdem angesehen, dass die relative Einzelkostenrechnung nicht flexibel auf Veränderungen des Beschäftigungsgrades reagieren kann. Da keine Unterscheidung in fixe und variable Kosten vorgenommen wird, können die Gesamtkosten bei veränderter Ausbringungsmenge nicht ermittelt werden. Aus diesem Grund ist auch die Berechnung von kurzfristigen Preisuntergrenzen und Nutzenschwellen nicht möglich. Zwar könnten im Rahmen einer Verfeinerung der relativen Einzelkostenrechnung die Einzelkosten in fixe und variable Kosten untergliedert werden, doch würde dann auch ein wesentlicher Vorteil dieses Rechnungssystems – der Verzicht auf die Kostenauflösung – aufgegeben werden.

3.9 Beurteilung der Deckungsbeitragsrechnung

Deutlich geworden ist in den vorangegangenen Abschnitten, dass die Deckungsbeitragsrechnung für eine ganze Reihe von betriebswirtschaftlichen Fragestellungen eine hilfreiche Entscheidungsgrundlage darstellt. Da die Proportionalisierung fixer Kosten vermieden wird, stellt die Deckungsbeitragsrechnung ein **flexibles Rechnungssystem für kurzfristige Entscheidungen** dar. Bei der Anwendung der Deckungsbeitragsrechnung sind allerdings folgende Aspekte zu beachten:

- Auch wenn der Deckungsbeitrag in bestimmten (kurzfristigen) Entscheidungssituationen das geeignete Entscheidungskriterium darstellt, darf selbstverständlich nicht die grundsätzliche Bedeutung der Gewinnerzielung für den Fortbestand eines Unternehmens übersehen werden. Einem Unternehmen ist nicht gedient, wenn bei kurzfristiger Betrachtungsweise zwar positive Deckungsbeiträge erzielt, langfristig aber stets Verluste erwirtschaftet werden.
- Der Deckungsbeitrag kann nur dann ein zuverlässiges Entscheidungskriterium darstellen, solange die auf ihm beruhenden Entscheidungen nicht die fixen Kosten beeinflussen (also z. B. nicht zu Kapazitätsveränderungen durch den Zukauf von Maschinen führen).
- Die Qualität der in einer Deckungsbeitragsrechnung erzielten Ergebnisse ist abhängig von der Genauigkeit der Kostenauflösung.
- Die Aussage, dass kurzfristig auf eine Deckung der fixen Kosten verzichtet werden kann, wird relativiert, wenn Überlegungen zur Liquidität eines Unternehmens Berücksichtigung finden. Fixe Kosten können auch kurzfristig auszahlungswirksam sein (z. B. Miete, Zinsen, Versicherungsprämien) und daher unter Umständen zu Liquiditätsproblemen führen.

In der ◘ Tab. 3.11 sollen abschließend die entscheidenden **Unterschiede** (insbesondere die unterschiedlichen Anwendungsgebiete) **der Vollkosten- und der Teilkostenrechnung** dargestellt werden.

3.10 Zusammenfassung

Während bei der Vollkostenrechnung die gesamten Kosten ohne Unterscheidung in fixe und variable

Tab. 3.11 Unterschiede der Vollkosten- und der Teilkostenrechnung

Vollkostenrechnung	Teilkostenrechnung
Berücksichtigung aller Kosten	Berücksichtigung (zunächst) nur der variablen Kosten als Teil der Kosten
Anwendungen: – Ermittlung des Unternehmenserfolges – Preisbildung durch Vollkostenkalkulation (zur Ermittlung einer langfristigen Preisuntergrenze) – Bewertung fertiger und unfertiger Erzeugnisse (laut Handels- und Steuerrecht) – Ermittlung eines „Selbstkostenpreises" bei öffentlichen Aufträgen (gemäß den Leitsätzen für die Preisermittlung) – Fundierung langfristiger Entscheidungen	Anwendungen: – Ermittlung des Deckungsbeitrages (des Betrages, der zur Deckung der fixen Kosten zur Verfügung steht) – Ermittlung von kurzfristigen Preisuntergrenzen – Fundierung kurzfristiger Entscheidungen (z. B. Aufnahme von Zusatzaufträgen, Eigenfertigung oder Fremdbezug, Produktionsprogrammplanung)
Nachteil: Keine flexible Reaktion auf Änderung des Beschäftigungsgrades möglich	Vorteil: Zeigt Auswirkungen eines veränderten Beschäftigungsgrades
Systemfehler: Proportionalisierung der Fixkosten	Kein Fehler, da keine Proportionalisierung der Fixkosten

Bestandteile den Kalkulationsobjekten (Kostenstellen, Kostenträger) zugerechnet werden, erfolgt bei der Teilkostenrechnung nur die Zurechnung eines Teils der Kosten.

Die fehlende Unterscheidung von fixen und variablen Kosten im Rahmen der Vollkostenrechnung führt dazu, dass die Vollkostenrechnung als Entscheidungsgrundlage für kurzfristige betriebswirtschaftliche Fragestellungen i. d. R. nicht geeignet ist. Der Systemfehler der Vollkostenrechnung besteht darin, dass fixe Kosten wie variable Kosten behandelt werden (Proportionalisierung der fixen Kosten). Dieser Fehler wird bei Anwendung der Teilkostenrechnung vermieden.

Der im Rahmen der Teilkostenrechnung zentrale Begriff des Deckungsbeitrages ist definiert als der Betrag, der zur Deckung der fixen Kosten zur Verfügung steht. Er ergibt sich aus der Differenz zwischen den erzielten Erlösen und den variablen Kosten.

Bei der einstufigen Deckungsbeitragsrechnung werden zur Ergebnisermittlung die fixen Kosten in einem Block vom Deckungsbeitrag subtrahiert.

Im Rahmen der Fixkostendeckungsrechnung (mehrstufigen Deckungsbeitragsrechnung) wird der Fixkostenblock in einzelne Schichten zerlegt und stufenweise abgezogen.

Die relative Einzelkostenrechnung zeichnet sich dadurch aus, dass zur Ergebnisermittlung von den Umsatzerlösen stufenweise (relative) Einzelkosten abgezogen werden. Was Einzelkosten sind, wird in dieser Rechnung durch das jeweils gewählte Bezugsobjekt bestimmt.

Die Bestimmung einer kurzfristigen Preisuntergrenze, Entscheidungen über Zusatzaufträge, Produktionsprogrammentscheidungen und Entscheidungen über Eigenfertigung oder Fremdbezug von Erzeugnissen sind Beispiele für kurzfristige betriebswirtschaftliche Problemstellungen, zu deren Lösung eine Teilkostenrechnung beitragen kann.

3.11 Wiederholungsfragen

1. Wie lässt sich die Notwendigkeit von Teilkostenrechnungen begründen? Lösung ▶ Abschn. 3.1.
2. Wodurch unterscheidet sich der Ablauf einer Teilkostenrechnung von dem einer Vollkostenrechnung? Lösung ▶ Abschn. 3.3.

3. Erläutern Sie die Vorgehensweise der mathematischen Kostenauflösung! Lösung ▶ Abschn. 3.5.2.
4. Erläutern Sie den Unterschied zwischen der kurzfristigen und der langfristigen Preisuntergrenze! Lösung ▶ Abschn. 3.6.2.
5. Mit welchem kostenrechnerischen Kriterium wird die Vorteilhaftigkeit von Zusatzaufträgen geprüft? Lösung ▶ Abschn. 3.6.3.
6. Begründen Sie die unterschiedliche Vorgehensweise bei der Produktionsprogrammplanung mit freien und mit beschränkten Kapazitäten! Lösung ▶ Abschn. 3.6.4.
7. Nennen Sie Gründe für Engpasssituationen im Unternehmen! Lösung ▶ Abschn. 3.6.4.
8. Inwiefern sind bei der Make-or-Buy-Entscheidung bei beschränkten Kapazitäten Opportunitätskosten zu beachten? Lösung ▶ Abschn. 3.6.5.
9. Was sind die Beweggründe für die Entwicklung mehrstufiger Deckungsbeitragsrechnungen? Lösung ▶ Abschn. 3.6.6.
10. Nennen Sie Beispiele für die Fixkosten der einzelnen Hierarchiestufen im Rahmen einer Fixkostendeckungsrechnung! Lösung ▶ Abschn. 3.7.
11. Erläutern Sie den Begriff der relativen Einzelkosten! Lösung ▶ Abschn. 3.8.
12. Erläutern Sie die wesentlichen Unterschiede zwischen der Vorgehensweise einer Fixkostendeckungsrechnung und der Vorgehensweise einer relativen Einzelkostenrechnung! Lösung ▶ Abschn. 3.7 und 3.8.
13. Welche Funktion erfüllt im Rahmen der relativen Einzelkostenrechnung die Grundrechnung? Lösung ▶ Abschn. 3.8.

3.12 Aufgaben

- **Aufgabe 1**

Der Controller des Musikinstrumentenherstellers Karajan möchte für den neu geschaffenen Bereich „Posaunen" Break-Even-Analysen durchführen. Der Verkaufspreis für eine Posaune wird mit 250,– € festgelegt. Aus der Kostenrechnung können die folgenden Kostendaten entnommen werden.

Kostendaten Aufgabe 1

Variable Kosten	Materialkosten pro Stück	68,–
	Fertigungskosten pro Stück	70,–
	Stücklizenzen	12,–
Fixe Kosten	Kalkulatorische Abschreibungen	2.000,–
	Kalkulatorische Zinsen	1.700,–
	Miete	7.600,–
	Gehälter für Werksleitung, Meister, usw.	40.000,–

a. Berechnen Sie die Nutzenschwelle.
b. Gehen Sie nun davon aus, dass sich die Miete aufgrund eines Eigentümerwechsels um 4.000,– € erhöht. Um wie viel Stück muss der Absatz gesteigert werden, damit der Gewinn unverändert bleibt?
c. Wie verändert sich der Break-Even-Point, wenn sich die Materialkosten von 68,– € auf 73,– € pro Stück erhöhen?
d. Wie verändert sich der Break-Even-Point, wenn sich am Markt ein Posaunenpreis von 275,– € durchsetzen lässt?
e. Als vorsichtig handelnder Kaufmann möchte der Controller bei seiner Planung eine sogenannte Sicherheitsspanne berücksichtigen. Mit welcher Absatzmenge an Posaunen muss geplant werden, damit eine Sicherheitsspanne von 25 % gewährleistet ist (d. h. damit selbst bei einem Rückgang der Absatzmenge um 25 % kein Verlust entsteht)?

- **Aufgabe 2**

In einem Zweigwerk der Strunz GmbH werden Rasierapparate produziert. Der Preis für einen Rasierapparat beträgt 75,– €. In den Monaten März und April liegen folgende Daten zu den gefertigten Stückzahlen und den insgesamt angefallenen Selbstkosten vor.

	Gefertigte Stückzahl	Selbstkosten
März	2.400	140.000,–
April	2.700	155.000,–

Nehmen Sie an, dass sich die grundsätzliche Kostenstruktur im April gegenüber März nicht geändert hat (d. h. die fixen Kosten und die variablen Stückkosten gleich geblieben sind).
a. Ermitteln Sie die variablen Stückkosten und die fixen Kosten.
b. Ermitteln Sie die Nutzenschwelle.
c. Welcher Umsatz ist bei gleich bleibendem Preis notwendig, um einen Gewinn von 60.000,- € zu erreichen?

- **Aufgabe 3**

Im Werk Y des Waschmaschinenherstellers Lucio werden in der betrachteten Periode 4.000 Stück des Typs „Klementine" gefertigt. Für die Zuschlagskalkulation dieser 4.000 Waschmaschinen liegen folgende Einzelkostendaten vor (Angaben jeweils pro Stück in €):

Materialeinzelkosten:	200,-
Fertigungseinzelkosten:	160,-

Die Gemeinkostenzuschlagssätze wurden im Rahmen einer Vollkostenrechnung wie folgt ermittelt (es gelten die üblichen Zuschlagsbasen):

Zuschlagssatz Materialgemeinkosten:	20 %
Zuschlagssatz Fertigungsgemeinkosten:	25 %
Zuschlagssatz Verwaltungs- und Vertriebsgemeinkosten:	10 %

Außerdem ist bekannt, dass die Materialgemeinkosten zur Hälfte fix sind, die Fertigungsgemeinkosten zu 40 % und die Verwaltungs- und Vertriebsgemeinkosten zu 25 %.

Die Werksleitung geht davon aus, dass die Nachfrage nach den Klementine-Waschmaschinen in der nächsten Periode auf 5.000 Stück steigen wird. Ermitteln Sie die kurzfristige und die langfristige Preisuntergrenze für 4.000 und alternativ für 5.000 Stück.

- **Aufgabe 4**

Die Kapellmann GmbH, Produzent hochwertiger elektronischer Produkte, erwirtschaftet im September mit dem statistischen Taschenrechner der Marke QXQ bei einem Umsatz von 250.000,- € und fixen Kosten von 80.000,- € einen Gewinn von 40.000,- €.
a. Für den Oktober wird mit den Taschenrechnern ein Gewinn von 100.000,- € angestrebt. Um wie viel Prozent müsste der Umsatz bei gleich bleibendem Preis und unveränderter Kostenstruktur steigen, damit dieser Gewinn erzielt wird?
b. Nehmen Sie nun an, dass dem in Teilaufgabe a) zu ermittelnden Umsatz eine Stückzahl von 1.200 zugrunde liegt, welche im Oktober auch erreicht wird. Zusätzlich fragt ein Großhändler für Bürobedarf Mitte Oktober an, ob für ihn bis zum Ende des Monats 600 weitere Taschenrechner produziert werden können. Der Kapellmann GmbH stehen für diesen Zusatzauftrag genügend freie Kapazitäten zur Verfügung. Bestimmen Sie für den einzelnen Taschenrechner die Preisuntergrenze, bis zu der sich die Annahme dieses Zusatzauftrages lohnt.

- **Aufgabe 5**

Der Schulmöbelhersteller Klose, der Schulen und Hochschulen direkt beliefert, bezieht zur Vervollständigung seines Sortimentes bisher Kartenständer der Firma Hitzfeld zu einem Einkaufspreis von 200,- €. Es wird erwogen, die für die nächste Periode von Kunden bereits bestellten 250 Kartenständer selbst zu fertigen. Die Produktion der Kartenständer würde jedoch zu Lasten von Klassenzimmer-Garderoben gehen, für welche folgende Daten gelten:

Fertigungszeit pro Stück (in Minuten)	12
Stückpreis	280,-
Variable Stückkosten	220,-

Bei der Eigenfertigung der 250 Kartenständer sind insgesamt variable Material- und Fertigungskosten von 30.000,- € zu erwarten. Zu beachten ist außerdem, dass die Umstellung der Produktion auf Eigenfertigung einmalige Kosten von 1.000,- € verursachen würde und zusätzlich pro selbst produziertem Kartenständer Lizenzen von 2,- € an die Firma Hitzfeld zu zahlen wären. Die Fertigungszeit eines Kartenständers würde 15 min betragen. Ermitteln Sie, ob sich für die Kartenständer die Umstellung auf Eigenfertigung lohnt.

3.12 · Aufgaben

Tab. 3.12 Herstellungsdaten Aufgabe 6

Sorte	Benötigte Kupfermenge pro Röhre in kg	Weitere variable Kosten je Röhre in €	Absetzbare Stückzahl	Stückpreis in €
A	5	250,–	800	400,–
B	6	200,–	620	362,–
C	3	150,–	1.000	201,–
D	2	180,–	750	220,–

Tab. 3.13 Produktdaten Aufgabe 7

Produkt	Mats	Ole	Björn	Benny	Frieda
Variable Herstellkosten der Periode	40.000,–	20.000,–	175.000,–	25.000,–	50.000,–
Variable Vertriebskosten der Periode	20.000,–	8.000,–	24.000,–	1.900,–	500,–
Verkaufspreis pro Stück	450,–	290,–	480,–	260,–	370,–
Produktionsmenge = Absatzmenge	220	140	550	150	200

Aufgabe 6

In der Sammer KG werden verschiedene Kupferröhren für die Bauwirtschaft hergestellt. Die Herstellungsdaten der betrachteten Periode für die vier Röhrensorten können ◘ Tab. 3.12 entnommen werden.

Außerdem fallen fixe Kosten in Höhe von 150.000,– € an. Der Kupferpreis beträgt 6,– € pro kg. Aufgrund eines Engpasses auf dem Kupfermarkt stehen für die betrachtete Periode lediglich 9,1 t Kupfer zur Verfügung.

a. Bestimmen Sie das gewinnmaximale Produktionsprogramm und berechnen Sie für dieses das Periodenergebnis.
b. Nehmen Sie nun an, dass aus Furcht vor beträchtlichen Vertragsstrafen die Röhren der Sorte C unbedingt zu liefern sind. Wie verändert sich das Ergebnis im Vergleich zu Teilaufgabe a)?

Aufgabe 7

Die Sören GmbH produziert und vertreibt Regale. Das Unternehmen besteht aus den beiden Fertigungsbereichen „Metall" und „Holz". Im Fertigungsbereich „Metall" werden die Regalmodelle Mats und Ole, im Bereich „Holz" die Modelle Björn, Benny und Frieda gefertigt. Für die betrachtete Periode liegen der Geschäftsleitung die Werte lt. ◘ Tab. 3.13 vor.

Außerdem sind folgende Angaben bekannt:

Die Modelle Mats, Ole und Björn wurden von einem eigens damit beauftragten Designerbüro entworfen, an das jährlich für jedes dieser drei Modelle ein fixer Betrag zu entrichten ist. Für die Modelle Mats und Björn wurde jeweils ein Betrag von 8.000,– € vereinbart, für Ole sind 5.000,– € zu zahlen. Weiterhin wurde für das Modell Benny eine eigene Werbeveranstaltung durchgeführt, die Kosten in Höhe von 1.200,– € verursacht hat. Für das Modell Frieda sind schließlich jedes Jahr fixe Lizenzgebühren in Höhe von 2.500,– € zu zahlen.

Die variablen Herstellkosten für den Fertigungsbereich „Metall" betragen 27.000,– €, für den Fertigungsbereich „Holz" 80.000,– €. Sie werden im Verhältnis der den Regalmodellen direkt zurechenbaren Herstellkosten auf die in jedem Bereich produzierten Regalmodelle verteilt. Fixe Fertigungskosten fallen im Fertigungsbereich „Metall" in Höhe von 7.000,- € an, im Fertigungsbereich „Holz" in Höhe von 4.900,- €. Für die zentrale Verwaltung und Geschäftsführung des Gesamtunternehmens entstehen schließlich fixe Kosten in Höhe von 9.700,- €.

a. Stellen Sie eine mehrstufige Deckungsbeitragsrechnung auf und berechnen Sie das Periodenergebnis.
b. Welchen Vorschlag zur Verbesserung der Gewinnsituation würden Sie alleine aufgrund der Ergebnisse der Teilaufgabe a) machen? Wie würde sich dieser Vorschlag auf den Periodengewinn auswirken?
c. Setzen Sie sich kritisch mit dem unter b) gemachten Vorschlag auseinander.
d. Begründen Sie an dem hier vorliegenden Beispiel die erhöhte Aussagefähigkeit der mehrstufigen gegenüber der einstufigen Deckungsbeitragsrechnung.
e. Bestimmen Sie für jedes Produkt die kurzfristige Preisuntergrenze.

3.13 Lösungen

Aufgabe 1

a. $x_{NS} = \dfrac{K_f}{p - k_v} = \dfrac{51.300}{250 - 150} = 513$

b. Die zusätzlichen Fixkosten sind durch den Deckungsbeitrag pro Stück zu teilen. Die zusätzlich benötigte Absatzmenge ergibt sich dann als 40.

c. $x_{NS} = \dfrac{K_f}{p - k_v} = \dfrac{51.300}{250 - 155} = 540$

d. $x_{NS} = \dfrac{K_f}{p - k_v} = \dfrac{51.300}{275 - 150} = 410,4 \to 411$

e. Das Problem kann über folgenden Dreisatz gelöst werden: $\dfrac{100\,\%}{75\,\%} = \dfrac{x}{513}$

Die zu planende Absatzmenge bei Berücksichtigung der Sicherheitsspanne beträgt somit 684.

Aufgabe 2

a. $k_v = \dfrac{K_2 - K_1}{x_2 - x_1} = \dfrac{155.000 - 140.000}{2.700 - 2.400} = 50,-€$

Für z. B. April gilt: $155.000 = K_f + 2.700 \cdot 50 \to K_f = 20.000,-€$

b. $x_{NS} = \dfrac{K_f}{p - k_v} = \dfrac{20.000}{75 - 50} = 800$

c. Die für den geforderten Gewinn notwendige Stückzahl beträgt:

$x = \dfrac{K_f + 60.000}{p - k_v} = \dfrac{20.000 + 60.000}{75 - 50} = 3.200$

Damit ergibt sich der Umsatz als
$E = 3.200 \cdot 75,-€ = 240.000,-€$

Aufgabe 3

Vollkostenkalkulation einer Waschmaschine (Basis 4.000 Stück):

MEK	200,–
MGK	40,–
FEK	160,–
FGK	40,–
Herstellkosten	440,–
Verw./Vert.GK	44,–
Selbstkosten	484,–

Teilkostenkalkulation einer Waschmaschine (Basis 4.000 Stück):

MEK	200,–
MGK	20,–
FEK	160,–
FGK	24,–
Herstellkosten	404,–
Verw./Vert.GK	33,–
Selbstkosten	437,–

Für 4.000 Stück gilt damit:
Kurzfristige Preisuntergrenze: $p = k_v = 437,-€$
Langfristige Preisuntergrenze: $p = k = 484,-€$
Für 5.000 Stück gilt:
Kurzfristige Preisuntergrenze: $p = k_v = 437,-€$
(wie oben, da k_v unabhängig von Ausbringungsmenge)

3.13 · Lösungen

Langfristige Preisuntergrenze: $p = k_v + k_f$

Die fixen Stückkosten k_f verändern sich mit der Ausbringungsmenge. Deshalb sind zunächst die fixen Gesamtkosten K_f zu bestimmen, die dann wiederum auf die veränderte Stückzahl zu verteilen sind:
$K_f = (484,- - 437,-) \cdot 4.000 = 188.000,-$ €
$k_f = 188.000,- / 5.000 = 37,60$ €
→ $p = k_v + k_f = 437,- + 37,60 = 474,60$ €

- **Aufgabe 4**
a. Die Ausgangssituation lässt sich durch folgende Teilkostenrechnung darstellen (alle Werte in €):

E	250.000,-
– K_v	130.000,-
DB	120.000,-
– K_f	80.000,-
G	40.000,-

Über das Schema der Teilkostenrechnung lässt sich zunächst ermitteln, welcher Deckungsbeitrag für den angestrebten Gewinn erforderlich ist:

E	?
– K_v	?
DB	180.000,-
– K_f	80.000,-
G	100.000–

Mit Hilfe des folgenden Dreisatzes lässt sich sodann der notwendige Umsatz bestimmen:

$$\frac{250.000,-}{120.000,-} = \frac{x}{180.000}$$

Der angestrebte Umsatz ergibt sich somit als 375.000,- €, was einer Umsatzsteigerung von 50 % entspricht.

b. Die Preisuntergrenze für einen Zusatzauftrag bei freien Kapazitäten liegt bei $p = k_v$. Aus der Teilkostenrechnung für den in Teilaufgabe a) angestrebten Gewinn lässt sich zunächst K_v ermitteln:

E	375.000,-
– K_v	195.000,-
DB	180.000,-
– K_f	80.000,-
G	100.000,-

Die Preisuntergrenze ergibt sich damit als

$$p = k_v = \frac{195.000,-}{1.200} = 162,50 \text{ €}.$$

- **Aufgabe 5**
Kosten Fremdbezug: $250 \cdot 200,- = 50.000,-$ €
Kosten Eigenfertigung: $30.000,- + 250 \cdot 2,- + 1.000,-$
$= 31.500,-$ €
Berücksichtigung der Opportunitätskosten, die durch den Wegfall der Garderobenproduktion entstehen:
Benötigte Zeit für Eigenfertigung:
$250 \cdot 15 = 3.750$ min.
Relativer Deckungsbeitrag für Garderobe:

$$db_{rel} = \frac{280 - 220}{12} = 5,- \text{ €/min}.$$

→ Opportunitätskosten: $3.750 \cdot 5,- = 18.750,-$ €

Bei Berücksichtigung der Opportunitätskosten ist Eigenfertigung nicht mehr günstiger, da $31.500,- + 18.750,- > 50.000,-$ €

- **Aufgabe 6**
a. Berechnung der absoluten Deckungsbeiträg
Sorte A: $db = 400,- - (5 \cdot 6,- + 250) = 120,-$ €
Sorte B: $db = 362,- - (6 \cdot 6,- + 200) = 126,-$ €
Sorte C: $db = 201,- - (3 \cdot 6,- + 150) = 33,-$ €
Sorte D: $db = 220,- - (2 \cdot 6,- + 180) = 28,-$ €

Berechnung der relativen Deckungsbeiträge:

Sorte A: $db_{rel} = \frac{120,-}{5} = 24,-$ €/kg

Sorte B: $db_{rel} = \frac{126,-}{6} = 21,-$ €/kg

Sorte C: $db_{rel} = \frac{33,-}{3} = 11,-$ €/kg

Sorte D: $db_{rel} = \frac{28,-}{2} = 14,-$ €/kg

Demnach ergibt sich die Rangfolge:
A – B – D – C

Herstellung 800 Stück A:	800 · 5 kg/Stück = 4.000 kg
Herstellung 620 Stück B:	620 · 6 kg/Stück = 3.720 kg

Für die Herstellung von D verbleiben also
9.100 kg − (4.000 kg + 3.720 kg) = 1.380 kg.
Von D können somit noch
1.380 / 2 = 690 Stück gefertigt werden.
Das Periodenergebnis ergibt sich wie folgt:
800 · 120,− + 620 · 126,− + 690 · 28,−
− 150.000,− = 43.440,− €

b. In diesem Fall wird der Sorte C die Rangziffer 1 zugeordnet. Die Abfolge der anderen Sorten erfolgt entsprechend der Berechnung bei Teilaufgabe a). Es gilt also: C − A − B − D

| Herstellung 1.000 Stück C: | 1.000 · 3 kg/Stück = 3.000 kg |
| Herstellung 800 Stück A: | 800 · 5 kg/Stück = 4.000 kg |

Für die Herstellung von B verbleiben also
9.100 kg − (3.000 kg + 4.000 kg) = 2.100 kg.
Von B können somit noch 2.100 / 6 = 350 Stück gefertigt werden.

Das Periodenergebnis beträgt nun
1.000 · 33,− + 800 · 120,− + 350 · 126,−
− 150.000,− = 23.100,− €.

- **Aufgabe 7**
a. s. ◘ Tab. 3.14.
b. Würde man das Produkt Ole aufgrund seines negativen Deckungsbeitrages II aus dem Produktionsprogramm entfernen, würde gemäß der mehrstufigen Deckungsbeitragsrechnung in Teilaufgabe a) der Gewinn um 1.400,− € zunehmen.
c. Die mehrstufige Deckungsbeitragsrechnung kann nur erste Hinweise zum Erfolgsbeitrag eines Produktes oder einer Produktgruppe geben. Sie kann nicht eine langfristige Aspekte berücksichtigende Investitionsrechnung ersetzen. Weiterhin sind beispielsweise Absatzinterdependenzen zwischen den einzelnen Produkten zu beachten.

◘ Tab. 3.14 Mehrstufige Deckungsbeitragsrechnung Aufgabe 7a

	Mats	Ole	Björn	Benny	Frieda
Erlös	99.000,−	40.600,−	264.000,−	39.000,−	74.000,−
Variable Herstellkosten	40.000,−	20.000,−	175.000,−	25.000,−	50.000,−
Variable Vertriebskosten	20.000,−	8.000,−	24.000,−	1.900,−	500,−
Variable Herstellkosten der Bereiche	18.000,−	9.000,−	56.000,−	8.000,−	16.000,−
DB I	21.000,−	3.600,−	9.000,−	4.100,−	7.500,−
Fixe Herstellkosten	8.000,−	5.000,−	8.000,−	1.200,−	2.500,−
DB II	13.000,−	−1.400,−	1.000,−	2.900,−	5.000,−
Fixe Herstellkosten der Bereiche		−7.000,−		−4.900,−	
DB III		4.600,−		4.000,−	
Fixe Kosten der Gesamtunternehmung			−9.700,−		
Gewinn			−1.100,−		

3.13 · Lösungen

d. Da in einer einstufigen Deckungsbeitragsrechnung alle Fixkosten zuletzt als undifferenzierter Block abgezogen werden, wäre die in Teilaufgabe b) gemachte Aussage bezüglich des Produktes Ole nicht möglich gewesen. Der Deckungsbeitrag I des Produktes Ole war ja noch positiv.

e. s. (◘ Tab. 3.15)

◘ **Tab. 3.15** Preisuntergrenzen Aufgabe 7e

	Mats	Ole	Björn	Benny	Frieda
Summe der variablen Kosten	78.000,–	37.000,–	255.000,–	34.900,–	66.500,–
Kurzfristige Preisuntergrenze	354,54	264,29	463,63	232,67	332,50

Plankostenrechnung

Christian Ernst, Gerald Schenk, Peter Schuster

4.1 Zur Notwendigkeit der Plankostenrechnung – 86

4.2 Plankostenrechnung auf Vollkostenbasis – 86
4.2.1 Wesentliche Schritte bei der Durchführung der Rechnung – 86
4.2.2 Starre Plankostenrechnung auf Vollkostenbasis – 87
4.2.3 Flexible Plankostenrechnung auf Vollkostenbasis – 88

4.3 Grenzplankostenrechnung (Plankostenrechnung auf Teilkostenbasis) – 90
4.3.1 Die Durchführung der Abweichungsanalyse – 90
4.3.2 Prämissen und Aufbau der Grenzplankostenrechnung – 91

4.4 Zusammenfassung – 94

4.5 Wiederholungsfragen – 95

4.6 Aufgaben – 95

4.7 Lösungen – 96

© Springer-Verlag GmbH Deutschland 2017
C. Ernst, G. Schenk, P. Schuster, *Kostenrechnung klipp & klar*, Wiwi klipp & klar,
https://doi.org/10.1007/978-3-662-53508-0_4

> **Lernziele dieses Kapitels**
> - Erkennen der Notwendigkeit der Plankostenrechnung
> - Verstehen der starren und der flexiblen Plankostenrechnung auf Vollkostenbasis
> - Verstehen des Systems der Grenzplankostenrechnung

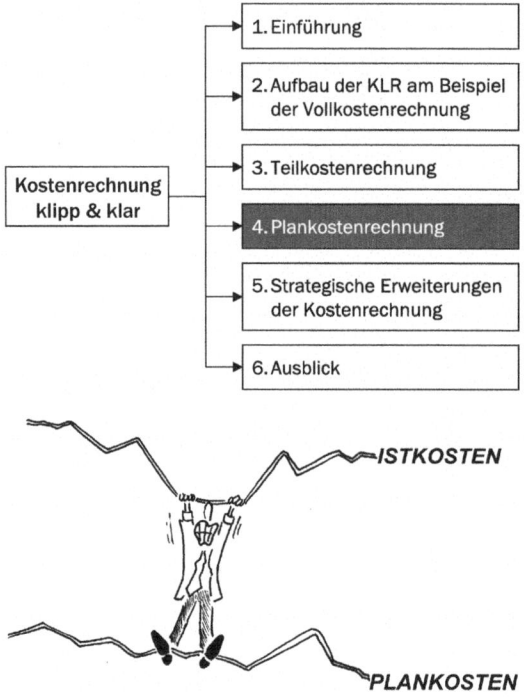

4.1 Zur Notwendigkeit der Plankostenrechnung

Unter Plankosten versteht man die **erwarteten Kosten für einen zukünftigen Zeitraum**. Die Plankostenrechnung ist folglich dadurch charakterisiert, dass die den Kostenstellen und Kostenträgern zuzurechnenden Kosten nicht auf Vergangenheitsbetrachtungen beruhen, sondern aus der betrieblichen Planung hervorgehen.

Wenn man sich die Probleme bewusst macht, die mit der Anwendung der Istkostenrechnung im Rahmen etlicher betriebswirtschaftlicher Fragestellungen verbunden sind, wird die **Notwendigkeit der Plankostenrechnung** ersichtlich. Die Istkostenrechnung ist weitgehend ungeeignet für

- Planungszwecke, da alle Daten vergangenheitsbezogen sind,
- Steuerungszwecke, da für Anpassungsmaßnahmen notwendige Daten zu spät kommen (erst am Ende einer Periode),
- Zeitvergleiche, da Schwankungen der Faktorpreise, des Mengenverbrauchs, des Beschäftigungsgrades, usw. die Vergleichbarkeit stark einschränken.

Um diese Probleme zu vermeiden, werden in der Plankostenrechnung die Kosten auf der Grundlage detaillierter Berechnungen und Prognosen geplant und den einzelnen Kostenstellen und Kostenträgern für eine bestimmte Planungsperiode vorgegeben. Insofern stellen die Plankosten auch eine Richtgröße (Sollgröße) dar, die erreicht werden soll.

Die Plankostenrechnung dient der **betrieblichen Kontrolle**, da sie die Basis für einen Vergleich von vorausgeplanten Kosten und tatsächlich eingetretenen Kosten legt. Die Differenz Δ zwischen diesen Werten wird im Rahmen einer Abweichungsanalyse in weitere Teilabweichungen aufgespalten, um die Ursachen zu ermitteln, warum die Kosten sich nicht wie geplant entwickelt haben.

Wie bei der Istkostenrechnung sind auch im Rahmen der Plankostenrechnung sowohl Vollkosten- als auch Teilkostenbetrachtungen möglich.

4.2 Plankostenrechnung auf Vollkostenbasis

Werden **alle Plankosten** den Kalkulationsobjekten zugerechnet, spricht man von einer Plankostenrechnung auf Vollkostenbasis.

4.2.1 Wesentliche Schritte bei der Durchführung der Rechnung

Bei Durchführung der Plankostenrechnung sind grundsätzlich drei Schritte zu beachten:
1. Ermittlung der Plankosten
2. Gegenüberstellung von Plankosten und Istkosten
3. Abweichungsanalyse

Zu 1.: Die Ermittlung der Plankosten im ersten Schritt macht insbesondere eine Schätzung folgender **Einflussgrößen** notwendig:
- Verbrauchsmengen der Einsatzfaktoren
- Beschäftigungsgrad
- Preise der Einsatzfaktoren

Selbstverständlich hängen die Plankosten auch von einer Vielzahl anderer Kosteneinflussfaktoren ab. Damit die Abweichungsanalyse aber noch nachvollziehbar bleibt, wird die Rechnung i. d. R. auf obige Einflussfaktoren beschränkt.

Zu 2.: In einem zweiten Schritt wird die **Differenz Δ zwischen** den tatsächlich eingetretenen **Istkosten und** den **Plankosten** ermittelt. Häufig wird eine Bewertung der Plan- und der Istkosten mit festen Verrechnungspreisen vorgenommen, um die Analyse um Preiseinflüsse zu bereinigen. Dahinter verbirgt sich die Vorstellung, dass die Preise für die Einsatzfaktoren durch den Beschaffungsmarkt vorgegeben werden und damit nicht der betrieblichen Kontrolle unterliegen. Werden Preiseinflüsse, wie hier beschrieben, ausgeschaltet, liegt eine reine Mengenrechnung vor.

Zu 3.: Schließlich wird in einem letzten Schritt die **Abweichungsanalyse** durchgeführt, d. h., die Gesamtabweichung Δ wird aufgespalten in
- eine Verbrauchsabweichung ΔV (durch sparsamen oder unwirtschaftlichen Einsatz von Inputfaktoren)
- eine Beschäftigungsabweichung ΔB (aufgrund einer veränderten Beschäftigung)
- sofern sie nicht – wie unter 2. ausgeführt – ausgeschaltet wird, eine Preisabweichung ΔP (aufgrund veränderter Preise der Einsatzfaktoren).

Es gilt: $\Delta = \Delta V + \Delta B + \Delta P$.

Das vordringliche Ziel der hier darzustellenden Abweichungsanalyse besteht darin, durch Ermittlung der Verbrauchsabweichung ΔV im Unternehmen den **wirtschaftlichen Umgang mit eingesetzten Ressourcen** zu kontrollieren und damit auch die Verantwortlichkeit von Kostenstellenleitern zu überprüfen. Im Rahmen der Plankostenrechnung werden zu Kontrollzwecken die tatsächlich angefallenen Kosten (Istkosten) mit geplanten Kosten verglichen. Dies ist ein wesentlicher **Fortschritt gegenüber der Normalkostenrechnung**, die lediglich einen Vergleich zwischen den Istkosten und den Durchschnittskosten der Vergangenheit vornimmt und daher nur sehr bedingt geeignet ist für die Wirtschaftlichkeitskontrolle.

4.2.2 Starre Plankostenrechnung auf Vollkostenbasis

Der erste Schritt der starren Plankostenrechnung auf Vollkostenbasis besteht darin, zu Beginn der Periode für eine einzelne Kostenstelle die Plankosten K_p und die Beschäftigung B_p festzulegen. Die **Plankosten K_p werden nicht in fixe und variable Bestandteile zerlegt**. Der Beschäftigungsgrad B_p kann durch verschiedene Größen zum Ausdruck gebracht werden, z. B. durch die Ausbringungsmenge, Maschinenstunden oder Fertigungsstunden. Am Ende der Periode werden die tatsächlich entstandenen Kosten K_i und der tatsächlich eingetretene Beschäftigungsgrad B_i bestimmt.

Als wesentliches Merkmal der starren Plankostenrechnung auf Vollkostenbasis wird die Tatsache angesehen, dass für die Abweichungsanalyse die **Planung nicht an den tatsächlich eingetretenen Beschäftigungsgrad B_i angepasst** wird. Es erfolgt also ein „starr" auf den Planbeschäftigungsgrad bezogener Vergleich mit den Istkosten, was auch die Bezeichnung dieser Form der Plankostenrechnung auf Vollkostenbasis erklärt. Im Einzelnen stellt sich die Abweichungsanalyse wie folgt dar:

Aus dem Verhältnis von Plankosten K_p und B_p wird zunächst der sogenannte Plankostenverrechnungssatz k_p ermittelt. Der Plankostenverrechnungssatz k_p wird sodann mit dem tatsächlich eingetretenen Beschäftigungsgrad B_i multipliziert. Aus dieser Rechnung ergeben sich die sogenannten verrechneten Plankosten K_{verr} für den Istbeschäftigungsgrad B_i. Die Gesamtabweichung errechnet sich schließlich als Differenz aus tatsächlich entstandenen Kosten K_i und verrechneten Plankosten K_{verr}.

Plankostenverrechnungssatz: $k_p = \frac{K_p}{B_p}$
Verrechnete Plankosten: $K_{verr} = k_p \cdot B_i$
Gesamtabweichung: $\Delta = K_i - K_{verr}$

Die Vorgehensweise lässt sich grafisch wie in der ◘ Abb. 4.1 verdeutlichen.

Zunächst wird das Wertepaar (B_p; K_p) in das Koordinatensystem eingetragen. Von diesem Punkt ausgehend wird eine Gerade durch den Nullpunkt gezogen. Diese stellt für die jeweiligen Beschäftigungsgrade die verrechneten Plankosten K_{verr} dar. An der Stelle des tatsächlich eingetretenen Beschäftigungsgrades B_i wird der Abstand zwischen K_i und K_{verr} bestimmt. Er entspricht der Gesamtabweichung Δ.

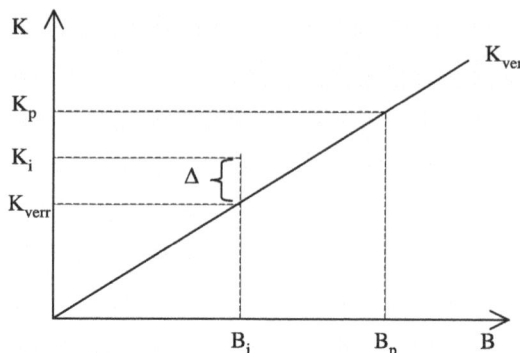

◘ Abb. 4.1 Vorgehensweise der starren Plankostenrechnung auf Vollkostenbasis

Beispiel
Im Rahmen einer starren Plankostenrechnung auf Vollkostenbasis sind folgende Daten gegeben:

	Planzahlen	Istzahlen
Stückzahl	7.200	6.600
Kosten	36.000,–	34.000,–

Nachstehende Rechenschritte sind notwendig:

$k_p = \dfrac{K_p}{B_p} = \dfrac{36.000\ €}{7.200} = 5{,}-\ €/\text{Stück}$

$K_{verr} = k_p \cdot B_i = 5\ €/\text{Stück} \cdot 6.600 = 33.000{,}-\ €$

$\Delta = K_i - K_{verr} = 34.000{,}-\ € - 33.000{,}-\ € = 1.000{,}-\ €$

Wird im Beispiel davon ausgegangen, dass die Analyse mit festen Verrechnungspreisen erfolgt und keine weiteren Kosteneinflussfaktoren wirksam werden, setzt sich die Gesamtabweichung Δ von 1.000,– € aus einer Beschäftigungsabweichung ΔB und einer Verbrauchsabweichung ΔV zusammen. Allerdings ist die Größe dieser beiden Teilabweichungen bei der starren Plankostenrechnung nicht erkennbar.

Da sich der Plankostenverrechnungssatz k_p aus dem Quotienten aus den gesamten geplanten Kosten K_p (also Vollkosten) und dem Planbeschäftigungsgrad B_p errechnet, wird eine Proportionalität zwischen den gesamten Kosten und der Beschäftigung unterstellt. Tatsächlich enthalten die geplanten Gesamtkosten fixe Bestandteile. Weil die Existenz der fixen Kosten bei der Ermittlung der verrechneten Plankosten folglich nicht berücksichtigt wird, enthält die Gesamtabweichung neben der Verbrauchsabweichung aufgrund eines sparsamen oder unwirtschaftlichen Einsatzes von Inputfaktoren auch eine Beschäftigungsabweichung, die aus der Verteilung der Fixkosten auf die veränderte Beschäftigung (Ausbringungsmenge im Beispiel) resultiert.

Die starre Plankostenrechnung auf Vollkostenbasis ist damit i. d. R. kein geeignetes Instrument der Wirtschaftlichkeitskontrolle. Lediglich falls die Istbeschäftigung der Planbeschäftigung entspricht ($B_i = B_p$), kann eine eindeutige Aussage hinsichtlich der Verbrauchsabweichung getroffen werden. Da in diesem Fall keine Beschäftigungsabweichung vorliegen kann, ist die Gesamtabweichung vollständig auf eine Verbrauchsabweichung zurückzuführen, d. h. $\Delta = \Delta V$ (unter der Annahme, dass keine weiteren Kosteneinflussfaktoren wirksam werden).

Auch wenn die starre Plankostenrechnung auf Vollkostenbasis mit der Begründung angewendet wird, dass eine Aufteilung der Kosten in fixe und variable Bestandteile nicht möglich ist und daher kein anderes Verfahren weiterhilft, ist selbstverständlich dennoch die **Problematik der Fixkostenproportionalisierung** bei der Bewertung der Abweichung zu berücksichtigen.

4.2.3 Flexible Plankostenrechnung auf Vollkostenbasis

Die flexible Plankostenrechnung auf Vollkostenbasis vermeidet die Schwächen der starren Plankostenrechnung. Voraussetzung für ihre Durchführung ist allerdings, dass eine **Aufteilung der gesamten Plankosten** K_p **in fixe Kosten** K_{fp} **und variable Kosten** K_{vp} möglich ist, also $K_p = K_{fp} + K_{vp}$ gilt.

Die flexible Plankostenrechnung ist dadurch gekennzeichnet, dass für die Abweichungsanalyse die **Planung** unter Berücksichtigung von fixen und variablen Kosten „flexibel" an den tatsächlich eingetre-

4.2 · Plankostenrechnung auf Vollkostenbasis

tenen Beschäftigungsgrad B_i angepasst wird. Die dem veränderten Beschäftigungsgrad angepassten Planwerte werden anschaulich als **Sollkosten auf Basis der Istbeschäftigung** (K_{si}) bezeichnet. Sie stellen die Kosten dar, die man geplant hätte, wenn man den Beschäftigungsgrad B_i bereits vorab gekannt hätte.

Neben dem bereits aus der starren Plankostenrechnung bekannten Plankostenverrechnungssatz k_p wird nun auch der sogenannte variable Plankostenverrechnungssatz k_{vp} benötigt. Er errechnet sich aus dem Quotienten aus den variablen Plankosten K_{vp} und dem geplanten Beschäftigungsgrad B_p. Der Plankostenverrechnungssatz k_p wird wieder für die Ermittlung der verrechneten Plankosten K_{verr} verwendet. Mit Hilfe des variablen Plankostenverrechnungssatzes k_{vp} können die Sollkosten auf Basis der Istbeschäftigung B_i bestimmt werden. Die Gesamtabweichung Δ ergibt sich wieder aus der Differenz zwischen den festgestellten Istkosten K_i und den verrechneten Plankosten K_{verr}. Die Differenz zwischen K_i und den Sollkosten auf Basis der Istbeschäftigung K_{si} stellt die **Verbrauchsabweichung** ΔV dar. Die **Beschäftigungsabweichung** ΔB schließlich entspricht der Differenz zwischen K_{si} und K_{verr}. Folgende Rechenschritte sind im Einzelnen notwendig:

Variabler Plankostenverrechnungssatz:	$k_{vp} = \dfrac{K_{vp}}{B_p}$
Plankostenverrechnungssatz:	$k_p = \dfrac{K_p}{B_p}$
Verrechnete Plankosten:	$K_{verr} = k_p \cdot B_i$
Sollkosten auf Basis der Istbeschäftigung:	$K_{si} = K_{fp} + k_{vp} \cdot B_i$
Gesamtabweichung:	$\Delta = K_i - K_{verr}$
Verbrauchsabweichung:	$\Delta V = K_i - K_{si}$
Beschäftigungsabweichung:	$\Delta B = K_{si} - K_{verr}$

Mit Hilfe der obigen formalen Definitionen von ΔV und ΔB kann leicht überprüft werden, dass $\Delta V + \Delta B = \Delta$. Die ◘ Abb. 4.2 veranschaulicht die Vorgehensweise.

Neben der Geraden der verrechneten Plankosten K_{verr} wird auch die Gerade der Sollkosten K_{si} in das Koordinatensystem eingetragen.

Hierzu wird ausgehend vom Punkt $(B_p; K_p)$ eine Gerade durch den Punkt $(0; K_{fp})$ auf der Ordinate gezogen. An der Stelle des tatsächlich eingetretenen Istbeschäftigungsgrades B_i können nun zwei

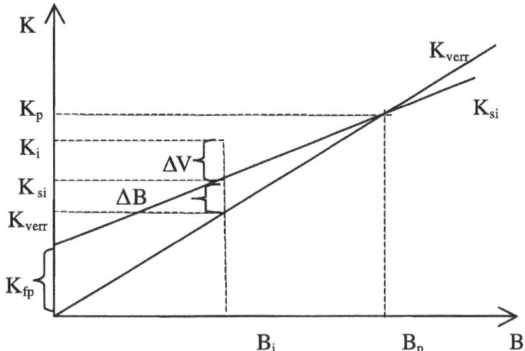

◘ **Abb. 4.2** Vorgehensweise der flexiblen Plankostenrechnung auf Vollkostenbasis

Abstände ermittelt werden. Der Abstand zwischen K_i und K_{si} stellt die Verbrauchsabweichung ΔV dar, der Abstand zwischen K_{si} und K_{verr} entspricht der Beschäftigungsabweichung ΔB.

Beispiel

Es wird das im Rahmen der starren Plankostenrechnung vorgestellte Beispiel fortgesetzt. Notwendig ist jedoch nun die Kenntnis der Aufspaltung der Kosten in fixe und variable Bestandteile:

	Planzahlen	Istzahlen
Stückzahl	7.200	6.600
Variable Kosten	25.200,–	23.200,–
Fixe Kosten	10.800,–	10.800,–

$$k_{vp} = \frac{K_{vp}}{B_p} = \frac{25.200,-\,€}{7.200} = 3{,}50\,€/\text{Stück}$$

$$k_p = \frac{K_p}{B_p} = \frac{36.000\,€}{7.200} = 5{,}-\,€/\text{Stück}$$

$K_{verr} = k_p \cdot B_i = 5,-\,€/\text{Stück} \cdot 6.600 = 33.000,-\,€$

$K_{si} = K_{fp} + k_{vp} \cdot B_i$
$\phantom{K_{si}} = 10.800,-\,€ + 3{,}50\,€/\text{Stück} \cdot 6.600$
$\phantom{K_{si}} = 33.900,-\,€$

$\Delta = K_i - K_{verr} = 34.000,-\,€ - 33.000,-\,€$
$ = 1.000,-\,€$

$\Delta V = K_i - K_{si} = 34.000,-\,€ - 33.900,-\,€$
$ = 100,-\,€$

$\Delta B = K_{si} - K_{verr} = 33.900,-\,€ - 33.000,-\,€$
$ = 900,-\,€$

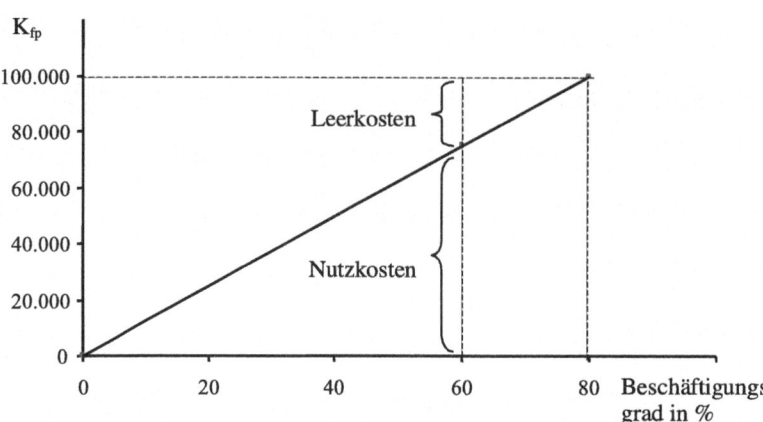

Abb. 4.3 Nutz- und Leerkosten

Die Abweichungsanalyse deckt eine positive Gesamtabweichung von 1.000,– € auf, die sich aus einer Verbrauchsabweichung von 100,– € und einer Beschäftigungsabweichung von 900,– € zusammensetzt.

Die flexible Plankostenrechnung auf Vollkostenbasis ermöglicht eine **differenzierte Aufspaltung der Gesamtabweichung in Teilabweichungen**. Mit Hilfe dieser Rechnung können Wirtschaftlichkeitskontrollen durchgeführt werden, da die Höhe der Verbrauchsabweichung ΔV ersichtlich wird. Der der starren Plankostenrechnung anhaftende Mangel der Fixkostenproportionalisierung wird vermieden, indem die fixen Kosten als von der Beschäftigung unabhängig betrachtet werden (was sie ihrer Definition entsprechend ja auch sind) und nur die variablen Kosten über den variablen Plankostenverrechnungssatz k_{vp} an die veränderte Beschäftigung angepasst werden.

Auf ein in der Praxis sehr häufig verwendetes Begriffspaar sei im Zusammenhang mit der flexiblen Plankostenrechnung auf Vollkostenbasis hingewiesen. Die Fixkosten einer Kostenstelle lassen sich in „Nutzkosten" und „Leerkosten" aufteilen. Nutzkosten geben den Anteil an den Fixkosten wieder, der dem Anteil zwischen Istbeschäftigung und Planbeschäftigung entspricht, also dem Teil der Fixkosten, der „genutzt" wird. Leerkosten entsprechen folglich dem verbleibenden Fixkostenanteil. Entspricht der Istbeschäftigungsgrad dem Planbeschäftigungsgrad, sind alle fixen Kosten **Nutzkosten**. Nimmt der Istbeschäftigungsgrad den Wert Null an, stellen die gesamten fixen Kosten **Leerkosten** dar.

Beispiel
Die fixen Kosten einer Fertigungsstelle betragen 100.000,– €. In der Planung wird von einem Planbeschäftigungsgrad von 80 % ausgegangen. Wird ein Istbeschäftigungsgrad von 60 % festgestellt, so belaufen sich die Nutzkosten auf 60 / 80 · 100.000,– = 75.000,– € und die Leerkosten auf 25.000,– €. Üblich ist die grafische Darstellung in der ◘ Abb. 4.3, aus der für jeden Beschäftigungsgrad die Aufteilung der Fixkosten in Nutzkosten und Leerkosten abgelesen werden kann. Eine derartige Aufteilung von Nutzkosten und Fixkosten wird im Rahmen einer flexiblen Plankostenrechnung sehr häufig direkt in den Fixkostenblock der betrachteten Funktion eingetragen.

4.3 Grenzplankostenrechnung (Plankostenrechnung auf Teilkostenbasis)

4.3.1 Die Durchführung der Abweichungsanalyse

Wenn die Verbrauchsabweichung im Rahmen einer Plankostenrechnung auf Vollkostenbasis ermittelt wird, stellen die Fixkosten den eigentlichen „Störfaktor" dar. Es liegt daher die Schlussfolgerung nahe, auf eine Rechnung zurückzugreifen, die die Fixkosten bei der Analyse von vornherein ausklammert. Dies ist bei einer Plankostenrechnung auf Teilkostenbasis, welche **ausschließlich variable Kosten betrachtet**, der Fall.

Verwendet wird für dieses Rechnungssystem vorwiegend der Begriff der „Grenzplankostenrechnung". Er resultiert aus der Überlegung, dass die Grenzkosten (= Kosten für die Produktion einer weiteren Erzeugniseinheit) bei linearem Verlauf – von dieser Annahme wird im Rahmen der Modellstruktur gemeinhin ausgegangen – den variablen Stückkosten entsprechen. Formal gilt also: $K' = k_v$.

Grenzplankosten sind damit die geplanten variablen Kosten einer zukünftigen Periode. Im Unterschied zur flexiblen Plankostenrechnung auf Vollkostenbasis kann bei der Abweichungsanalyse im Rahmen einer Grenzplankostenrechnung eine **Beschäftigungsabweichung nicht auftreten**, da fixe Kosten unbeachtet bleiben. Wird mit festen Verrechnungspreisen gerechnet, sodass eine Preisabweichung ebenfalls nicht vorkommen kann, und werden auch weitere Kosteneinflussfaktoren ausgeschlossen, so kann die Gesamtabweichung Δ vollständig auf eine Abweichung beim Verbrauch von Inputfaktoren ΔV zurückgeführt werden. Die beabsichtigte Wirtschaftlichkeitskontrolle ist demnach mit dem Instrument der Grenzplankostenrechnung möglich.

Da ausschließlich variable Kosten betrachtet werden, wird für die Analyse nur der bereits bekannte variable Plankostenverrechnungssatz k_{vp} benötigt, der sich aus dem Quotienten aus den variablen Plankosten K_{vp} und dem geplanten Beschäftigungsgrad B_p errechnet. Das Produkt aus dem variablen Plankostenverrechnungssatz und der Istbeschäftigung B_i ergibt im nächsten Schritt die variablen Sollkosten der Istbeschäftigung K_{vsi}. Die Verbrauchsabweichung ΔV errechnet sich schließlich aus der Differenz zwischen den tatsächlich eingetretenen variablen Istkosten K_{vi} und den variablen Sollkosten der Istbeschäftigung K_{vsi}.

Variabler
Plankostenverrechnungssatz: $k_{vp} = \dfrac{K_{vp}}{B_p}$

Variable Sollkosten
auf Basis der Istbeschäftigung: $K_{vsi} = k_{vp} \cdot B_i$

Verbrauchsabweichung: $\Delta V = K_{vi} - K_{vsi}$

Grafisch lässt sich ΔV wie in der ◘ Abb. 4.4 bestimmen.

In das Koordinatensystem wird zunächst das Wertepaar $(B_p; K_{vp})$ eingetragen. Von diesem Punkt ausgehend wird eine Gerade durch den Nullpunkt gezogen. Diese stellt für die jeweiligen Beschäftigungsgrade die variablen Sollkosten K_{vsi} dar. An der Stelle des tatsächlich eingetretenen Beschäftigungs-

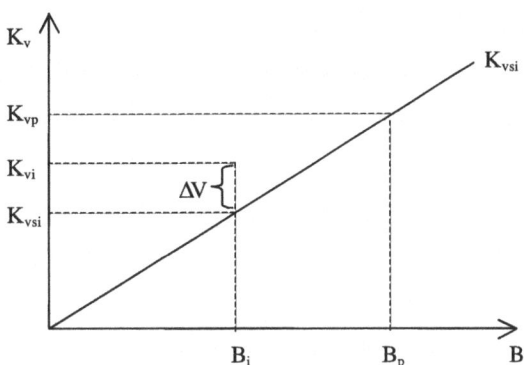

◘ **Abb. 4.4** Abweichungsanalyse im Rahmen einer Grenzplankostenrechnung

grades B_i wird der Abstand zwischen K_{vi} und K_{vsi} bestimmt. Er entspricht der Verbrauchsabweichung ΔV.

Beispiel
In einer Fertigungsstelle wird von einer Planbeschäftigung B_p von 1.500 Mengeneinheiten (ME) und geplanten variablen Kosten K_{vp} von 7.500,– € ausgegangen. Die Istbeschäftigung B_i wird mit 1.200 Mengeneinheiten festgestellt, die variablen Istkosten K_{vi} belaufen sich auf 6.800,– €.

$$k_{vp} = \dfrac{7.500,-}{1.500 \text{ ME}} = 5,- \text{€/ME}$$

$$K_{vsi} = 1.200 \text{ ME} \cdot 5,- \text{€/ME} = 6.000,- \text{€}$$

$$\Delta V = K_{vi} = K_{vsi} = 6.800,- \text{€} - 6.000,- \text{€} = 800,- \text{€}$$

4.3.2 Prämissen und Aufbau der Grenzplankostenrechnung

Die Grenzplankostenrechnung stellt das im deutschsprachigen Raum am weitesten verbreitete Plankostenrechnungssystem dar. Wesentlicher Grundgedanke dieses Systems ist die Überlegung, dass **für Entscheidungen** immer **nur Grenzkosten anzusetzen** sind, also die Kosten, die sich durch eine Entscheidung verändern. Das setzt die exakte Analyse der Entscheidungssituation und der durch die Entscheidung beeinflussbaren Kosten voraus.

Die Grenzplankostenrechnung stellt aufgrund ihrer Verbreitung und vielfältiger einschlägiger Literaturbeiträge ein ausgearbeitetes Kostenrechnungssystem dar, das sich gut dazu eignet, die generelle Vorgehensweise im Rahmen eines Plankostenrechnungssystems zu verdeutlichen. Im Folgenden sollen daher die Prämissen und der grundsätzliche Aufbau der Grenzplankostenrechnung vorgestellt werden.

- **Prämissen der Grenzplankostenrechnung**

Um konkrete Handlungsempfehlungen entwickeln zu können, sind im Rahmen der Grenzplankostenrechnung **spezifische Annahmen** notwendig. Es wird unter anderem davon ausgegangen, dass
- die Beschäftigung die einzige Kosteneinflussgröße darstellt und
- eine eindeutige Trennung aller Plankosten in fixe und variable Bestandteile möglich ist,
- wobei die variablen Kosten als linear variabel (proportional) angenommen werden.

Diese Prämissen sind zwar grundsätzlich als unrealistisch anzusehen, reduzieren aber die Komplexität der tatsächlichen Verhältnisse und ermöglichen dadurch die relativ leichte und schlüssige Durchführung der Rechnung.

Aufgrund der kurzfristigen Betrachtungsweise werden in der Grenzplankostenrechnung die **fixen Kosten** als konstant, damit als **nicht beeinflussbar** und **nicht relevant für die Entscheidung** angesehen. Während die variablen Kosten den Kostenstellen (in der Kostenstellenrechnung) und den Kostenträgern (in der Kostenträgerstückrechnung) zugerechnet werden, bleiben die fixen Kosten hierbei unberücksichtigt. Erst bei der Ermittlung des Periodenergebnisses kommen die fixen Kosten wieder ins Spiel. Nachdem zunächst der Deckungsbeitrag aus der Differenz von Leistungen und variablen Kosten errechnet worden ist, ergibt sich das Periodenergebnis, indem der Fixkostenblock vom Deckungsbeitrag abgezogen wird. Auch eine Aufspaltung des Fixkostenblockes in mehrere Fixkostenschichten entsprechend einer Fixkostendeckungsrechnung (mehrstufigen Deckungsbeitragsrechnung) ist möglich.

Der **strukturelle Aufbau einer Grenzplankostenrechnung** entspricht grundsätzlich dem der Teilkostenkostenrechnung auf Basis von Istkosten. Daher werden sich die folgenden Ausführungen lediglich auf die Besonderheiten der Grenzplan-

```
┌─────────────────────────────────────────────────┐
│          Planung der Einzelkosten               │
└─────────────────────────────────────────────────┘
                       ↓
┌─────────────────────────────────────────────────┐
│ Planung der variablen Gemeinkosten in den Kostenstellen │
│ • Einteilung der Kostenstellen                  │
│ • Festlegung der Bezugsgrößen                   │
│ • Planung der primären Kostenstellenkosten und  │
│   Durchführung der Sekundärkostenrechnung       │
│ • Bestimmung der Grenzkostensätze               │
└─────────────────────────────────────────────────┘
                       ↓
┌─────────────────────────────────────────────────┐
│         Kalkulation der Grenzselbstkosten       │
└─────────────────────────────────────────────────┘
```

◻ **Abb. 4.5** Ablaufschema der Grenzplankostenrechnung. (Quelle: in Anlehnung an: Ewert und Wagenhofer 2014, S. 642, 651)

kostenrechnung konzentrieren, wobei vom Ablaufschema in der ◻ Abb. 4.5 ausgegangen wird.

- **Planung der Einzelkosten**

Als direkt den Kostenträgern zurechenbare Kosten sind die Materialeinzelkosten, die Lohneinzelkosten sowie die Sondereinzelkosten der Fertigung und des Vertriebs zu planen.

Für die Bestimmung der zukünftigen **Materialeinzelkosten** eines Produktes müssen zunächst die Planpreise für die Rohstoffe und die Planverbrauchsmengen für diese Rohstoffe geschätzt werden. Für jeden Rohstoff ist sodann der prognostizierte Rohstoffpreis mit den geschätzten Verbrauchsmengen zu multiplizieren. Die für die Planungsperiode relevanten Planpreise können z. B. auf Erfahrungen von Einkäufern beruhen und/oder mit Hilfe statistischer Prognoseverfahren ermittelt werden. Für die Schätzung der Verbrauchsmengen können z. B. die Erfahrungen von Fertigungsmitarbeitern, fertigungstechnische Berechnungen, Probeläufe und/oder Musterfertigungen von Nutzen sein.

Die geplanten Lohneinzelkosten, die häufig auch einfach als Fertigungslöhne bezeichnet werden, umfassen die zukünftigen Arbeitskosten für unmittelbar produktbezogene Fertigungstätigkeiten. Für ihre Bestimmung sind die Planarbeitszeiten mit einem geplanten Lohnkostensatz zu bewerten. Streng genommen sind nur reine Akkordlöhne als Einzelkosten anzusehen. Dennoch ist es in der betrieblichen Praxis üblich, auch fertigungsbezogene Zeitlöhne als **Lohneinzelkosten** zu erfassen.

Schließlich sind, sofern von Relevanz, auch die zukünftigen **Sondereinzelkosten der Fertigung und des Vertriebs**, zu schätzen. Auch hier ist wieder zu beachten, dass unter dieser Kategorie neben „echten" Einzelkosten (*z. B. Stücklizenzen oder Kosten für Einzelverpackungen*) üblicherweise auch Kostenarten erfasst werden, die im eigentlichen Sinne keine auf die einzelne Produkteinheit bezogene Einzelkosten darstellen (*z. B. Kosten für Konstruktionszeichnungen und Spezialwerkzeuge, die für das gesamte Fertigungslos benötigt werden*).

- **Planung der variablen Gemeinkosten in den Kostenstellen**

Neben der stellenbezogenen **Kostenplanung und -kontrolle** dient die Kostenstellenrechnung vor allem der **Kostenvermittlung zwischen Kostenarten und Kostenträgern**. Durch die Ermittlung von Grenzkosten-Kalkulationssätzen werden hier die Voraussetzungen dafür geschaffen, dass auch variable Gemeinkosten den Kostenträgern zugeordnet werden können.

Um diese Kostenvermittlungsfunktion zu erfüllen, ist eine **zweckmäßige Kostenstelleneinteilung** notwendig. Damit eine genaue Kostenplanung gewährleistet ist, sollten nur Unternehmensbestandteile in einer Kostenstelle zusammengefasst werden, die sich hinsichtlich der Kostenverursachung nicht wesentlich unterscheiden. Außerdem sollten Kostenstellen möglichst selbstständigen Verantwortungsbereichen entsprechen, um bei Kostenabweichungen die Zuweisung von Verantwortlichkeiten zu ermöglichen.

Eine sehr bedeutende Rolle spielt bei der Grenzplankostenrechnung die **Auswahl der Bezugsgrößen**. Sie stellen die Maßgrößen der Kostenverursachung dar. Bezugsgrößen können zum einen Maßstab sein für die geplante Kostenhöhe in den Kostenstellen, zum anderen auch als Maßstab dienen für die Weiterverrechnung der geplanten variablen Gemeinkosten auf die Kostenträger. Sofern eine Bezugsgröße nur die erste Eigenschaft besitzt, spricht man von einer **Bezugsgröße mit einfacher Funktion**. Eine Bezugsgröße mit beiden Eigenschaften wird entsprechend als **Bezugsgröße mit doppelter Funktion** bezeichnet.

Beispiele
In einer Kostenstelle, die lediglich aus einer Maschine besteht, stellen die Maschinenstunden eine Bezugsgröße mit doppelter Funktion dar, da sie sowohl einen Maßstab für die Höhe der Kosten in der Kostenstelle bilden, als auch für die Weiterverrechnung der Maschinenkosten auf die Kostenträger verwendet werden können.

Hingegen stellt im Versuchslabor eines Industriebetriebes die Anzahl der Versuchsproben eine Bezugsgröße mit einfacher Funktion dar, weil sie zwar als Maßstab für die Höhe der Kosten in diesem Versuchslabor dienen kann, jedoch i. d. R. in keiner Beziehung zu den produzierten Produkten steht.

Bei der Auswahl der zu verwendenden Bezugsgröße(n) in einer Kostenstelle (**qualitative Bezugsgrößenplanung**) ist zu beachten, dass in dieser Stelle homogene oder heterogene Kostenverursachung vorliegen kann. **Homogene Kostenverursachung** ist gegeben, wenn sich das Kostenverhalten mit einer einzigen Bezugsgröße verursachungsgerecht erfassen lässt. Entsprechend spricht man von **heterogener Kostenverursachung**, wenn in einer Kostenstelle mehrere Kosteneinflussgrößen wirksam werden und somit mehrere Bezugsgrößen für die Kosten Verrechnung notwendig sind. Diese Notwendigkeit kann auf **verfahrensbedingte oder** auf **produktbedingte Heterogenität** zurückzuführen sein.

Beispiele
Homogene Kostenverursachung liegt in einer Fertigungsstelle vor, in der die Leistungserstellung ausschließlich durch eine Maschine erfolgt und sich die Kosten auf die Bezugsgröße „Maschinenstunden" zurückführen lassen.

Verfahrensbedingte Heterogenität besteht in einer Fertigungsstelle, in denen die Leistungserstellung durch zwei Maschinen mit unterschiedlicher Kostenverursachung erfolgt. Notwendig werden die beiden Bezugsgrößen „Maschinenstunden Maschine 1" und „Maschinenstunden Maschine 2".

Produktbedingte Heterogenität ist in einer Fertigungsstelle mit einer Maschine dann gegeben, wenn die Produktionskosten zweier verschiedener Produktgruppen zwar grundsätzlich durch die Maschinenstunden beeinflusst werden, jedoch die beiden Produktgruppen z. B. aufgrund verschiedener Materialeigenschaften unterschiedliche Abnutzungskosten an der Maschine verursachen. Zu verwenden wären in diesem Fall die Bezugsgrößen „Maschinenstunden Produktgruppe 1" und „Maschinenstunden Produktgruppe 2".

Nach der qualitativen ist die **quantitative Bezugsgrößenplanung** durchzuführen, d. h. für die ausgewählten Bezugsgrößen sind noch konkrete Planwerte festzulegen *(z. B. die genaue Höhe der geplanten Maschinenstunden)*.

Sobald die Bezugsgrößen ausgewählt und die quantitativen Ausprägungen für jede dieser Bezugsgrößen gefunden sind, können die **Kostenpläne für die Hauptkosten- und Hilfskostenstellen** aufgestellt werden. Zunächst sind die **primären variablen Gemeinkosten**, die durch vom Beschaffungsmarkt bezogene Güter und Dienstleistungen entstehen, für die einzelnen Kostenstellen zu planen. Sodann ist die **Sekundärkostenrechnung** durchzuführen, in der die variablen Gemeinkosten der Hilfskostenstellen auf die Hauptkostenstellen weiterverrechnet werden. Die Bestimmung der Grenzkostensätze für die von den Hilfskostenstellen zu erbringenden Leistungen erfolgt mit Hilfe der bereits bekannten Verfahren der innerbetrieblichen Leistungsverrechnung.

Am Ende der Kostenstellenrechnung werden die Grenzkosten-Kalkulationssätze ermittelt, die für die Kostenträgerstückrechnung benötigt werden. Bei homogener Kostenverursachung in einer Stelle wird die Summe aus den gesamten geplanten, variablen Primär- und Sekundärkosten durch die geplante Bezugsgröße geteilt. Bei heterogener Kostenverursachung – es werden also mehrere Bezugsgrößen in einer Kostenstelle verwendet – sind nur die jeweiligen bezugsgrößenspezifischen geplanten, variablen Primär- und Sekundärkosten für die Quotientenbildung heranzuziehen.

- **Kostenträgerstückrechnung**

Mit Hilfe der in der Kostenstellenrechnung ermittelten **Grenzkosten-Kalkulationssätze** können die **Grenzplanselbstkosten** eines Produktes kalkuliert werden. Es gilt das Kalkulationsschema in der ◘ Abb. 4.6.

Bei vorliegender heterogener Kostenverursachung sind bei der Bestimmung der entsprechenden Gemeinkostenpositionen mehrere Grenzkosten-Kalkulationssätze zu berücksichtigen.

Beispiel
In der Fertigungsstelle hängen die geplanten variablen Fertigungsgemeinkosten von den Fertigungs- als auch

```
  Planmaterialeinzelkosten
  variable Planmaterialgemeinkosten
  Planfertigungseinzelkosten
  variable Planfertigungsgemeinkosten
+ geplante Sondereinzelkosten der Fertigung
= Grenzplanherstellkosten
  variable Planverwaltungsgemeinkosten
  variable Planvertriebsgemeinkosten
+ geplante Sondereinzelkosten des Vertriebs
= Grenzplanselbstkosten
```

◘ **Abb. 4.6** Vorgehensweise bei der Kalkulation der Grenzplanselbstkosten

den Rüstprozessen ab (verfahrensbedingte Heterogenität). Die Grenzkosten-Kalkulationssätze betragen 50,– € pro Fertigungsstunde und 40,– € pro Rüststunde. Für ein Stück des zu kalkulierenden Produktes werden 5 Fertigungsstunden und 1,5 Rüststunden geplant. Damit ergeben sich die variablen Planfertigungsgemeinkosten des Produktes als 5 · 50,– € + 1,5 · 40,– € = 310,– €.

4.4 Zusammenfassung

Die Plankostenrechnung kann grundsätzlich auf Basis von Vollkosten und auf Basis von Teilkosten durchgeführt werden.

Die starre Plankostenrechnung auf Vollkostenbasis nimmt keinen Unterschied zwischen fixen und variablen Kosten vor. Die Kostenplanung wird auf Basis einer Planbeschäftigung durchgeführt. Eine Anpassung der Planung an die tatsächlich eingetretene Istbeschäftigung findet nicht statt. Die Frage, inwiefern die entstehende Gesamtabweichung auf eine Verbrauchsabweichung und eine Beschäftigungsabweichung zurückzuführen ist, lässt sich nicht beantworten (sofern sich Istbeschäftigung und Planbeschäftigung unterscheiden).

Bei der flexiblen Plankostenrechnung auf Vollkostenbasis wird zwischen fixen und variablen Kosten unterschieden. Die Kostenplanung erfolgt auf Basis einer Planbeschäftigung, jedoch wird die Planung an die tatsächlich eintretende Istbeschäftigung angepasst (Sollkosten der Istbeschäftigung). Die Gesamtabweichung kann auf diese Weise in eine Beschäftigungsabweichung und eine Verbrauchsabweichung aufgespalten werden.

Die fixen Kosten bleiben bei einer Abweichungsanalyse im Rahmen einer Plankostenrechnung auf Teilkostenbasis (= Grenzplankostenrechnung) außer Betracht. Die aus der Analyse resultierende Abweichung ist vollständig als Verbrauchsabweichung interpretierbar. Der strukturelle Aufbau der Grenzplankostenrechnung orientiert sich an der bekannten Einteilung in Kostenarten-, Kostenstellen- und Kostenträgerrechnung. In der Kostenstellen- und der Kostenträgerstückrechnung werden jedoch nur variable Plangemeinkosten verrechnet.

4.5 Wiederholungsfragen

1. Erläutern Sie das grundsätzliche Ziel einer Abweichungsanalyse! Lösung ▶ Abschn. 4.1
2. Warum ist die starre Plankostenrechnung auf Vollkostenbasis i. d. R. kein geeignetes Instrument der Kostenkontrolle? Lösung ▶ Abschn. 4.2.2.
3. Erläutern Sie die Ursache der Beschäftigungsabweichung! Lösung ▶ Abschn. 4.2.2.
4. Erläutern Sie, wie in der flexiblen Plankostenrechnung auf Vollkostenbasis das der starren Plankostenrechnung auf Vollkostenbasis anhaftende Problem der Fixkostenproportionalisierung vermieden wird! Lösung ▶ Abschn. 4.2.3.
5. Erläutern Sie die Begriffe „Nutzkosten" und „Leerkosten"! Lösung ▶ Abschn. 4.2.3.
6. Wie lauten die wesentlichen Prämissen der Grenzplankostenrechnung? Lösung ▶ Abschn. 4.3.2.
7. Erläutern Sie die Herkunft des Begriffes „Grenzplankostenrechnung"! Lösung ▶ Abschn. 4.3.1.
8. Verdeutlichen Sie anhand von Beispielen, wodurch sich Bezugsgrößen mit doppelter Funktion von denen mit einfacher Funktion unterscheiden! Lösung ▶ Abschn. 4.3.2.
9. Erläutern Sie den Unterschied zwischen verfahrensbedingter und produktbedingter Heterogenität! Lösung ▶ Abschn. 4.3.2.
10. Wie errechnen sich die geplanten Grenzselbstkosten eines Produktes im Rahmen einer Grenzplankostenrechnung? Lösung ▶ Abschn. 4.3.2.

4.6 Aufgaben

- **Aufgabe 1**

In einer Fertigungsstelle des Kabelproduzenten Lorant soll eine Kostenkontrolle durchgeführt werden. Die gesamten geplanten Kosten belaufen sich auf 4.000,– €, die geplante Beschäftigung ist mit 5.000 Fertigungsminuten gegeben. Führen Sie im Rahmen einer starren Plankostenrechnung auf Vollkostenbasis für folgende alternative Situationen Abweichungsanalysen durch:

a. Es sind Istkosten von 4.400,– € angefallen. Die Istbeschäftigung entspricht der Planbeschäftigung.
b. Es sind Istkosten von 3.600,– € angefallen. Die Istbeschäftigung beträgt 3.800 Fertigungsminuten.

Interpretieren Sie kurz Ihre Ergebnisse.

- **Aufgabe 2**

Der Konfitürenhersteller Schmecker produziert in einem Zweigwerk Brombeermarmelade. In nachstehender Tabelle sind die monatlichen Plan- und Istdaten des Zweigwerkes aufgeführt:

	Planzahlen	Istzahlen
Anzahl produzierter Gläser	8.000	6.000
Variable Kosten	40.000,–	24.000,–
Fixe Kosten	20.000,–	20.000,–

a. Bestimmen Sie im Rahmen einer flexiblen Plankostenrechnung auf Vollkostenbasis die Nutz- und die Leerkosten, die Gesamtabweichung, die Verbrauchsabweichung und die Beschäftigungsabweichung. Interpretieren Sie kurz das Ergebnis.
b. Führen Sie für den gegebenen Datensatz eine Abweichungsanalyse im Rahmen einer Grenzplankostenrechnung durch.

4.7 Lösungen

- **Aufgabe 1**

a. $k_p = \dfrac{K_p}{B_p} = \dfrac{4.000\,€}{5.000\,\text{min}} = 0{,}80\,€/\text{min}$

$K_{verr} = k_p \cdot B_i = 0{,}80\,€\,\text{min} \cdot 5.000\,\text{min}$
$= 4.000{,}-\,€ = K_p$

$\Delta = K_i - K_{verr} = 4.400{,}- - 4.000{,}- = 400{,}-\,€$

Da die Istbeschäftigung der Planbeschäftigung entspricht, eine Beschäftigungsabweichung folglich nicht entstanden sein kann, lässt sich die Gesamtkostenabweichung Δ in Höhe von 400,- € vollständig durch einen gegenüber der Planung erhöhten Verbrauch erklären.

b. $k_p = \dfrac{K_p}{B_p} = \dfrac{4.000\,€}{5.000\,\text{min}} = 0{,}80\,€/\text{min}$

$K_{verr} = k_p \cdot B_i = 0{,}80\,€/\text{min} \cdot 3.800\,\text{min}$
$= 3.040{,}-\,€$

$\Delta = K_i - K_{verr} = 3.600{,}-\,€ - 3.040{,}-\,€ = 560{,}-\,€$

Die Gesamtkostenabweichung Δ in Höhe von 560,- € (Kostenerhöhung gegenüber der Planung) setzt sich aus einer Verbrauchsabweichung ΔV und/oder einer Beschäftigungsabweichung ΔB zusammen. Wie hoch diese beiden Teilabweichungen jeweils sind, lässt sich im Rahmen einer starren Plankostenrechnung auf Vollkostenbasis jedoch nicht klären.

- **Aufgabe 2**

a. Ermittlung der Nutz- und der Leerkosten:

$\dfrac{B_i}{B_p} = \dfrac{6.000}{8.000} = 0{,}75$

Nutzkosten: $0{,}75 \cdot 20.000{,}- = 15.000{,}-\,€$
Leerkosten: $0{,}25 \cdot 20.000{,}- = 5.000{,}-\,€$

$k_p = \dfrac{K_p}{B_p} = \dfrac{60.000{,}-}{8.000} = 7{,}50\,€/\text{Stück}$

$k_{vp} = \dfrac{K_{vp}}{B_p} = \dfrac{40.000{,}-}{8.000} = 5{,}-\,€/\text{Stück}$

$K_{verr} = k_p \cdot B_i = 7{,}50\,€/\text{Stück} \cdot 6.000 = 45.000{,}-\,€$
$K_{si} = K_{fp} + k_{vp} \cdot B_i = 20.000{,}-\,€ + 5{,}-\,€/\text{Stück}$
$\cdot\,6.000 = 50.000{,}-\,€$
$\Delta = K_i - K_{verr} = 44.000{,}- - 45.000{,}-$
$= -1.000{,}-\,€$

$\Delta V = K_i - K_{si} = 44.000{,}- - 50.000{,}-$
$= -6.000{,}-\,€$
$\Delta B = K_{si} - K_{verr} = 50.000{,}- - 45.000{,}-$
$= 5.000{,}-\,€$

Es ergibt sich eine negative Gesamtabweichung von −1.000,- €, welche sich aus einer negativen Verbrauchsabweichung von −6.000,- € und einer positiven Beschäftigungsabweichung von 5.000,- € (entspricht den Leerkosten) zusammensetzt. Beim Verbrauch erfolgt also gegenüber der Planung eine Kosteneinsparung, die jedoch durch die Beschäftigungsabweichung fast vollständig kompensiert wird.

b. $k_{vp} = \dfrac{40.000{,}-}{8.000} = 5{,}-\,€/\text{Stück}$

$K_{vsi} = k_{vp} \cdot B_i = 5{,}-\,€/\text{Stück} \cdot 6.000$
Stück $= 30.000{,}-\,€$
$\Delta V = K_{vi} - K_{vsi} = 24.000{,}-\,€ - 30.000{,}-\,€$
$= -6.000{,}-\,€$

Es ergibt sich wie bei der flexiblen Plankostenrechnung auf Vollkostenbasis beim Verbrauch gegenüber der Planung eine Kostenersparnis von 6.000,- €.

Strategische Erweiterungen der Kostenrechnung

Christian Ernst, Gerald Schenk, Peter Schuster

5.1	Strategische Anforderungen an die Kostenrechnung	– 98
5.2	**Prozesskostenrechnung**	**– 99**
5.2.1	Intention der Prozesskostenrechnung	– 99
5.2.2	Ermittlung der Prozesse	– 99
5.2.3	Zuordnung der Kosten	– 99
5.2.4	Ermittlung von Kostentreibern	– 100
5.2.5	Ermittlung der Prozesskostensätze	– 100
5.2.6	Zusammenfassung zu Hauptprozessen	– 101
5.2.7	Strategische Kalkulation	– 102
5.2.8	Gemeinkostenmanagement	– 103
5.2.9	Würdigung	– 104
5.3	**Zielkostenmanagement (Target Costing)**	**– 104**
5.3.1	Intention des Zielkostenmanagements	– 104
5.3.2	Bestimmung der Zielkosten	– 105
5.3.3	Erreichen der Zielkosten	– 105
5.3.4	Würdigung	– 109
5.4	**Lebenszykluskostenrechnung**	**– 110**
5.4.1	Zur Begründung einer periodenübergreifenden Rechnung	– 110
5.4.2	Kosten und Erlöse im Produktlebenszyklus	– 110
5.4.3	Zur Ausgestaltung einer Lebenszykluskostenrechnung	– 111
5.4.4	Kostenmanagement mit Hilfe der Lebenszykluskostenrechnung	– 112
5.4.5	Würdigung	– 113
5.5	**Zusammenfassung**	**– 113**
5.6	**Wiederholungsfragen**	**– 113**
5.7	**Aufgaben**	**– 114**
5.8	**Lösungen**	**– 116**

© Springer-Verlag GmbH Deutschland 2017
C. Ernst, G. Schenk, P. Schuster, *Kostenrechnung klipp & klar*, Wiwi klipp & klar,
https://doi.org/10.1007/978-3-662-53508-0_5

Lernziele dieses Kapitels
- Erkennen der strategischen Anforderungen an die Kostenrechnung
- Kenntnis der Prämissen, der Vorgehensweise und der Anwendungsmöglichkeiten der Prozesskostenrechnung
- Verstehen der Intention und der Vorgehensweise des Zielkostenmanagements
- Verstehen des Konzeptes der Lebenszykluskostenrechnung

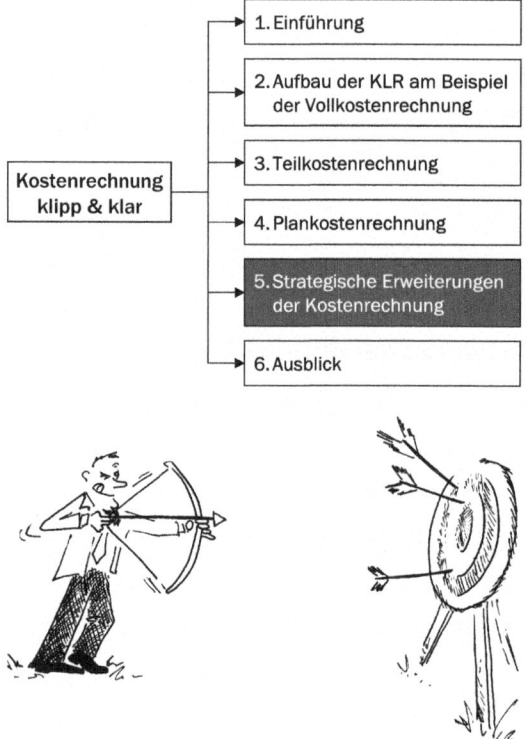

Kostenrechnung klipp & klar
1. Einführung
2. Aufbau der KLR am Beispiel der Vollkostenrechnung
3. Teilkostenrechnung
4. Plankostenrechnung
5. Strategische Erweiterungen der Kostenrechnung
6. Ausblick

5.1 Strategische Anforderungen an die Kostenrechnung

Die bisher dargestellte traditionelle Kostenrechnung wurde im Wesentlichen in den 1960er-Jahren entwickelt und damit durch ein unternehmerisches Umfeld geprägt, welches durch relativ stabile Absatzmärkte gekennzeichnet war. Die Wettbewerbsintensität war in Zeiten des lang anhaltenden wirtschaftlichen Aufschwungs nach dem Zweiten Weltkrieg noch nicht so hoch. Das, was produziert wurde, konnte (überspitzt formuliert) auch abgesetzt werden. Aus kostenrechnerischer Sicht lag daher der Schwerpunkt auf der Fundierung kurzfristiger Anpassungsmaßnahmen im Fertigungsbereich und der Kostenkontrolle in den Kostenstellen.

In den letzten Jahrzehnten hat sich das unternehmerische Umfeld erheblich gewandelt. Insbesondere aufgrund der Globalisierung hat die **Wettbewerbsintensität** stark zugenommen, was **ständige strategische Anpassungsmaßnahmen der Unternehmen erforderlich** macht, um am Markt erfolgreich bestehen zu können. Dies hat dazu geführt, dass Produktlebenszyklen wesentlich kürzer geworden sind. Aufgrund der Notwendigkeit, ständig marktgerechte Produkte zu entwickeln, ist außerdem der Anteil der vorgelagerten Kosten gestiegen. Dasselbe gilt für nachgelagerte Kosten, da im zunehmenden Wettbewerb Service- und Kundendienstleistungen an Bedeutung gewonnen haben.

Neue Fertigungstechnologien haben dazu geführt, dass sich die Kostenstruktur in den Unternehmen geändert hat. Der zunehmende Ersatz von menschlicher Arbeitskraft durch maschinendominierte Fertigungssysteme hat einen **höheren Anteil an fixen Kosten und** damit auch **an Gemeinkosten** zur Folge. Die steigende Bedeutung von unterstützenden Aktivitäten wie z. B. Logistik, Planung oder Steuerung resultiert ebenfalls in einem höheren Anteil an Gemeinkosten. Diese werden jedoch im Rahmen der traditionellen Kostenrechnung nicht differenziert betrachtet. Da die traditionelle Kostenrechnung vorwiegend Gemeinkosten auf Basis von Einzelkosten zurechnet, wird ein weiteres Problem offenkundig: In Zeiten, in denen Einzelkosten einen Großteil der Kosten ausgemacht haben, mag diese Vorgehensweise durchaus nachvollziehbar sein, nicht jedoch, wenn aufgrund der zwischenzeitlichen Anteilsverschiebung von Einzelkosten hin zu Gemeinkosten die Zuschlagssätze immer größer und damit die Kalkulationen ungenauer werden.

Im Folgenden werden mit der Prozesskostenrechnung, dem Target Costing und der Lebenszykluskostenrechnung Ansätze besprochen, die den geschilderten, veränderten strategischen Anforderungen gerecht werden wollen.

5.2 Prozesskostenrechnung

5.2.1 Intention der Prozesskostenrechnung

Die Prozesskostenrechnung geht auf Überlegungen in den USA zurück und ist dort unter der Bezeichnung Activity-based Costing, auch Cost Driver Accounting, Activity Accounting, bekannt. Ausgangspunkt der Entwicklung dieses Rechnungssystems ist die **Kritik an der Behandlung der Gemeinkosten in der traditionellen Kostenrechnung**. Die Kritik konzentriert sich auf die indirekten Leistungsbereiche eines Unternehmens (z. B. *Logistik, Planung, Verwaltung, Vertrieb, Service etc.*), da die dort entstehenden Kosten in der stark produktionsorientierten, traditionellen Kostenrechnung zumeist nicht näher analysiert und außerdem nur sehr grob über Gemeinkostenzuschlagssätze auf Produkte zugerechnet werden.

Grundlage der Prozesskostenrechnung sind ein **verändertes Verständnis dieser indirekten Leistungsbereiche** und eine **geänderte Einstellung gegenüber den Gemeinkosten**, die für Wert erhöhende Aktivitäten notwendig sind. Insofern erhebt die Prozesskostenrechnung den Anspruch, die in den indirekten Leistungsbereichen anfallenden Gemeinkosten differenziert zu analysieren und zuzurechnen. Auf diese Weise soll zum Einen die Planung und die Wirtschaftlichkeitskontrolle der indirekten Leistungsbereiche (im Sinne eines „Gemeinkostenmanagements") verbessert, zum Anderen natürlich auch die Genauigkeit der Produktkalkulation erhöht werden.

Im Rahmen der Prozesskostenrechnung wird **das betriebliche Geschehen als ein System von Prozessen** gesehen. Diese Prozesse bilden die Basis für die Verrechnung der Kosten. Im Einzelnen lassen sich bei der Durchführung einer Prozesskostenrechnung die in der ◘ Abb. 5.1 dargestellten Schritte unterscheiden.

Die **Prozesskostenrechnung** wird **im Allgemeinen als Vollkostenrechnung** durchgeführt. Da somit Fixkosten auf Prozesse und über die Kalkulation auch auf Produkte zugerechnet werden, ist die Prozesskostenrechnung in dieser Form nicht für kurzfristige Entscheidungszwecke geeignet. Sie dient vorwiegend der **Fundierung langfristiger**

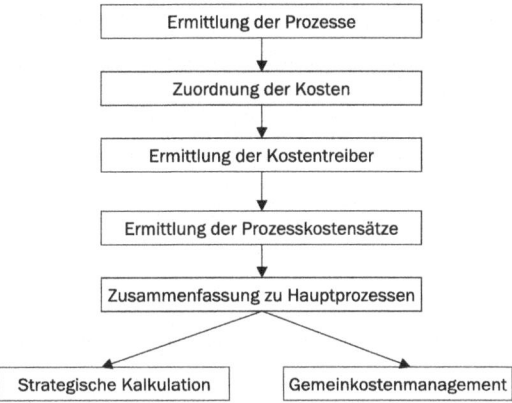

◘ **Abb. 5.1** Schritte bei der Durchführung einer Prozesskostenrechnung. (Quelle: vgl. Ewert und Wagenhofer 2014, S. 675)

Entscheidungen und wird demzufolge zumeist als strategisches Kostenrechnungssystem angesehen.

Im Folgenden werden entsprechend der obigen Abbildung die einzelnen Schritte bei der Durchführung einer Prozesskostenrechnung erläutert.

5.2.2 Ermittlung der Prozesse

Ausgehend von der bestehenden Kostenstellenstruktur des Unternehmens ist für jede einzelne Kostenstelle eine Tätigkeitsanalyse durchzuführen und eine kleinere Zahl typischer Prozesse zu ermitteln. Die **Tätigkeitsanalyse** kann auf bestehenden Unterlagen, eigenen Beobachtungen und Interviews mit Kostenstellenverantwortlichen beruhen. Die **Prozesse** können in **repetitive** (oft wiederholte und schematisch ablaufende) und **nicht repetitive** (innovative, dispositive und kreative) Prozesse eingeteilt werden. Beispiele für repetitive Prozesse sind *Rechnungserstellungen, Wareneingangskontrollen, Laboranalysen*. Nicht repetitive Prozesse sind z. B. *Werbung, Forschung oder Führung*. Sie sind für die systematische Weiterverrechnung von Kosten wenig geeignet, weil sie hinsichtlich des Kostenanfalls zu unterschiedlich sind.

5.2.3 Zuordnung der Kosten

Im nächsten Schritt sind die Kosten einer Kostenstelle den in der Tätigkeitsanalyse ermittelten Prozessen zuzuordnen. Eine **direkte Zurechnung** auf die einzelnen Prozesse ist bei vielen Kostenarten einer Kostenstelle nicht möglich (z. B. Abschreibungen *für einen gemeinsam genutzten Kopierer*). Deshalb wird die **Kostenzurechnung** i. d. R. **über Schlüssel** vorgenommen. Ein Beispiel wäre die Zurechnung über die Zeitbeanspruchung der Mitarbeiter.

Beispiel

In der Einkaufsabteilung werden durch die Tätigkeitsanalyse die Prozesse „Bestellungen aufgeben", „Rechnungen überprüfen", „Reklamationen bearbeiten" und „Abteilung leiten" ermittelt. Die Gesamtkosten der Abteilung betragen in der betrachteten Periode 38.000,– €. Eine Verteilung dieses Betrages auf die Prozesse gemäß der gemessenen Zeitbeanspruchung der Mitarbeiter ist in folgender Tabelle dargestellt:

Prozesse	Zeitbeanspruchung (in Stunden)	Kosten
Bestellungen aufgeben	440	22.000,–
Rechnungen überprüfen	160	8.000,–
Reklamationen bearbeiten	40	2.000,–
Abteilung leiten	120	6.000,–

5.2.4 Ermittlung von Kostentreibern

Für die Prozesse werden im nächsten Schritt sogenannte Kostentreiber gesucht, die **Kosteneinflussfaktoren** darstellen und als Äquivalent der Bezugsgrößen in der traditionellen Kostenstellenrechnung angesehen werden können. Der Prozesskostenrechnung sollten ganz überwiegend **mengenorientierte Kostentreiber** (z. B. *Anzahl der Buchungen, Anzahl der Lagerbewegungen, Anzahl der Stichproben*) zugrunde gelegt werden. Wertorientierte Bezugsgrößen (z. B. *Materialeinzelkosten, Fertigungseinzelkosten, Herstellkosten*) sind möglichst zu vermeiden. Außerdem besteht der Anspruch, dass auch **Kostentreiber**, die **strategische Bedeutung** haben (z. B. *Produktkomplexität,* *Variantenvielfalt*), in der Prozesskostenrechnung berücksichtigt werden.

Die Prozesse werden in sogenannte lmi-Prozesse **(leistungsmengeninduzierte Prozesse)**, die vom Leistungsvolumen der Kostenstelle abhängig sind, und lmn-Prozesse **(leistungsmengenneutrale Prozesse)**, die von diesem unabhängig sind, unterteilt. Nur für die lmi-Prozesse können Kostentreiber bestimmt werden. Für die lmn-Prozesse kann es aufgrund ihrer Unabhängigkeit vom Leistungsvolumen der Kostenstelle definitionsgemäß keinen Kostentreiber geben.

Beispiel

In obigem Beispiel stellen die Prozesse „Bestellungen aufgeben", „Rechnungen überprüfen" und „Reklamationen bearbeiten" lmi-Prozesse dar. Die entsprechenden Kostentreiber lauten „Anzahl der Bestellungen", „Anzahl der Rechnungen" und „Anzahl der Reklamationen". Für den lmn-Prozess „Abteilung leiten" gibt es keinen Kostentreiber.

5.2.5 Ermittlung der Prozesskostensätze

Der Prozesskostensatz bringt zum Ausdruck, was das einmalige Durchführen eines Prozesses an Kosten verursacht. Bestimmt wird er durch Division der Kosten des Prozesses durch die Prozessmenge:

$$\text{Prozesskostensatz} = \frac{\text{Prozesskosten}}{\text{Prozessmenge}}.$$

Für die Berechnung der Prozesskostensätze sind zunächst die entsprechenden Prozessmengen zu bestimmen, also die Häufigkeiten für jede der ausgewählten Aktivitäten. Meist entsprechen die Prozessmengen den Kostentreibern, bisweilen muss der Kostentreiber durch eine rechenbare Größe zum Ausdruck gebracht werden (z. B. *der Kostentreiber „Produktkomplexität" durch die Prozessmenge „Anzahl der Einzelteile des Produktes"*). Aufgrund der Unabhängigkeit der lmn-Prozesse vom Leistungsvolumen einer Kostenstelle, kann es für diese definitionsgemäß keine Prozesskostensätze geben. Es stellt sich die Frage, wie mit den **lmn-Kosten** rechentechnisch umzugehen ist:

- Eine gemessen an der Definition der lmn-Kosten konsequente Vorgehensweise bestünde darin, die lmn-Kosten gar nicht auf Prozesse weiter zu verrechnen, sondern sie kostenstellenübergreifend zu sammeln und erst im Rahmen der Periodenerfolgsrechnung en bloc zu berücksichtigen (ähnlich dem Vorgehen einer Teilkostenrechnung).
- In der Praxis ist es jedoch weit überwiegend üblich, die lmn-Kosten auch auf die lmi-Prozesse zu verrechnen. Dies erfolgt durch eine proportionale Umlage der lmn-Kosten auf die lmi-Kosten.

Beispiel
Fortgeführt wird das Beispiel der Einkaufsabteilung mit den oben ermittelten Kosten der einzelnen Prozesse. Gegeben seien außerdem die entsprechenden Prozessmengen. Daraus lassen sich die lmi-Prozesskostensätze und nach proportionaler Umlage der lmn-Kosten auf die lmi-Kosten die Gesamtprozesskostensätze für die einzelnen Prozesse bestimmen (◘ Tab. 5.1).
Der Anteil der lmn-Kosten an den lmi-Kosten der Stelle beträgt

$$\frac{6.000}{22.000 + 8.000 + 2.000} = 0,1875$$

Folglich werden die Kosten der lmi-Prozesse durch die Zurechnung der lmn-Kosten jeweils um 18,75 % erhöht.

5.2.6 Zusammenfassung zu Hauptprozessen

Die in den Kostenstellen identifizierten Prozesse (= Teilprozesse) werden schließlich zu Hauptprozessen zusammengefasst. Hauptprozesse bezeichnen **zusammenhängende, kostenstellenübergreifende Arbeitsabläufe**. Zu einem Hauptprozess aggregiert werden können alle Teilprozesse, die denselben Kostentreiber besitzen oder deren Kostentreiber in einem festen Verhältnis zueinander stehen. Die Hauptprozesskostensätze werden unter Berücksichtigung dieses Verhältnisses additiv aus den entsprechenden Teilprozesskostensätzen ermittelt.

Beispiel
Der Prozess „Bestellungen aufgeben" aus der Kostenstelle „Einkauf" bildet zusammen mit dem Prozess „Lieferscheinprüfung" aus der Kostenstelle „Warenannahme" und dem Prozess „Materialprüfung" aus der Kostenstelle „Qualitätsprüfung" den Hauptprozess „Materialbeschaffung". Kostentreiber für diesen Hauptprozess soll die Anzahl der Lieferscheine sein. Für die entsprechenden Kostentreiber der Teilprozesse gilt: Die Anzahl der Bestellungen entspricht der Anzahl der Lieferscheine. Nur jede zehnte Lieferung wird einer Materialprüfung unterzogen. Der Prozesskostensatz für „Bestellungen aufgeben" wird aus obigem Beispiel mit 5,225 übernommen, die Prozesskostensätze für „Lieferscheinprüfung" und „Materialprüfung" seien mit 1,230 bzw. 3,500 gegeben.
Damit ergibt sich der Hauptprozesskostensatz „Materialbeschaffung" als $5,225 + 1,230 + 0,1 \cdot 3,500 = 6,805$.

◘ **Tab. 5.1** Ermittlung der Prozesskostensätze

Prozesse	Kosten	Prozessmenge	lmi-Prozesskostensatz	Kosten nach Umlage der lmn-Kosten	Gesamtprozesskostensatz (lmi + lmn)
Bestellungen aufgeben	22.000,–	5.000	4,40	26.125,–	5,225
Rechnungen überprüfen	8.000,–	6.400	1,25	9.500,–	1,484
Reklamationen bearbeiten	2.000,–	250	8,–	2.375,–	9,500
Abteilung leiten	6.000,–				

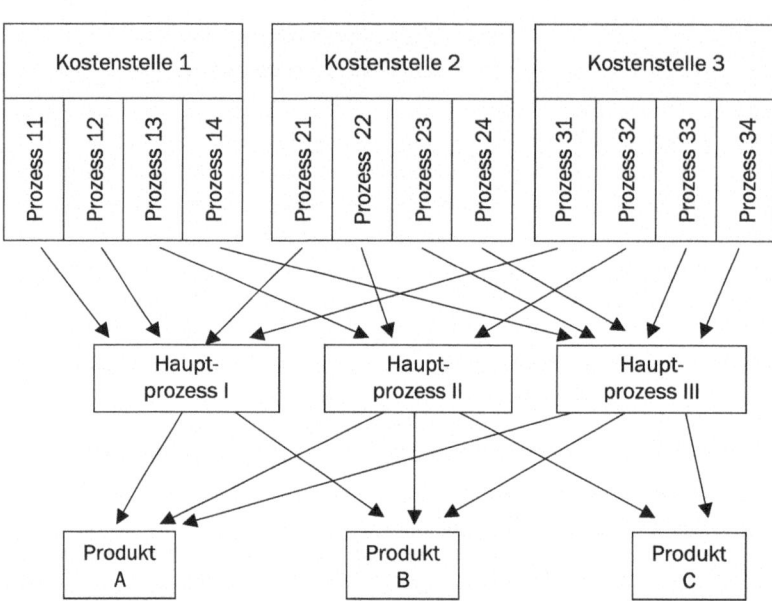

Abb. 5.2 Bildung von Hauptprozessen

Die Zusammenfassung von Teilprozessen zu abteilungsübergreifenden Hauptprozessen wird in der Abb. 5.2 verdeutlicht. Ersichtlich wird anhand dieser Abbildung außerdem bereits, dass die Inanspruchnahme der Hauptprozesse durch die Produkte die Basis einer prozessorientierten Produktkalkulation bildet.

5.2.7 Strategische Kalkulation

Durch die differenzierte Zuordnung von Gemeinkosten auf Prozesse wird die Voraussetzung für eine **prozessorientierte Produktkalkulation** geschaffen. Da die Prozesskosten Fixkosten enthalten, die dann über die Kalkulation auch den Produkten zugerechnet werden, sollte diese Kalkulation nur für langfristige Zwecke genutzt werden. Daher wird sie im Allgemeinen auch als strategische Kalkulation bezeichnet.

Für die prozessorientierte Ermittlung der Selbstkosten ist die Kenntnis der Inanspruchnahme der Hauptprozesse durch die Produkte erforderlich. Zu ermitteln ist also, in welchem Umfang welches Produkt welchen Hauptprozess in Anspruch nimmt.

Beispiel
Es sei in Fortführung des bisherigen Beispiels angenommen, dass im Unternehmen die beiden Produkte A und B hergestellt werden. Anhand des Kostentreibers „Anzahl der Lieferscheine" wird ersichtlich, dass der Hauptprozess „Materialbeschaffung" für das Produkt A 3.000-mal und für das Produkt B 2.000-mal durchgeführt wird. Dem Produkt A werden also 3.000 · 6,805 = 20.415,– € und dem Produkt B 2.000 · 6,805 = 13.610,– € an Kosten zugerechnet.

Interessant ist die Frage, inwiefern sich die Ergebnisse einer prozessorientierten Kalkulation von denen einer traditionellen Zuschlagskalkulation unterscheiden. In der Literatur werden mit dem Allokationseffekt und dem Komplexitätseffekt zwei wesentliche Auswirkungen beschrieben, die mit dem **Übergang von einer traditionellen Zuschlagskalkulation zu einer prozessorientierten Kalkulation** verbunden sind.

- **Allokationseffekt**

Durch den Allokationseffekt wird die unterschiedliche Gemeinkostenverteilung durch die beiden Kalkulationsverfahren beschrieben, die sich daraus ergibt, dass **statt wertmäßiger Bezugsgrößen mengenmäßige Bezugsgrößen** verwendet werden. Da im Rahmen der Zuschlagskalkulation eine Schlüsselung auf Basis von wertmäßigen Bezugsgrößen (Einzel- bzw. Herstellkosten) stattfindet, erhält ein bereits „teures" Produkt (bezogen auf die Einzel- bzw. Herstellkosten) entsprechend mehr Gemeinkosten zugerechnet und wird dadurch noch „teurer". Die Zuordnung der Gemeinkosten im Rahmen einer prozessorientierten Kalkulation hingegen erfolgt nach Inanspruchnahme der Ressourcen und nicht durch Anwendung von wertbezogenen Zuschlagssätzen.

Beispiel
Die Rusticus GmbH stellt von den Dachziegeltypen „Schwarzwald" und „Allgäu" jeweils 100.000 Stück her. Die Materialeinzelkosten für den Typ „Schwarzwald" betragen 1.000.000,- € und für den Typ „Allgäu" 100.000,- €. Materialgemeinkosten fallen 550.000,- € an. Für die Zuschlagskalkulation ergibt sich ein Materialgemeinkostenzuschlagssatz von 50 %. Die Materialgemeinkosten für den Typ „Schwarzwald" errechnen sich damit als $1.000.000 + 0,5 \cdot 1.000.000,- = 1.500.000,-$ € und für den Typ „Allgäu" als $100.000,- + 0,5 \cdot 100.000,- = 150.000,-$ €.
Es sei angenommen, dass sich die beiden Produkttypen hinsichtlich der Anzahl der für die Materialbeschaffung und Lagerung durchgeführten Transaktionen nicht unterscheiden. Eine prozessorientierte Kalkulation würde damit die Materialgemeinkosten beiden Produkten zu gleichen Teilen zurechnen. Die Materialkosten für Typ „Schwarzwald" betrügen dann $1.000.000,- + 275.000,- = 1.275.000,-$ € und für Typ „Allgäu" $100.000,- + 275.000,- = 375.000,-$ €.

- **Komplexitätseffekt**

Der Komplexitätseffekt beschreibt die Auswirkungen in der Kalkulation, die dadurch entstehen, dass in der Prozesskostenrechnung im Unterschied zur traditionellen Kostenrechnung der **strategische Kostentreiber „Komplexität" explizit berücksichtigt** wird. In der prozessorientierten Kalkulation wird den Produkten mit hoher Komplexität ein höherer Anteil der Gemeinkosten (Produkten mit niedriger Komplexität entsprechend ein geringerer Anteil) zugerechnet als in der Zuschlagskalkulation.

Beispiel
Im Fertigungsbereich des Nähmaschinenherstellers Ratter fallen Gemeinkosten für die Arbeitsvorbereitung, logistische Transaktionen und Zwischenlagerung in Höhe von 4.200,- € an. Es wird die gleiche Anzahl der Maschinentypen „Easy" und „Expert" hergestellt. Für eine „Easy"-Maschine fallen 60 und für eine „Expert"-Maschine 80 Fertigungsminuten an. Erfolgt die Verteilung der Gemeinkosten entsprechend einer traditionellen Kostenrechnung auf Basis der Fertigungsminuten, werden mit Hilfe des ermittelten Fertigungsminutensatzes von 30,- € dem Produkt „Easy" $60 \cdot 30,- = 1.800,-$ € und dem Produkt „Expert" $80 \cdot 30,- = 2.400,-$ € an Gemeinkosten zugerechnet.
Es sei angenommen, dass das Produkt „Easy" aus 15 Einzelteilen besteht und das Produkt „Expert" aus 35. Eine prozessorientierte Kalkulation würde auf Basis des Kostentreibers „Komplexität" dem Produkt „Easy" $15 \cdot 84,- = 1.260,-$ € und dem Produkt „Expert" $35 \cdot 84,- = 2.940,-$ € an Gemeinkosten zurechnen (Prozesskostensatz $= \dfrac{4.200,-}{50}$).

5.2.8 Gemeinkostenmanagement

Aufgrund ihrer differenzierten Durchdringung der Gemeinkosten wird die Prozesskostenrechnung als geeignete **Basis für Wirtschaftlichkeitsbetrachtungen** (insbesondere in den indirekten Leistungsbereichen) angesehen. Zum einen sollen die mit ihr verbundenen Prozessanalysen helfen, Kostentreiber zu identifizieren, um Ansatzpunkte für Kostensenkungsprogramme aufzuzeigen. Zum anderen können monetäre Aussagen zum Erfolgspotenzial von Rationalisierungsmaßnahmen gemacht werden, da ja betroffene Prozesse und Hauptprozesse im Rahmen der Prozesskostenrechnung mit Kosten bewertet werden. Insofern stellt die Prozesskostenrechnung ein wesentliches Informationsinstrument für die Prozessoptimierung dar.

Das Ziel von Rationalisierungsmaßnahmen muss in diesem Zusammenhang vor allem in der **Vermeidung nicht werterhöhender Prozesse** liegen. Damit sind Prozesse gemeint, die keine Erhöhung des Kundennutzens bewirken und insbesondere durch Zeitverlust, Verschwendung oder schlechte Abstimmung entstehen. Daraus resultierende (eigentlich vermeidbare) Aktivitäten können z. B. *zusätzliche Lagerungs- und Transportaktivitäten, Qualitätskontrollen und Nacharbeiten* sein.

Im Rahmen des Gemeinkostenmanagements soll durch eine Verringerung der Prozessmengen eine Senkung der Gemeinkosten erreicht werden. Dies erfordert die Durchführung entsprechender Maßnahmen, wie z. B. die *Modifikation von Arbeitsgängen, organisatorische Umgestaltungen* oder die *Änderung von Zuständigkeiten*. Auch die Schnittstellen zu den Lieferanten und Kunden sollten daraufhin überprüft werden, ob sich durch zielgerichtete Maßnahmen **Prozessmengen reduzieren** lassen.

Beispiel

In der betrachteten Einkaufsabteilung könnte unter Umständen die Prozessmenge des Prozesses „Reklamationen bearbeiten" verringert werden, wenn sich die Abstimmung der Einkaufsabteilung mit den betreffenden Lieferanten bereits bei der Bestellung der Zulieferteile verbessern ließe. Die Anzahl der Bestellungen könnte beispielsweise dadurch reduziert werden, dass sich die Einkäufer an Mindestbestellmengen zu halten haben.

Zu beachten ist bei den hier geschilderten Maßnahmen des Gemeinkostenmanagements, dass **in den Prozesskosten** i. d. R. **Fixkosten enthalten** sind. Eine Verringerung von Prozessmengen führt demzufolge nur dann zu einer proportionalen Kürzung der Prozesskosten, wenn es gelingt, neben den (prozess-)variablen Kosten auch die Fixkosten abzubauen.

Beispiel

Ein Rückgang der Bestellungen in der Einkaufsabteilung um 20 % führt nicht „automatisch" zu einem 20%igen Rückgang der Kosten, da die Gehälter der betreffenden Einkaufsmitarbeiter (zumindest innerhalb der Kündigungsfrist) weiterhin anfallen.

5.2.9 Würdigung

Die Entwicklung der Prozesskostenrechnung hat zweifellos die Aufmerksamkeit auf die Gemeinkosten gelenkt und auch in der Unternehmenspraxis eine **Neuorientierung der Kostenrechnung** angestoßen. Mit dem System der Prozesskostenrechnung glauben Praxisvertreter ein Instrument in die Hand zu bekommen, das die verursachungsgerechte Zurechnung von Gemeinkosten ermöglicht. Zu dieser positiven Einschätzung hat auch beigetragen, dass die Prozesskostenrechnung aufgrund ihres systematischen Ablaufs ein überschaubares und leicht verständliches Kostenrechnungssystem darstellt. Vielfach wird in der Praxis auch der Vollkostencharakter der Prozesskostenrechnung als Vorteil angesehen, weil alle Kosten Prozessen und Produkten zugerechnet werden und damit kein (hinsichtlich der Zuweisung von Kostenverantwortung problematischer) Fixkostenblock übrig bleibt.

Bei aller positiven Wertschätzung der Prozesskostenrechnung durch die Praxis dürfen die **kritischen Aspekte dieses Rechnungssystems** nicht außer Acht bleiben:

In der Prozesskostenrechnung sind an mehreren Stellen Kostenschlüsselungen und damit Proportionalitätsannahmen notwendig. Insbesondere die Zuordnung von Kosten auf Prozesse und von Prozesskosten auf Produkte erfordert subjektive Vorabfestlegungen hinsichtlich der Kostenverursachung.

Der von der Praxis positiv geschätzte Vollkostencharakter ist aus theoretischer Sicht problematisch, da in den Prozesskosten fixe Kosten enthalten sind, die i. d. R. kurzfristig nicht abbaubar sind. Deshalb sollte die Prozesskostenrechnung nur zur Unterstützung langfristiger Entscheidungen verwendet werden.

Insgesamt sollte der innovative Charakter der Prozesskostenrechnung nicht überschätzt werden. Zwar werden in der Kostenrechnung neue und anschauliche Begriffe verwendet, doch finden sich die dahinter stehenden Grundgedanken bereits in anderen Rechnungssystemen. So wird z. B. die Verwendung mengenmäßiger Bezugsgrößen (Kostentreiber) bereits in der Grenzplankostenrechnung propagiert.

5.3 Zielkostenmanagement (Target Costing)

5.3.1 Intention des Zielkostenmanagements

Das ursprünglich aus Japan stammende Target Costing stellt ein **Instrument des Kostenmanagements** dar, welches bei der Planung und der Einführung neuer Produkte angewendet wird.

In einer grundsätzlichen Definition umfasst Kostenmanagement alle Maßnahmen, die der Analyse und zielgerichteten Beeinflussung von Kosten dienen, um damit die Wirtschaftlichkeit der betrieblichen Leistungserstellung zu erhöhen. Damit geht Kostenmanagement über den Begriff der Kostenrechnung hinaus, der im eigentlichen Sinne lediglich die Erfassung (bzw. Planung) der Kosten und deren Zurechnung auf Kalkulationsobjekte beinhaltet.

Kostenmanagement ist bereits **in einem sehr frühen Stadium des Produktlebenszyklus** notwendig, weil hier bereits ein Großteil der zeitlich später in der Produktions- und Vertriebsphase anfallenden Kosten festgelegt wird. Dies gilt nicht nur für die eigentlichen Fertigungskosten, sondern auch für die Kosten der indirekten Bereiche, die im Wesentlichen Gemeinkosten darstellen. Ein klug gestaltetes **Produktdesign** trägt auch dazu bei, Kosten insbesondere in den Bereichen Beschaffung, Logistik, Lagerhaltung, Arbeitsvorbereitung, etc. zu vermeiden. Der Begriff des Produktdesigns soll dabei weit gefasst sein und *z. B. Aspekte wie Form, Gewicht, verwendete Materialien, Kompatibilität und Bedienungsfreundlichkeit* beinhalten.

Ein wesentliches Merkmal des Target Costing besteht in seiner **konsequenten Marktorientierung**. Diese Marktorientierung gilt sowohl hinsichtlich der Eigenschaften des neu zu entwickelnden Produkts, die den Kunden den gewünschten Nutzen bieten sollen, als auch hinsichtlich der mit diesem Produkt verbundenen Kosten. Aus kostenrechnerischer Sicht steht nicht die Frage „was wird das neue Produkt kosten" im Fokus der Überlegungen, sondern die Frage „was darf das Produkt kosten". Der Begriff **„Zielkosten"** bringt demnach zum Ausdruck, was das betrachtete neue Produkt ausgehend vom Absatzmarkt kosten darf, wenn es erfolgreich eingeführt werden soll.

5.3.2 Bestimmung der Zielkosten

Formal errechnen sich die Zielkosten retrograd („rückwärts") aus der Differenz zwischen dem aus Marktsicht höchstmöglichen Absatzpreis und einer angestrebten Gewinnmarge, die als Zielgewinn bezeichnet wird:

Zielkosten

= erzielbarer Absatzpreis − angestrebter Zielgewinn

Während diese formale Darstellung zur Berechnung der Zielkosten sicher einfach nachzuvollziehen ist, sind mit der praktischen Ermittlung der beiden benötigten Variablen „Absatzpreis" und „Zielgewinn" einige Schwierigkeiten verbunden. Am Anfang des Prozesses steht meist eine Marktforschungsmaßnahme, welche einen **„wettbewerbsfähigen Marktpreis"** bestimmen soll. Für Produkte, die bereits in ähnlicher Form auf dem Markt existieren, kann die Marktforschung sicher wertvolle Hinweise liefern. Noch nicht hinreichend beantwortet ist allerdings die Frage, mit welcher Zuverlässigkeit der zukünftige Marktpreis bei äußerst innovativen Produkten ermittelt werden kann, für die ein Vorbildprodukt nicht existiert. Weiterhin ist zu berücksichtigen, dass es über den gesamten Lebenszyklus eines Produktes selten einen konstanten Absatzpreis gibt, sodass für die Zwecke des Target Costing auf die Annahme eines durchschnittlichen Absatzpreises zurückgegriffen werden muss.

Die Festlegung des **Zielgewinns** orientiert sich meist an einer vom Unternehmen angestrebten Umsatzrendite (Gewinn bezogen auf den erzielten Umsatz) oder Gesamtkapitalrendite (Gewinn bezogen auf das gesamte eingesetzte Kapital). Generelle Empfehlungen zur Höhe dieser Renditen kann es naturgemäß nicht geben, sodass deren Festlegung subjektiv ist und demzufolge einige Spielräume offen lässt. Als Orientierungskriterien zur Bestimmung der Renditehöhen werden in der Literatur z. B. die sonst übliche Zielerreichung des Unternehmens, mögliche Alternativanlagen sowie die Wettbewerbssituation genannt. Sobald die Zielkosten gemäß der obigen Formel festgelegt sind, geht es darum, diese zu erreichen.

5.3.3 Erreichen der Zielkosten

Den festgelegten Zielkosten werden die sogenannten **Standardkosten** gegenübergestellt. Unter Standardkosten versteht man diejenigen Kosten, die sich bei gegebenen Standort-, Technologie- und Verfahrensbedingungen für das erste Rohdesign des neuen Produktes ergeben würden. Abgeleitet werden können die Standardkosten z. B. aus Versuchsprodukten oder ähnlichen existierenden Produkten. Bei der Kalkulation der Standardkosten sind nicht nur die fertigungsbezogenen Kosten zu berücksichtigen, sondern auch die Kosten der indirekten Bereiche. Insofern kann zur Ermittlung der dort zu erwartenden Kosten beispielsweise die Prozesskostenrechnung verwendet werden.

Die Standardkosten liegen i. d. R. über den Zielkosten. In Höhe der Differenz zwischen Zielkosten und Standardkosten besteht ein **Kostenreduktionsbedarf**, wenn das Produkt erfolgreich am Markt eingeführt werden soll. Den Produktentwicklern fällt nun die unter Umständen anspruchsvolle Aufgabe zu, sich Maßnahmen zur Kostenreduktion zu überlegen, damit die Zielkostenvorgabe erreicht wird. Nur wenn die Standardkosten so weit gesenkt werden können, dass sie nicht größer sind als die Zielkosten, ist bei strenger Anwendung des Target-Costing-Konzeptes die Produkteinführung sinnvoll. In der Praxis haben sich freilich auch Varianten des Target Costing entwickelt, die zulassen, dass eine noch bestehende Lücke zwischen den Zielkosten und Standardkosten erst durch weitere Kostensenkungsmaßnahmen nach Markteinführung geschlossen wird.

- **Generelle Maßnahmen der Kostenreduktion**

Den an der Produkteinführung Beteiligten – dies können neben den Entwicklungsingenieuren auch kaufmännische Mitarbeiter insbesondere aus den Bereichen Controlling und Marketing sein – stehen zunächst einmal generelle Möglichkeiten der Kostensenkung offen. Diese Kostensenkungsmaßnahmen sind nicht spezifisch in Bezug auf das Konzept des Zielkostenmanagements zu sehen, sondern kommen letztlich immer in Betracht, wenn Kosteneinsparungen im Unternehmen erforderlich sind. Genannt werden können z. B. nachstehende Maßnahmen (vgl. Ewert, Wagenhofer, 2014, S. 274):

- Verwendung kostengünstigerer Materialien
- Veränderung der Form, der Größe und/oder des Gewichts des Produkts, um auf diese Weise z. B. Transport- und Lagerkosten einzusparen
- Kostengünstigere Gestaltung und Anordnung der Fertigungsprozesse
- Entscheidungen über Eigenfertigung oder Fremdbezug von Zulieferteilen
- Verwendung von kostengünstigen Gleichteilen anstelle von teuren Spezialteilen

Im Rahmen des Target Costing wurde über diese generellen Maßnahmen hinaus eine eigenständige und neuartige Idee zur zielgerichteten Reduktion der Kosten entwickelt. Sie wird im folgenden Abschnitt dargestellt.

- **Kostenaufspaltung auf Produktkomponenten**

Die Vorgehensweise des Target Costing beruht auf der Überzeugung, dass die für ein Produkt festgelegten Zielkosten i. d. R. noch zu pauschal sind, um als konkrete Vorgabe für die Produktentwickler zu dienen. Daher werden die **Zielkosten auf die einzelnen Komponenten des neuen Produktes herunter gebrochen**. Aufgrund der konsequenten Marktorientierung des Target Costing gilt die Situation als erstrebenswert, in der der Zielkostenanteil der einzelnen Komponente dem Grad seiner Wichtigkeit für den Kunden entspricht.

Neben dem **Kostenanteil** einer Produktkomponente (in Prozent) ist folglich auch deren **Nutzenanteil** (in Prozent) für den Kunden zu ermitteln. Die Marktforschung hat die Aufgabe, mit Hilfe einer sogenannten Conjoint-Analyse die Wertschätzung zu bestimmen, die die Kunden den einzelnen Komponenten entgegenbringen. Die Conjoint-Analyse stellt ein Marktforschungsinstrument dar, mit dessen Hilfe Rangziffern zur Kundenbedeutung einzelner Produktkomponenten abgefragt werden können. Aus diesen Rangziffern wiederum lassen sich die Nutzenwerte (und damit auch die Nutzenanteile) der einzelnen Produktkomponenten ableiten.

Fallen die Werte für den auf Basis der Standardkosten ermittelten Kostenanteil (KA) und den Nutzenanteil (NA) einer Produktkomponente auseinander, so ist aus Sicht der Produktentwickler Handlungsbedarf hinsichtlich dieser Produktkomponente gegeben. Im Einzelnen gilt:

NA = KA
→ Kein Handlungsbedarf gegeben

NA < KA
→ Kosteneinsparungsbedarf bei Komponente

NA > KA
→ Komponente aufwändiger gestalten

5.3 · Zielkostenmanagement (Target Costing)

Häufig wird auch der sogenannte Zielkostenindex (ZI) aus dem Quotienten aus Kostenanteil KA und Nutzenanteil NA errechnet:

$$\text{Zielkostenindex ZI} = \frac{\text{Kostenanteil KA}}{\text{Nutzenanteil NA}}.$$

Bei Verwendung dieser Entscheidungsgröße besteht folglich kein Handlungsbedarf für die Produktentwickler, wenn ZI = 1. Liegt ZI > 1 vor, so sind die Kosten für die betrachtete Produktkomponente zu reduzieren. Die Empfehlung zur aufwändigeren Gestaltung der Produktkomponente erfolgt bei ZI < 1.

Beispiel
Bei einem neu auf dem Markt einzuführenden Mountainbike stellt sich heraus, dass der Sattel aus Kundensicht nur einen Nutzenanteil von 6 % besitzt, der Kostenanteil bezogen auf die Standardkosten aber 12 % beträgt. In diesem Fall (ZI = 2) sollte folglich nach Möglichkeiten gesucht werden, bei der Produktkomponente „Sattel" Kosten einzusparen.
Für die Gangschaltung des Mountainbikes ergibt sich ein Nutzenanteil von 25 % und ein Kostenanteil von 15 %. Da sich ZI als 0,6 errechnet, sollten gemäß obiger Entscheidungsregel aus Kundensicht mehr Ressourcen in die Gestaltung (Technik, Benutzerfreundlichkeit, Stabilität usw.) der Gangschaltung gesteckt werden.

Dass bei NA > KA die Handlungsempfehlung gegeben wird, die betreffende Produktkomponente aufwändiger zu gestalten, mag zunächst kontraproduktiv erscheinen, erklärt sich aber aus dem hervorgehobenen Ziel des Target Costing, an der Entwicklung marktgerechter Produkte mit entsprechenden Funktionen mitzuwirken. Wenn Kunden einer bestimmten Produktkomponente eine hohe Bedeutung zumessen, sollte diese kundenseitige Wertschätzung gemäß der Idee des Target Costing folglich ihren Niederschlag auch in einer aufwändigeren Gestaltung dieser Komponente finden.

Bei der Erläuterung der Vorgehensweise wurde bisher vernachlässigt, dass i. d. R. nicht die einzelnen Komponenten eines Produktes von den Kunden als unmittelbar „Nutzen stiftend" wahrgenommen werden, sondern die mit dem gesamten Produkt verbundenen Funktionen. So kann z. B. der Benutzer eines Tourenrades einen hohen Fahrkomfort empfinden, ohne dass er diesen konkret auf die einzelnen Komponenten des Fahrrades (z. B. Speichen, Reifen, Tretlager, Federung usw.) zurückführen kann. Da es also im Allgemeinen nicht möglich ist, den Kundennutzen direkt anhand der einzelnen Produktkomponenten zu bestimmen, sind bei der **Ermittlung der benötigten Nutzenanteile** folgende Schritte notwendig:

- Zunächst wird durch die Marktforschung die Wertschätzung der Kunden gegenüber den mit dem Produkt verbundenen Funktionen erhoben (ausgedrückt in Nutzenanteilen).
- Sodann haben die am Produktentwicklungsprozess beteiligten Experten zu klären, welche Produktkomponente in welchem Maße (in Prozent) für die jeweilige Funktionserfüllung verantwortlich ist.
- Schließlich können durch Multiplikation der im zweiten Schritt erarbeiteten Prozentzahlen mit den jeweiligen funktionsbezogenen Nutzenanteilen und nachfolgender Addition die komponentenbezogenen Nutzenanteile errechnet werden.

Beispiel
Die Befragung von potenziellen Kunden eines Tourenrades hinsichtlich der Wichtigkeit seiner Funktionen hat folgende Ergebnisse (dargestellt in Nutzenanteilen) gebracht: 50 % Fahrkomfort, 30 % Stabilität, 20 % Sicherheit. Das Entwicklungsteam ermittelt daraufhin, in welchem Maße einzelne Komponenten des Tourenrades an der Erfüllung dieser Funktionen beteiligt sind. Die entsprechenden Prozentzahlen sind nachstehender Tabelle zu entnehmen:

	Fahrkomfort in %	Stabilität in %	Sicherheit in %
Rahmen	40	60	30
Räder	30	30	25
Gangschaltung	25	5	5
Bremsanlage	5	5	40
Summe	100	100	100

Damit ergeben sich die Nutzenanteile der Produktkomponenten wie folgt:
Rahmen: $0{,}4 \cdot 0{,}5 + 0{,}6 \cdot 0{,}3 + 0{,}3 \cdot 0{,}2 = 0{,}44$
Räder: $0{,}3 \cdot 0{,}5 + 0{,}3 \cdot 0{,}3 + 0{,}25 \cdot 0{,}2 = 0{,}29$
Gangschaltung: $0{,}25 \cdot 0{,}5 + 0{,}05 \cdot 0{,}3 + 0{,}05 \cdot 0{,}2 = 0{,}15$
Bremsanlage: $0{,}05 \cdot 0{,}5 + 0{,}05 \cdot 0{,}3 + 0{,}4 \cdot 0{,}2 = 0{,}12$

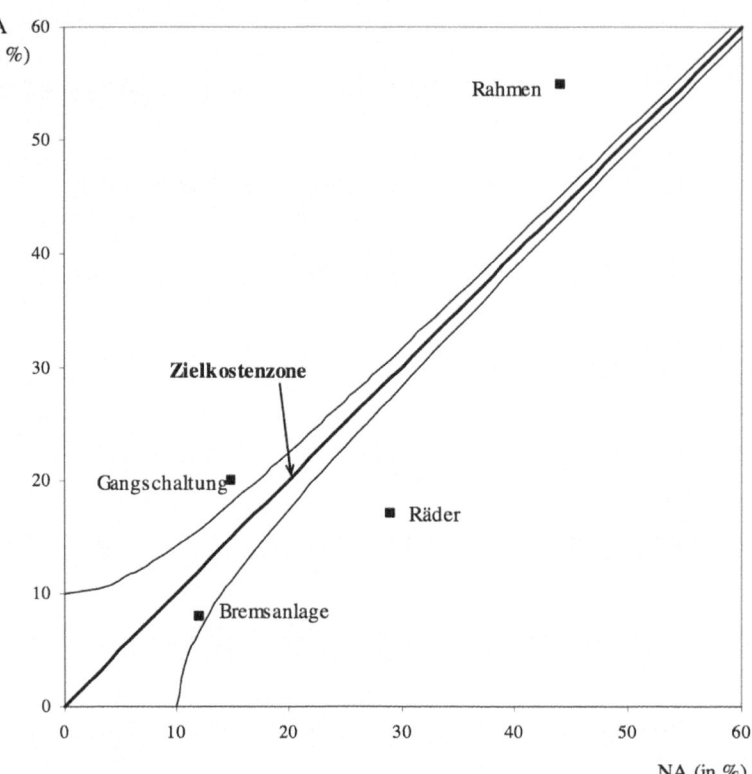

◘ Abb. 5.3 Zielkostenkontrolldiagramm

- **Zielkostenkontrolldiagramm**

Mit dem sogenannten Zielkostenkontrolldiagramm hat sich ein anschauliches Instrument etabliert, mit dem der **Vergleich der komponentenbezogenen Kosten- und Nutzenanteile** vorgenommen werden kann. In ein solches Zielkostenkontrolldiagramm (◘ Abb. 5.3) sind die Daten des obigen Tourenrad-Beispiels eingetragen (Nutzenanteile wie oben ermittelt; die Kostenanteile werden für den Rahmen mit 55 %, für die Räder mit 17 %, für die Gangschaltung mit 20 % und für die Bremsanlage mit 8 % angenommen).

Die Abszisse des Koordinatensystems gibt den Nutzenanteil einer Produktkomponente wieder, die Ordinate den entsprechenden Kostenanteil. Die Winkelhalbierende des Koordinatennetzes stellt alle Punktkombinationen dar, für die der Kosten- und der Nutzenanteil gleich groß sind (ZI = 1). Liegt die Produktkomponente oberhalb (unterhalb) der Winkelhalbierenden, ist deren Kostenanteil größer (kleiner) als der entsprechende Nutzenanteil, also ZI > 1 (ZI < 1).

Allerdings ist zu beachten, dass i. d. R. Toleranzgrenzen um die Winkelhalbierende gesetzt werden. In der dadurch entstehenden Toleranzzone, der sogenannten **Zielkostenzone**, liegen die Produktkomponenten, bei denen die Abweichung von Kosten- und Nutzenanteil toleriert werden kann. Nur wenn sich Produktkomponenten außerhalb der Zielkostenzone befinden, sind folglich die entsprechenden Maßnahmen der Entwickler in die eine oder die andere Richtung erforderlich. Liegt die Produktkomponente oberhalb der Toleranzzone, sind die Kosten für diese Komponente zu senken. Eine Produktkomponente unterhalb der Toleranzzone weist dagegen darauf hin, dass diese Komponente aus Kundensicht aufzuwerten ist.

Die Grenzen der Zielkostenzone werden üblicherweise durch folgende Funktionen beschrieben:

Untergrenze: $y_1 = \sqrt{x^2 - q^2}$

Obergrenze: $y_2 = \sqrt{x^2 + q^2}$

Durch Variation der Variablen q kann die Größe der Zielkostenzone verändert werden. Die Verwendung dieser Funktionen als Toleranzgrenzen führt dazu, dass die Zielkostenzone zum Ursprung hin breiter wird und damit bei weniger bedeutenden Produktkomponenten eine größere Abweichung akzeptiert wird. Ob eine Produktkomponente innerhalb oder außerhalb der Zielkostenzone liegt, kann nicht nur grafisch, sondern auch rechnerisch ermittelt werden.

Beispiel
Die Erläuterung erfolgt in Fortführung des obigen Tourenrad-Beispiels anhand der Produktkomponente „Gangschaltung" (Nutzenanteil 15 %, Kostenanteil 20 %). q sei mit 10 angegeben.
Die beiden Grenzen der Zielkostenzone ermitteln sich bei einem Nutzenanteil von 15 % wie folgt:

Untergrenze: $y_1 = \sqrt{15^2 - 10^2} = 11{,}18$

Obergrenze: $y_2 = \sqrt{15^2 + 10^2} = 18{,}03$

Da der Kostenanteil mit 20 % größer ist als die Obergrenze von 18,03 % und damit die Komponente „Gangschaltung" außerhalb der Zielkostenzone liegt, sind die Entwickler angehalten, sich Kostensenkungsmaßnahmen für die Gangschaltung zu überlegen.

5.3.4 Würdigung

Die konsequente Marktorientierung des Zielkostenmanagements ist sowohl hinsichtlich der Produkteigenschaften als auch hinsichtlich des erzielbaren Verkaufspreises zunächst einmal grundsätzlich positiv zu beurteilen. Nicht vernachlässigt werden dürfen allerdings die praktischen Probleme, die sich bei der Ermittlung der Zielkosten aus den Größen „Absatzpreis" und „Zielgewinn" und bei der Bestimmung der Standardkosten ergeben. In der Literatur werden darüber hinaus Kritikpunkte vorgebracht, die die Kostenaufspaltung und das Zielkostenkontrolldiagramm betreffen:

- Es wird die grundsätzliche Frage diskutiert, ob es überhaupt erstrebenswert ist, dass der Nutzen- und der Kostenanteil einer Produktkomponente gleich groß sind. So wird vorgebracht, dass der Kunde preisliche Überlegungen nicht notwendigerweise an Einzelteilen eines Produktes festmacht, sondern anhand des gesamten Nutzenbündels, das ihm ein Produkt bietet. Für den Kunden sei es also letztlich unerheblich, was die einzelne Produktkomponente für einen Kostenanteil besitzt, wenn der Gesamtpreis des Produktes aus seiner Sicht stimmt.
- Die Handlungsempfehlung, dass bei ZI < 1 (unter Berücksichtigung der Toleranzzone) eine Komponente aufwändiger gestaltet werden sollte, wird vor allem bei den Entwicklern als kontraproduktiv angesehen, da sie doch sonst im Rahmen des Target Costing eigentlich das Ziel verfolgen sollen, die Standardkosten bis zur Zielkostenvorgabe zu senken.
- Auch zur Form und Größe der Zielkostenzone finden sich Kritikpunkte. So wird bezweifelt, warum für weniger bedeutende Teile eines Produktes der Toleranzbereich größer sein sollte, da unter Umständen gerade bei diesen Teilen großes Einsparpotential vorhanden sein könnte. Bei der Festlegung der Toleranzgrenzen, die wesentlich darüber bestimmen, ob Handlungsempfehlungen gegeben werden oder nicht, wird der große subjektive Spielraum kritisiert.

Die hier aufgeführten Kritikpunkte lassen den Schluss zu, dass das Zielkostenmanagement wohl kein exaktes Kostenrechnungsverfahren sein kann (und auch nicht unbedingt sein muss). Sein Ziel ist es vielmehr, als strategisches Planungsinstrument aus Kostensicht grundsätzliche Richtgrößen für die Produktentwicklung vorzugeben. Es ist ein anschauliches **Hilfsmittel**, das die **systematische Kommunikation** zwischen den an der Produkteinführung beteiligten Abteilungen (z. B. Forschung und Entwicklung, Controlling, Marketing) fördern kann. Außerdem bietet es Ansatzpunkte, um gezielt die Motivation der Konstrukteure bei der Entwicklung marktgerechter Produkte zu beeinflussen.

5.4 Lebenszykluskostenrechnung

5.4.1 Zur Begründung einer periodenübergreifenden Rechnung

Die Lebenszykluskostenrechnung (engl. Life Cycle Costing) greift zurück auf das aus der strategischen Planung bekannte Konzept des Produktlebenszyklus. **Lebenszykluskosten** bezeichnen den bewerteten Ressourcenverbrauch während aller Lebensphasen eines Produktes, beginnend bei dessen Planung und Entwicklung, über die Herstellung und Nutzung bis hin zu seiner Entsorgung. In der Lebenszykluskostenrechnung werden diese Lebenszykluskosten entsprechend ihres zeitlichen Anfalls erfasst (bzw. geplant) und dem entsprechenden Produkt auch zugerechnet. Im Gegensatz zur traditionellen Kostenrechnung ist die Lebenszykluskostenrechnung folglich eine **mehrperiodige Rechnung**, die die produktbezogenen Kosten periodenübergreifend berücksichtigt.

Mit Hilfe dieser periodenübergreifenden Sichtweise können **dynamische Kosten- und Erlösverläufe** erfasst sowie mögliche kosten- und preistheoretische Zusammenhänge im Zeitablauf erkannt werden. Diese gewonnenen Informationen wiederum tragen dazu bei, dass die Auswirkungen von strategischen Entscheidungen zu einem bestimmten Produkt besser abgeschätzt werden können. Zu nennen sind beispielsweise Fragestellungen zur Produktentwicklung, zur Terminierung der Produkteinführung oder auch des Rückzuges vom Markt sowie Überlegungen zur langfristigen Preispolitik.

Die **Notwendigkeit der „ganzheitlichen" kostenrechnerischen Betrachtung eines Produktes** lässt sich insbesondere auch dadurch begründen, dass die Produktlebenszyklen immer kürzer werden und damit einen entscheidenden Wettbewerbsfaktor darstellen. Außerdem steigt der Anteil der sogenannten Vorlaufkosten (z. B. Kosten im Rahmen der Produktentwicklung) und auch der Nachlaufkosten (z. B. Entsorgungskosten bei elektronischen Geräten) stetig an. Eine direkte Zurechnung dieser immer wichtiger werdenden Kosten auf die sie verursachenden Produkte findet jedoch in der traditionellen, periodenbezogenen Kostenrechnung nicht statt.

5.4.2 Kosten und Erlöse im Produktlebenszyklus

Der Produktlebenszyklus beschreibt die typischen Entwicklungsphasen, die ein Produkt durchläuft. Für Zwecke der Lebenszykluskostenrechnung bietet sich die Unterteilung des Produktlebenszyklus in die drei Teilzyklen Produktionszyklus, Marktzyklus und Konsumentenzyklus an. Der schematische Ablauf der einzelnen Phasen dieser Teilzyklen kann der ◘ Abb. 5.4 entnommen werden.

Produktionszyklus, Marktzyklus und Konsumentenzyklus liefern unterschiedliche Betrachtungsweisen der Lebensphasen eines Produktes. Aus diesem Grund kann es vorkommen, dass sich bestimmte Phasen dieser drei Teilzyklen im Zeitablauf überlappen.

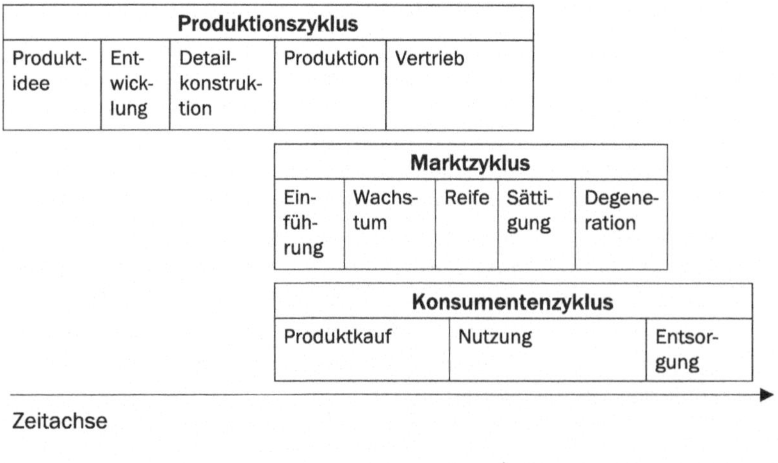

Produktionszyklus				
Produktidee	Entwicklung	Detailkonstruktion	Produktion	Vertrieb

Marktzyklus				
Einführung	Wachstum	Reife	Sättigung	Degeneration

Konsumentenzyklus		
Produktkauf	Nutzung	Entsorgung

Zeitachse

◘ Abb. 5.4 Produktions-, Markt- und Konsumentenzyklus

- Der **Marktzyklus** kennzeichnet die typische zeitliche Abfolge der Phasen beim Absatz eines bestimmten Produktes. In der Literatur wird häufig unter dem Lebenszyklus eines Produktes ausschließlich der Marktzyklus verstanden.
- Der **Produktionszyklus** spiegelt die Sichtweise des Unternehmens wider. Betrachtet werden hier alle Phasen von der Entwicklung eines Produktes bis hin zu seiner Vermarktung. Zu beachten ist, dass die ersten drei Phasen des Produktionszyklus, Produktidee, Entwicklung und Detailkonstruktion zeitlich aufeinander folgen. Für die Phasen Produktion und Vertrieb gilt diese zeitliche Abfolge jedoch nur noch für jedes einzelne Stück des Produktes. Sobald das Produkt auf dem Absatzmarkt verfügbar ist, wird die Produktions- und Vertriebsphase vom Marktzyklus überlappt.
- Durch den **Konsumentenzyklus** werden die Lebensphasen des Produktes aus Sicht des Konsumenten beschrieben. Der Kunde kauft zunächst das Produkt und nutzt es dann solange, bis er es schließlich entsorgt oder verkauft. Während der Nutzungsphase fragt der Kunde unter Umständen weitere Leistungen des Unternehmens, wie Wartung und Reparatur nach. Die zeitliche Abfolge der Phasen im Konsumentenzyklus bezieht sich auf das einzelne Stück eines Produktes. Der Konsumentenzyklus überlappt die Produktions- und Vertriebsphase des Produktionszyklus. Da Produkte auch dann noch genutzt werden können, wenn sie nicht mehr auf dem Markt erhältlich sind, geht der Konsumentenzyklus zeitlich über den Marktzyklus hinaus.

Diese unterschiedlichen Betrachtungsweisen machen deutlich, dass die einem Produkt zurechenbaren Kosten und Erlöse nicht nur in dem Zeitraum auftreten, in denen das Produkt am Markt verfügbar ist, sondern auch in Phasen, die diesem Zeitraum vor- und nachgelagert sind. Es ist daher zweckmäßig, in eine Lebenszykluskostenrechnung auch diese Vorlaufkosten (bzw. Vorlauferlöse) und Nachlaufkosten (bzw. Nachlauferlöse) einzubeziehen.

Als **Vorlaufkosten** werden die Kosten bezeichnet, die vor der Produktion des neuen Produktes entstehen. Zu nennen sind beispielsweise *Forschungs- und Entwicklungskosten, Anschaffungskosten für Produktionsanlagen und Marketingkosten zur Markterschließung.* **Vorlauferlöse** ergeben sich z. B. durch bereits vor der Produkteinführung *gewährte Subventionen oder Forschungszuschüsse.*

Nachlaufkosten entstehen insbesondere durch nach dem Absatz des Produktes vorgenommene *Wartungs-, Reparatur- und Garantiearbeiten sowie Schadensersatzleistungen.* Eventuell ist das Unternehmen auch für die Entsorgung des Produktes und die dadurch entstehenden Kosten verantwortlich. **Nachlauferlöse** können aus Wartungs- und Reparaturaufträgen oder dem Verkauf von Ersatzteilen resultieren.

5.4.3 Zur Ausgestaltung einer Lebenszykluskostenrechnung

Es existieren verschiedene Ansätze zur Ausgestaltung einer Lebenszykluskostenrechnung. **Einfache Varianten** beschränken sich auf eine Gegenüberstellung der im Zeitablauf tatsächlich angefallenen bzw. geplanten Kosten und Erlöse (je nachdem, ob eine Ist- oder eine Planungsrechnung vorliegt).

Umfassende Varianten der Lebenszykluskostenrechnung setzen an Unzulänglichkeiten der traditionellen, periodenbezogenen Kostenrechnung an. In einer solchen Kostenrechnung werden Kosten und Erlöse grundsätzlich in der Periode verrechnet, in der sie anfallen. Für die Verrechnung der Vorlauf- und Nachlaufkosten bestehen in einer periodischen Rechnung grundsätzlich zwei Möglichkeiten. Sie werden entweder im Gemeinkostentopf gesammelt und über die Zuschlagssätze den aktuellen, in der betreffenden Periode produzierten und abgesetzten Produkten zugerechnet. Oder sie werden als Periodengemeinkosten angesetzt und damit letztlich keinem Kostenträger zugeteilt. Beiden Vorgehensweisen ist gemeinsam, dass Vorlauf- und Nachlaufkosten nicht den Produkten zugerechnet werden, die sie tatsächlich verursacht haben. Die Zurechnung der Vorlaufkosten müsste eigentlich auf zukünftige Produkte erfolgen, die Zurechnung der Nachlaufkosten auf Produkte, die das Unternehmen bereits verlassen haben.

Um nun Verzerrungen bei der Erfolgsbeurteilung von Produkten zu verhindern, besteht das Ziel einer umfassenden Lebenszykluskostenrechnung darin, für die verursachungsgerechte Produktkalkulation **Vorlaufkosten zu „aktivieren"** und **Nachlaufkosten zu „passivieren"**. Diese Begriffe sind der externen Rechnungslegung entnommen und beschreiben recht anschaulich, was zum Zwecke einer periodenübergreifenden Zurechnung der Vor- und Nachlaufkosten getan wird:

Der Begriff „Aktivierung" bringt zum Ausdruck, dass die in der Ideen-, der Entwicklungs- und der Konstruktionsphase anfallenden Kosten eines Produktes zunächst einmal angesammelt werden, um sie dann in späteren Perioden auf die entsprechenden Stücke des verursachenden Produktes zu verteilen.

Durch die „Passivierung" von Kosten wird eine Vorsorge für dem Produkt zuzurechnende Nachlaufkosten getroffen. Die Kosten werden dem verursachenden Produkt also zugerechnet, bevor sie entstehen.

Beispiele
Für die Entwicklung einer Zeitungsdruckmaschine fallen Kosten in Höhe von 5 Mio. € an. Es sei angenommen, dass in den nächsten zehn Jahren pro Jahr 4 Stück der Druckmaschinen produziert und verkauft werden. Dies bedeutet, dass in der Kalkulation einer einzelnen Druckmaschine 5 Mio. €: 40 Stück = 125.000,- € an Entwicklungskosten zusätzlich zu berücksichtigen sind.

Dem Großcomputerhersteller ist bekannt, dass die von ihm durchzuführende Entsorgung seiner Computer pro Stück Entsorgungskosten von 500,- € verursacht. Diese Nachlaufkosten wird der Hersteller bereits bei der Preiskalkulation eines einzelnen Computers einbeziehen, um den Betrag von 500,- € über den Verkauf des Computers zu verdienen.

Anhand der beiden Beispiele wird schnell deutlich, dass bei der Zurechnung von Vorlauf- und Nachlaufkosten ein großes praktisches Problem in der Schätzung der jeweiligen Zurechnungsbasis besteht. Für die Zurechnung der Vorlaufkosten wird die gesamte künftige Stückzahl des betreffenden Produktes benötigt. Die zeitlich vorgezogene Berücksichtigung der Nachlaufkosten bei der Produktkalkulation erfordert eine Schätzung zu deren Höhe.

Als für die Zurechnung problematisch wird außerdem angesehen, dass es sich bei einem großen Teil der Vor- und Nachlaufkosten um Gemeinkosten handelt, die für eine Gruppe von Produkten gemeinsam anfallen. Diskutiert wird schließlich die Frage, in welchem Umfang Forschung, die nur mit einer gewissen Erfolgsquote zu marktfähigen Produkten führt, bei der Bestimmung der Vorlaufkosten zu berücksichtigen ist.

5.4.4 Kostenmanagement mit Hilfe der Lebenszykluskostenrechnung

Die Kenntnis darüber, welche Kosten in welcher Höhe in welcher Phase des Lebenszyklus eines Produktes anfallen, kann der Ausgangspunkt für ein **produktbezogenes Kostenmanagement** sein. Interessant scheint insbesondere die Idee zu sein, durch die Erhöhung von Kosten in einer frühen Phase des Produktlebenszyklus eine stärkere Senkung von Kosten in einer späteren Phase zu erzielen.

Beispiele
Studien zur optimalen Form eines neuen Produktes führen zwar vor der Produkteinführung zu höheren Kosten, doch wird in Phasen der Produktion und des Vertriebs aufgrund der Platz sparenden Formgebung des Produktes ein Vielfaches an Lagerhaltungs- und Logistikkosten eingespart.

Die Verwendung von umweltfreundlichen Materialien führt zu höheren Materialkosten in der Produktionsphase, hat aber zur Folge, dass am Ende des Lebenszyklus die Entsorgungskosten für das betreffende Produkt um ein Vielfaches sinken. Selbst wenn nicht das Unternehmen, sondern der Kunde für die Entsorgung des Produktes verantwortlich ist, kann sich eine derartige Strategie für das Unternehmen rechnen, sofern der Kunde für den Zusatznutzen der umweltverträglichen Entsorgung einen höheren Preis zu zahlen bereit ist.

5.4.5 Würdigung

Das in vielen betriebswirtschaftlichen Teilgebieten verwendete Konzept des Produktlebenszyklus erhält durch die Lebenszykluskostenrechnung eine quantitative Fundierung. Die Lebenszykluskostenrechnung ist produktbezogen und periodenübergreifend. Sie stellt damit eine sinnvolle **Ergänzung der traditionellen, periodenbezogenen Kostenrechnung** dar. Aufgrund ihrer mehrperiodigen Betrachtungsweise eignet sie sich zur Unterstützung strategischer Entscheidungen. Allerdings muss auf die nicht unerheblichen praktischen Probleme bei der Ermittlung zukunftsbezogener Größen wie der Gesamtstückzahl eines Produktes und der Nachlaufkosten hingewiesen werden.

5.5 Zusammenfassung

Die zunehmende Wettbewerbsintensität und eine veränderte Kostenstruktur in den Unternehmen erfordern eine strategisch orientierte Betrachtungsperspektive von Kostenrechnungssystemen.

Die Prozesskostenrechnung ist durch eine aktivitätsorientierte Vorgehensweise gekennzeichnet. Das Unternehmen wird in Prozesse aufgeteilt, welche wiederum zu Hauptprozessen zusammengefasst werden können. Durch die Zuordnung von Kosten auf Prozesse sollen Maßnahmen des Gemeinkostenmanagements insbesondere in den indirekten Bereichen bewertet werden können. Außerdem besteht der Anspruch, durch die Weiterverrechnung von Prozesskosten auf Produkte die langfristige Preiskalkulation von Produkten zu verbessern.

Target Costing ist ein Instrument des Kostenmanagements zur marktgerechten Planung und Entwicklung neuer Produkte. Die Zielkosten geben an, was das Produkt kosten darf, damit es erfolgreich am Markt eingeführt werden kann. Um die Kostenvorgabe für die Produktentwickler zu konkretisieren, werden im Rahmen des Target Costing die Zielkosten auf einzelne Funktionen und Komponenten des zu entwickelnden Produktes herunter gebrochen.

Die Lebenszykluskostenrechnung stellt eine mehrperiodige Rechnung dar, in der alle Kosten und Erlöse, die einem Produkt während seines gesamten Lebenszyklus zuzurechnen sind, erfasst werden. Besonderes Augenmerk wird in dieser Rechnung auf die verursachungsgerechte Zurechnung von Vorlauf- und Nachlaufkosten auf Produkte gelegt.

5.6 Wiederholungsfragen

1. Welche einzelnen Schritte sind bei der Durchführung einer Prozesskostenrechnung notwendig? Lösung ◘ Abb. 5.1.
2. Warum ist die Prozesskostenrechnung für kurzfristige Entscheidungszwecke nicht geeignet? Lösung ▶ Abschn. 5.2.9.
3. Was versteht man unter lmi- und unter lmn-Prozessen? Lösung ▶ Abschn. 5.2.4.
4. Erläutern Sie die Möglichkeiten der Verrechnung von lmn-Kosten! Lösung ▶ Abschn. 5.2.5.
5. Was versteht man beim Vergleich der Prozesskostenrechnung mit einer traditionellen Zuschlagskalkulation unter dem Allokationseffekt und dem Komplexitätseffekt? Lösung ▶ Abschn. 5.2.6.
6. Warum ist es sinnvoll, Kostenmanagement bereits in einem sehr frühen Stadium des Produktlebenszyklus zu betreiben? Lösung ▶ Abschn. 5.3.1.
7. Inwiefern ist das Target Costing konsequent marktorientiert? Lösung ▶ Abschn. 5.3.1.
8. Erläutern Sie, wie durch die Aufspaltung der Zielkosten auf Produktkomponenten Vorgaben für die Produktentwickler entstehen! Lösung ▶ Abschn. 5.3.3.
9. Welche Kritikpunkte lassen sich gegen die Verwendung des Zielkostenkontrolldiagramms vorbringen? Lösung ▶ Abschn. 5.3.4.
10. Welchen Zwecken kann eine periodenübergreifende Kostenrechnung dienen? Lösung ▶ Abschn. 5.4.1.
11. Wie werden Vorlauf- und Nachlaufkosten in periodenbezogenen Kostenrechnungssystemen behandelt? Lösung ▶ Abschn. 5.4.3.
12. Was versteht man im Rahmen der Lebenszykluskostenrechnung unter dem Aktivieren von Vorlaufkosten und dem Passivieren von Nachlaufkosten? Lösung ▶ Abschn. 5.4.3.
13. Welche praktischen Probleme sind mit der Lebenszykluskostenrechnung verbunden? Lösung ▶ Abschn. 5.4.3.

Tab. 5.2 Produktinformationen Aufgabe 1

Produkt	Stückzahl	Einkauf	Lager/Transport	Materialkosten/Stück	Fertigungslöhne/Stück
Kostentreiber		Anzahl Bestellungen	Anzahl Lagerbewegungen		
Stahltore	2.000	8	15	1.800,–	600,–
Stahltresore	1.000	6	65	3.000,–	800,–
Gesamtkosten		700.000,–	620.000,–		

Produkt	Hilfslöhne	Produktion – Ausführung	Produktion – Rüsten	Verwaltung	Vertrieb
Kostentreiber	Anzahl Wartungen	Maschinenstunden je Stück	Anzahl Rüstvorgänge	Anzahl Bestellungen	Anzahl Ausgangsfrachten
Stahltore	4	5	5	45	21
Stahltresore	7	10	4	35	9
Gesamtkosten	550.000,–	2.400.000,–	450.000,–	300.000,–	366.000,–

5.7 Aufgaben

Aufgabe 1

Die Security AG produziert Stahltore und Stahltresore. Bisher erfolgt die Ermittlung der Selbstkosten der beiden Produkte durch eine Zuschlagskalkulation mit den Bezugsgrößen Fertigungsmaterial für die Materialgemeinkosten, Fertigungslohn für die Fertigungsgemeinkosten und Herstellkosten für Verwaltung und Vertrieb. Das Management der Security AG überlegt, ob in Zukunft die Kalkulation im Rahmen einer Prozesskostenrechnung durchgeführt werden sollte. Um die Auswirkungen dieser Umstellung abschätzen zu können, hat die Controlling-Abteilung die Informationen lt. ◘ Tab. 5.2 zusammengestellt.

Ermitteln Sie die Selbstkosten eines Stahltores und eines Stahltresors!
a. mit Hilfe einer Zuschlagskalkulation,
b. nach den Erkenntnissen einer Prozesskostenrechnung.

Aufgabe 2

Die Kreisch AG stellt elektrische Spezialbohrer und Kreissägen her. Für die Planungsperiode liegen folgende Daten vor:

	Spezialbohrer	Kreissägen
Produktionsmenge	140	440
Materialeinzelkosten	28.000,–	220.000,–
Fertigungseinzelkosten	100.800,–	396.000,–

Daneben fallen Materialgemeinkosten in Höhe von 75.000,– € und Fertigungsgemeinkosten in Höhe von 120.000,– € an. Weitere Kosten fallen nicht an.

Mit Hilfe einer Prozesskostenrechnung sollen die Herstellkosten der beiden Produkte pro Stück kalkuliert werden.

Die Herstellung der beiden Produkte löst im Wesentlichen die zwei Hauptprozesse „Auftragsabwicklung" und „Produkterstellung" aus. Die in den Kostenstellen ausgelösten Teilprozesse mit den entsprechenden Kostentreibern sind in ◘ Tab. 5.3 zusammengestellt.

Die Gemeinkosten der beiden Kostenstellen werden auf die jeweiligen Teilprozesse gemäß der jeweiligen Zeitbeanspruchung der Mitarbeiter in den Kostenstellen zugerechnet. In der Materialstelle entfallen 1 / 3 der Zeit auf den Teilprozess „Bestellung" und 2 / 3 der Zeit auf den Teilprozess „Eingangslogistik". Für die Fertigungsstelle wird folgende Zeitbeanspruchung ermittelt: 25 % für den Teilprozess „Fertigungssteuerung" und 75 % für den Teilprozess „Qualitätssicherung".

5.7 · Aufgaben

Tab. 5.3 Teil- und Hauptprozesse Aufgabe 2

	Kostenstelle-Material	Kostenstelle-Fertigung
Hauptprozess „Auftragsabwicklung"	Teilprozess: Bestellung	Teilprozess: Fertigungssteuerung
	Kostentreiber: Zahl der Aufträge	Kostentreiber: Zahl der Aufträge
Hauptprozess „Produkterstellung"	Teilprozess: Eingangslogistik	Teilprozess: Qualitätssicherung
	Kostentreiber: Anzahl Bauteile	Kostentreiber: Anzahl Bauteile

Es wird davon ausgegangen, dass in der Planperiode für die Spezialbohrer insgesamt fünf und für die Kreissägen insgesamt 20 Aufträge entgegengenommen werden. Der einzelne Spezialbohrer besteht aus 40 Bauteilen, die einzelne Kreissäge aus 10 Bauteilen.

Ermitteln Sie die Prozesskostensätze der Teil- und der Hauptprozesse. Kalkulieren Sie sodann mit Hilfe der ermittelten Hauptprozesskostensätze die Herstellkosten der beiden Produkte gemäß den Grundsätzen der Prozesskostenrechnung.

- **Aufgabe 3**

Im Rahmen der Produkteinführung eines neuen verstellbaren Fernsehsessels wurde eine Kundenbefragung bezüglich der Wichtigkeit der einzelnen Funktionen eines Fernsehsessels durchgeführt. Diese Befragung ergab aus Kundensicht folgende Gewichtung der Produktfunktionen:

Verstellbarkeit	10 %
Bequemlichkeit	40 %
Orthopädische Wirkungen	10 %
Haltbarkeit	20 %
Design	20 %

Die Produktentwickler geben die Anteile, die die einzelnen Komponenten des neuen Fernsehsessels zur Funktionserfüllung beitragen, wie in **Tab. 5.4** an.

Die Standardkosten der Produktkomponenten sowie des gesamten Fernsehsessels werden von den Entwicklern wie folgt angegeben:

Produktkomponenten	Standardkosten
Polsterung	144,–
Gestell	192,–
Fußauflage	48,–
Bezugsstoff	96,–
Gesamt	480,–

Die Produkteinführung soll mit Hilfe des Target Costing durchgeführt werden. Die Funktionen der Unter- und der Obergrenze der Toleranzzone des Zielkostenkontrolldiagramms lauten:

$$y_1 = \sqrt{x^2 - 10^2} \quad \text{und} \quad y_2 = \sqrt{x^2 + 10^2}$$

Der geplante Absatzpreis des Sessels beträgt 500,– €. Es wird eine Umsatzrendite von 10 % angestrebt.

a. Welche Schlussfolgerungen können Sie bezüglich der Gestaltung der einzelnen Produktkomponenten des Fernsehsessels mit Hilfe obiger Angaben gemäß der üblichen Vorgehensweise des Target Costing ziehen? Rechnerische Begründung.

Tab. 5.4 Anteile der einzelnen Komponenten an der Funktionserfüllung Aufgabe 3

	Verstellbarkeit in %	Bequemlichkeit in %	Orthopädische Wirkungen in %	Haltbarkeit in %	Design in %
Polsterung	25	40	45	35	30
Gestell	60	30	45	20	30
Fußauflage	15	20	10	5	10
Bezugsstoff	0	10	0	40	30
Summe	100	100	100	100	100

b. Wie hoch sind die Zielkosten des zu entwickelnden Fernsehsessels?

- **Aufgabe 4**

Die Zäh GmbH erzeugt in einem Zweigwerk für die Farbindustrie das Kunstharz OHO. Die Entwicklungsabteilung hat außerdem das zähflüssige Kunstharz OHA entwickelt, das Farben besonders streichfest macht und ab der nächsten Periode auf den Markt kommen soll. Für das neue Kunstharz OHA soll eine lebenszyklusorientierte Kalkulation durchgeführt werden. Die laufenden Periodenkosten werden wie folgt ermittelt:

Fertigungsmaterial:	60.000,–
Materialgemeinkosten:	35.000,–
Fertigungslöhne:	80.000,–
Fertigungsgemeinkosten:	24.000,–
Verwaltungsgemeinkosten:	11.000,–
Vertriebsgemeinkosten:	10.000,–

In den laufenden Periodenkosten sind bereits Kosten enthalten, die auf die Marktvorbereitung des neuen Produktes OHA zurückzuführen sind. Im Lager mussten Tonnen für einen ätzenden Rohstoff von OHA speziell abgedichtet werden, was zu Kosten von 5.000,– € geführt hat. Um Maschineneinstellungen für den neuen Kunstharz zu überprüfen, mussten Probeläufe durchgeführt werden. Die dabei entstandenen Kosten von 4.000,– € sind im Rahmen der Fertigungsgemeinkosten erfasst. Außerdem mussten durch die Verwaltung Umweltauflagen für das neue Produkt geprüft werden, was mit Kosten von 1.000,– € verbunden war. Schließlich sind 10 % der Vertriebsgemeinkosten durch erste Werbeaktivitäten für OHA begründet.

Kalkulieren Sie das neue Produkt OHA pro kg gemäß einer elektiven Zuschlagskalkulation einmal ohne und einmal mit Einbezug von Vor- und Nachlaufkosten. Je kg des neuen Kunstharzes sind 2,– € Materialeinzelkosten und 4,– € Fertigungseinzelkosten geplant. Die benötigten Zuschlagssätze ergeben sich aus den laufenden Periodenkosten jeweils abzüglich der Vorlaufkosten für OHA. Es wird damit gerechnet, dass in der nächsten Periode 500 kg von OHA produziert und abgesetzt werden können. Die Absatzmenge bis zur endgültigen Einstellung des Produktes wird auf 20.000 kg geschätzt. Die Erfahrung bei anderen Kunstharzen hat gezeigt, dass nach Einstellung eines Produktes die Beseitigung der belasteten Aufbewahrungsbehälter Kosten von 10.000,– € verursacht.

5.8 Lösungen

- **Aufgabe 1**

a. Ermittlung der Zuschlagssätze:
Materialgemeinkosten (MGK):

$$\frac{700.000 + 620.000}{2.000 \cdot 1.800 + 1.000 \cdot 3.000} \cdot 100\,\% = 20\,\%$$

Fertigungsgemeinkosten (FGK):

$$\frac{550.000 + 2.400.000 + 450.000}{2.000 \cdot 600 + 1.000 \cdot 800} \cdot 100\,\% = 170\,\%$$

Herstellkosten (HK):

MEK:	6.600.000,–
MGK:	1.320.000,–
FEK:	2.000.000,–
FGK:	3.400.000,–
HK:	13.320.000,–

Verwaltungs- und Vertriebsgemeinkosten (Vw./Vertr.-GK):

$$\frac{300.000 + 366.000}{13.320.000} \cdot 100\,\% = 5\,\%$$

Ergebnis Aufgabe 1a

	Stahltor	Stahltresor
Fertigungsmaterial	3.600.000,–	3.000.000,–
Materialgemeinkosten	720.000,–	600.000,–
Fertigungslöhne	1.200.000,–	800.000,–
Fertigungsgemeinkosten	2.040.000,–	1.360.000,–
Herstellkosten	7.560.000,–	5.760.000,–
Verwaltungs- und Vertriebsgemeinkosten	378.000,–	288.000,–
Selbstkosten	7.938.000,–	6.048.000,–
Kosten je EH	3.969,–	6.048,–

5.8 · Lösungen

b. Ermittlung der Prozesskostensätze:

Bereich	Prozesskostensatz
Einkauf	700.000,– : 14 = 50.000,– je Bestellung
Lager/Transport	620.000,– : 80 = 7.750,– je Lagerbewegung
Hilfslöhne	550.000,– : 11 = 50.000,– je Wartung
Produktion/Ausführung	2.400.000,– : (2.000 · 5 + 1.000 · 10) = 120,– je Maschinenstunde
Produktion/Rüsten	450.000,– : 9 = 50.000,– je Rüstvorgang
Verwaltung	300.000,– : 80 = 3.750,– je Bestellung
Vertrieb	366.000,– : 30 = 12.200,– je Ausgangsfracht

◘ Lösung Aufgabe 1b

	Stahltor	Stahltresor
Fertigungsmaterial	3.600.000,–	3.000.000,–
Einkauf	400.000,–	300.000,–
Lager/Transport	116.250,–	503.750,–
Fertigungslöhne	1.200.000,–	800.000,–
Hilfslöhne	200.000,–	350.000,–
Maschinenkosten	1.200.000,–	1.200.000,–
Rüstkosten	250.000,–	200.000,–
Verwaltung	168.750,–	131.250,–
Vertrieb	256.200,–	109.800,–
Gesamtkosten	7.391.200,–	6.594.800,–
Kosten je EH	3.695,60	6.594,80

- **Aufgabe 2**

Kostenaufteilung Materialstelle:
Teilprozess „Bestellung":
$1 / 3 \cdot 75.000,– = 25.000,– €$
Teilprozess „Eingangslogistik":
$2 / 3 \cdot 75.000,– = 50.000,– €$

Kostenaufteilung Fertigungsstelle:
Teilprozess „Fertigungssteuerung":
$1 / 4 \cdot 120.000,– = 30.000,– €$
Teilprozess „Qualitätssicherung":
$3 / 4 \cdot 120.000,– = 90.000,– €$

Prozesskostensätze (PKS):

$$\text{PKS (Bestellung)} = \frac{25.000,-}{25} = 1.000,- € \text{ je Auftrag}$$

$$\text{PKS (Eingangslogistik)} = \frac{50.000,-}{140 \cdot 40 + 440 \cdot 10} = 5,- € \text{ je Bauteil}$$

$$\text{PKS (Fertigungssteuerung)} = \frac{30.000,-}{25} = 1.200,- € \text{ je Auftrag}$$

$$\text{PKS (Qualitätssicherung)} = \frac{90.000,-}{140 \cdot 40 + 440 \cdot 10} = 9,- € \text{ je Bauteil}$$

Hauptprozesskostensätze (HPKS):
HPKS (Auftragsabwicklung) = 1.000 + 1.200
= 2.200,– € je Auftrag
HPKS (Produkterstellung) = 5 + 9
= 14,– € je Bauteil

◘ Kalkulation gemäß Prozesskostenrechnung Aufgabe 2

	Spezialbohrer	Kreissäge
MEK	28.000,–	220.000,–
FEK	100.800,–	396.000,–
Auftragsabwicklung	5 · 2.200 = 11.000,–	20 · 2.200 = 44.000,–
Produkterstellung	140 · 40 · 14 = 78.400,–	440 · 10 · 14 = 61.600,–
Herstellkosten	218.200,–	721.600,–
Herstellkosten/Stück	1.558,57	1.640,–

- **Aufgabe 3**

a. Nutzenanteile der Produktkomponenten:
Polsterung: $0{,}25 \cdot 0{,}1 + 0{,}4 \cdot 0{,}4 + 0{,}45 \cdot 0{,}1 + 0{,}35 \cdot 0{,}2 + 0{,}3 \cdot 0{,}2 = 0{,}36$

Gestell: $0{,}6 \cdot 0{,}1 + 0{,}3 \cdot 0{,}4 + 0{,}45 \cdot 0{,}1 + 0{,}2 \cdot 0{,}2 + 0{,}3 \cdot 0{,}2 = 0{,}325$

Fußauflage: $0{,}15 \cdot 0{,}1 + 0{,}2 \cdot 0{,}4 + 0{,}1 \cdot 0{,}1 + 0{,}05 \cdot 0{,}2 + 0{,}1 \cdot 0{,}2 = 0{,}135$

Bezugsstoff: $0 \cdot 0{,}1 + 0{,}1 \cdot 0{,}4 + 0 \cdot 0{,}1 + 0{,}4 \cdot 0{,}2 + 0{,}3 \cdot 0{,}2 = 0{,}18$

Vergleich von Kostenanteilen und Nutzenanteilen:

Produktkomponenten	Nutzenanteile in %	Kostenanteile in %
Polsterung	36	30
Gestell	32,5	40
Fußauflage	13,5	10
Bezugsstoff	18	20
Gesamt	100	100

Relevante Unter- und Obergrenzen der Toleranzzone:
Polsterung: Untergrenze
$y_1 = \sqrt{36^2 - 10^2} = 34{,}58$
→ aufwändiger gestalten
Gestell: Obergrenze
$y_2 = \sqrt{32{,}5^2 + 10^2} = 34{,}00$
→ billiger gestalten
Fußauflage: Untergrenze
$y_1 = \sqrt{13{,}5^2 - 10^2} = 9{,}07$
→ in Toleranzzone, in Ordnung
Bezugsstoff: Obergrenze
$y_2 = \sqrt{18^2 + 10^2} = 20{,}59$
→ in Toleranzzone, in Ordnung

b. 10 % von 500 = 50,- € geplanter Zielgewinn
→ Zielkosten = 450,- €
(= geplanter Absatzpreis – geplanter Zielgewinn)

Kalkulation von OHA pro kg ohne Vor- und Nachlaufkosten:

MEK	2,–
MGK	1,–
FEK	4,–
FGK	1,–
Herstellkosten	8,–
Verw./Vertr.-GK	0,80
Selbstkosten	8,80

Die Summe der Vor- und Nachlaufkosten ist auf die Gesamtabsatzmenge zu verteilen:

$$\frac{5.000 + 4.000 + 1.000 + 1.000 + 10.000}{20.000 \text{ kg}}$$
$$= 1{,}05 \text{ €/kg}$$

Die Selbstkosten pro kg ergeben sich unter Berücksichtigung von Vor- und Nachlaufkosten folglich als 8,80 + 1,05 = 9,85 €.

- **Aufgabe 4**

Zuschlagssätze:

MGK: $\dfrac{35.000 - 5.000}{60.000} = 0{,}5$

FGK: $\dfrac{24.000 - 4.000}{80.000} = 0{,}25$

Vw./Vertr.-GK:
$\dfrac{(11.000 - 1.000) + (10.000 - 1.000)}{60.000 + 30.000 + 80.000 + 20.000} = 0{,}1$

Ausblick

Christian Ernst, Gerald Schenk, Peter Schuster

6.1 Vorbemerkungen – 120

6.2 Entscheidungsfunktion – eine Erweiterung – 121

6.3 Verhaltenssteuerungsfunktion – 122

6.4 Zusammenfassung – 125

6.5 Wiederholungsfragen – 125

© Springer-Verlag GmbH Deutschland 2017
C. Ernst, G. Schenk, P. Schuster, *Kostenrechnung klipp & klar*, Wiwi klipp & klar,
https://doi.org/10.1007/978-3-662-53508-0_6

Lernziele dieses Kapitels
- Kritisches Hinterfragen der in der Kosten- und Leistungsrechnung üblicherweise getroffenen Annahmen, illustriert am Beispiel der Entscheidungsrelevanz fixer Kosten
- Verstehen von Illustrationsbeispielen zur Verwendung von Kosteninformationen aus Sicht der Entscheidungsfunktion einerseits und der Verhaltenssteuerungsfunktion andererseits

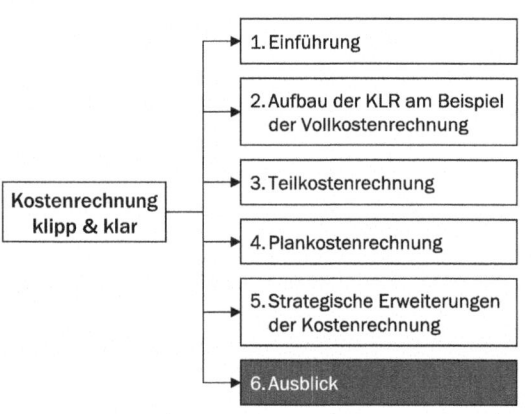

Ziel des letzten Kapitels ist es, einen kurzen, illustrativen Überblick über solche **weiterführenden Fragestellungen** zu bieten. Dieser erhebt allerdings keinen Anspruch auf Vollständigkeit, sondern soll vor allem Interesse an solchen weitergehenden Problematiken wecken und den Leser ermutigen, im Rahmen von Lehrbüchern für „Fortgeschrittene" (bspw. das Standardwerk „Interne Unternehmensrechnung" von Ewert/Wagenhofer), tiefer in die Materie einzusteigen.

Zur Systematisierung der folgenden Ausführungen bietet es sich an, auf die bereits im ▶ Kap. 1 eingeführte Unterscheidung in **Entscheidungsfunktion** (Beeinflussung eigener Entscheidungen) und **Verhaltenssteuerungsfunktion** (Beeinflussung fremder Entscheidungen) als den beiden bei weitem wichtigsten Funktionen der Kosten- und Leistungsrechnung zurückzugreifen. Dem aufmerksamen Leser sollte dabei nicht entgangen sein, dass die Entscheidungsfunktion in den vorigen Kapiteln eindeutig im Mittelpunkt des Interesses stand. Aspekte der Verhaltenssteuerung wurden allenfalls am Rande angesprochen – etwa im Rahmen der Koordinationsfunktion im ▶ Kap. 1 oder der Notwendigkeit von Gemeinkostenallokationen zur Mitarbeitermotivation. Allerdings muss betont werden, dass der **Schwerpunkt der neueren Forschung** im Bereich Controlling und Interne Unternehmensrechnung eindeutig **im Bereich der Verhaltenssteuerungsfunktion** liegt. Entsprechend greifen die folgenden Illustrationsbeispiele diesen Aspekt detailliert auf. Allerdings zeigt der folgende Abschnitt, dass sich auch im Rahmen der Entscheidungsfunktion durchaus überraschende Resultate ergeben können, wenn man die meist stillschweigend akzeptierten Annahmen bezüglich der Rahmenbedingungen, in denen die Kosten- und Leistungsrechnung sich gewöhnlich vollzieht, nur ein klein wenig ändert.

6.1 Vorbemerkungen

Da es sich beim vorliegenden Band um ein Einführungswerk handelt, lag der Schwerpunkt der bisherigen Darstellungen auf der Vermittlung der wichtigsten grundsätzlichen Zusammenhänge. Dies darf allerdings nicht darüber hinweg täuschen, dass die betriebswirtschaftliche Forschung nach wie vor intensiv daran arbeitet, die Schwächen vorhandener Kostenrechnungssysteme aufzuzeigen bzw. durch Weiterentwicklungen und Verbesserungen wenn möglich zu beseitigen. So können die in ▶ Kap. 5 dargestellte Prozesskostenrechnung und das Zielkostenmanagement als spezifische Reaktionen auf die wachsende Bedeutung des Gemeinkostenblocks (Prozesskostenrechnung) bzw. der zunehmenden Wichtigkeit der Konzeptions- und Entwicklungsphase für die Neuentwicklung von Produkten (Zielkostenmanagement) interpretiert werden.

Ausblick

6.2 Entscheidungsfunktion – eine Erweiterung

Im ▶ Kap. 3 (Teilkostenrechnung) wurde im Rahmen von typischen, kurzfristigen Entscheidungsproblemen wie Eigenfertigung oder Fremdbezug, (kurzfristige) Produktionsprogrammplanung sowie der Annahme und Ablehnung von Zusatzaufträgen stets die **Irrelevanz von Fixkosten** für das jeweilige Entscheidungsproblem betont. Dies gilt allerdings nur so lange, wie man wie in der Kosten- und Leistungsrechnung meist üblich von sicheren Erwartungen bezüglich aller relevanten Parameter ausgeht. In einem solchen Szenario stellen Fixkosten einen konstanten Faktor dar, der im Falle einer wie auch immer gearteten Optimierung auf Basis der Infinitesimalrechnung wegfällt und deshalb die Entscheidung nicht beeinflusst.

Formal am einfachsten darstellen lässt sich dies anhand der Entscheidung eines Monopolisten über die gewinnmaximale Produktionsmenge x bei bekannter Preis-Absatz-Funktion $p = A - x$ ($A > k_v > 0$, Absolutglied der Preis-Absatz-Funktion), gegebenen variablen Kosten k_v pro Stück sowie gegebenen Fixkosten K_f. Die Gewinngleichung lautet dann:

$$G = (A - x) \cdot x - k_v \cdot x - K_f \to \max$$

Die (notwendige und hinreichende) Bedingung erster Ordnung für das Gewinnmaximum bezüglich der Menge wäre

$$G' = A - 2 \cdot x - k_v = 0 \to x^* = (A - k_v)/2$$

Man sieht sofort, dass die Fixkosten in der Bestimmungsgleichung für die optimale Menge x^* keine Rolle spielen.

Das üblicherweise (und auch im ▶ Kap. 3) verwendete Argument, demzufolge die **Kosten- und Leistungsrechnung für kurzfristige Entscheidungen konzipiert** ist und daher von konstanten Fixkosten ausgegangen werden kann, überzeugt bei genauer Betrachtung nicht wirklich. Auch für einen Planungshorizont von einem Jahr, einem Quartal oder selbst einem Monat können bspw. Tariflohnsteigerungen oder Mieterhöhungen dazu führen, dass sich die Fixkosten erhöhen. Analoges gilt für die variablen Kosten. Als Beispiel können hier etwa die turbulenten Verhältnisse auf den Energiemärkten in den letzten Jahren dienen. Es stellt sich nun die Frage, ob Fixkosten weiterhin nicht entscheidungsrelevant sind, wenn diese Unsicherheit bezüglich der Umweltentwicklung explizit berücksichtigt wird. Das folgende Beispiel zeigt, dass davon nicht ausgegangen werden kann.

Beispiel

Der risikoscheue Einzelunternehmer Gümbel hat kurzfristig die Wahl zwischen der Realisierung von zwei möglichen Produktionsprogrammen. Er geht bei seiner Entscheidung davon aus, dass die zukünftige Entwicklung entweder „Gut" oder „Schlecht" ist. Beide Zukunftsentwicklungen hält er für gleich wahrscheinlich (Eintrittswahrscheinlichkeit 50 %). Er kann entweder 1.000 Stück eines Produkts x_1 fertigen, das in beiden Umweltzuständen einen (Stück-)Deckungsbeitrag von $d_1 = 10{,}- €$ erbringt (Alternative 1) oder aber 1.000 Stück eines Produkts x_2 produzieren, das bei guter Entwicklung einen (Stück-)Deckungsbeitrag $d_{2Gut} = 20{,}- €$ abwirft, bei schlechter Entwicklung allerdings nur $d_{2Schlecht} = 5{,}- €$ (Alternative 2). In beiden Umweltzuständen fallen sichere Fixkosten in Höhe 5.000,- € an. Die Risikonutzenfunktion, mit welcher der risikoscheue Gümbel seine monetäre Zielerreichung bewertet, sei durch $U = \sqrt{Z}$ gegeben, wobei $Z = G$ für Gewinne bzw. $Z = DB$ für Gesamtdeckungsbeiträge steht. Das Ziel von Gümbel ist die Maximierung seines Erwartungsnutzens aus dem jeweiligen Produktionsprogramm (Bernoulli-Prinzip). Macht es einen Unterschied, ob sich Gümbel am Nutzenerwartungswert der Deckungsbeiträge oder der Gewinne orientiert? Es wird nachfolgend von einer Produktion von jeweils 1.000 Stück ausgegangen, welche am Markt abgesetzt werden. Die (für Alternative 2 zustandsabhängigen) Deckungsbeiträge bzw. Gewinne können der folgenden Tabelle entnommen werden:

	Gut (0,5)	Schlecht (0,5)
Deckungsbeiträge Alternative 1	10.000,- €	10.000,- €
Deckungsbeiträge Alternative 2	20.000,- €	5.000,- €
Gewinne Alternative 1	5.000,- €	5.000,- €
Gewinne Alternative 2	15.000,- €	0,- €

Für den Nutzenerwartungswert der Deckungsbeiträge gilt:
Alternative 1: $E(U(DB)) = 0{,}5 \cdot \sqrt{10.000}\ € + 0{,}5 \cdot \sqrt{10.000}\ € = 100$
Alternative 2: $E(U(DB)) = 0{,}5 \cdot \sqrt{20.000}\ € + 0{,}5 \cdot \sqrt{5.000}\ € = 106{,}06$

Offensichtlich gilt hier: Alternative 2 ist besser als Alternative 1 ⇒ Gümbel entscheidet sich für Alternative 2.

Für den Nutzenerwartungswert der Gewinne gilt:
Alternative 1: $E(U(G)) = 0{,}5 \cdot \sqrt{5.000}\ € + 0{,}5 \cdot \sqrt{5.000}\ € = 70{,}71$
Alternative 2: $E(U(G)) = 0{,}5 \cdot \sqrt{15.000}\ € + 0{,}5 \cdot \sqrt{0}\ € = 61{,}24$

Offensichtlich gilt hier: Alternative 1 ist besser als Alternative 2 ⇒ Gümbel entscheidet sich für Alternative 1 (!)

Hebt man im Rahmen der Entscheidungsfunktion die Annahme der Sicherheit über die künftige Umweltentwicklung auf, zeigt das Beispiel, dass sich selbst sichere Fixkosten sehr wohl als entscheidungsrelevant erweisen können, denn bei der Verwendung von Deckungsbeiträgen resultiert eine andere Entscheidung als bei der Verwendung von Gewinnen. Der beobachtete Effekt beruht hier auf der Verwendung der Nutzfunktion $U = \sqrt{G}$ bzw. $U = \sqrt{DB}$. Vereinfacht gesprochen weist diese die Eigenschaft auf, dass sich der Entscheider umso risikoscheuer verhält je ärmer er ist. Der Übergang von Deckungsbeiträgen zu Gewinnen verschiebt die Bewertung der unsicheren Alternativen in einen Bereich höherer Risikoscheu. Deshalb wird dann die sichere Alternative 1 der unsicheren Alternative 2 vorgezogen. Hinzuweisen ist noch darauf, dass Nutzenfunktionen existieren, wo dieser Effekt nicht auftritt (sogenannte konstante Risikoaversion).

Das vorige Beispiel zielte vor allem darauf ab, einen gewissen „Aha-Effekt" zu erzeugen. Es sollte veranschaulichen, dass selbst innerhalb der Entscheidungsfunktion schon kleine Änderungen am Annahmegerüst der Kosten- und Leistungsrechnung dazu führen können, dass bestimmte Aussagen wie die Entscheidungsirrelevanz von Fixkosten relativiert werden müssen.

Weitere Forschungen (Ewert, 1996, S. 528–556) haben gezeigt, dass die Entscheidungsrelevanz fixer Kosten bei Unsicherheit ganz entscheidend von bestimmten **Eigenschaften organisierter Kapitalmärkte** abhängt. Ferner ist wichtig, ob und in welchem Umfang der Entscheider **Zugang zu** diesen **Kapitalmärkten** hat. Die Darstellung dieser Zusammenhänge würde allerdings den Rahmen dieser Einführung bei weitem sprengen.

6.3 Verhaltenssteuerungsfunktion

Aus dem Betrachtungswinkel der Entscheidungsfunktion soll die Kosten- und Leistungsrechnung (vereinfacht gesprochen) Informationen bereitstellen, die *einem Entscheider* helfen sollen, optimale oder zumindest gute betriebswirtschaftliche Entscheidungen auf Basis von Kosteninformationen zu treffen. Typische Beispiele wie die kurzfristige optimale Produktionsprogrammplanung wurden bereits besprochen. Dies bildet sicherlich die Situation eines Einzelunternehmers (beispielsweise im Handwerk) zutreffend ab. Für große oder gar global tätige Unternehmen wird allerdings schnell deutlich, dass die Sichtweise der **Entscheidungsfunktion implizit von relativ strengen Annahmen** bezüglich des Verhaltens dieser oft aus vielen Tausenden von Mitarbeitern bestehenden Organisationen ausgeht. Dies wird bspw. an folgender Beispielfrage deutlich: „Welche Kosteninformationen benötigt ein pharma-

6.3 · Verhaltenssteuerungsfunktion

zeutisches Unternehmen, um gute Entscheidungen im F&E Prozess bei der Entwicklung neuer Medikamente zu treffen?" Dies ist eine durchaus legitime Fragestellung, die allerdings unterstellt, dass sich jeder einzelne Mitarbeiter dieses Großunternehmens im Sinne der vom Management definierten Ziele (bspw. Marktwertmaximierung) verhält. **Das ganze Unternehmen** wird im Rahmen der Entscheidungsfunktion somit **als eine gezielt handelnde Einheit** behandelt. Wie das vorige Beispiel zur Entscheidungsrelevanz fixer Kosten gezeigt hat, kann in diesem Kontext nur eines Entscheiders Unsicherheit über die zukünftige Entwicklung durchaus auftreten. Nicht auftreten können hingegen Situationen, in denen ein strategisch handelnder Gegenspieler seine eigenen Handlungen und Reaktionen von den Handlungen des Entscheiders abhängig macht.

In der **Realität** muss allerdings davon ausgegangen werden, dass **die für ein Unternehmen tätigen Menschen auch eigene Interessen verfolgen**. Zudem ist es eine wesentliche Eigenschaft dezentraler Organisationsstrukturen, dass die Mitarbeiter vor Ort meist über weit bessere Informationen bezüglich der Verhältnisse in ihren relevanten Märkten, Abteilungen oder Kostenstellen verfügen als das Top-Management. Sie wurden ja gerade als Vertriebsmitarbeiter bzw. Abteilungs- oder Kostenstellenleiter eingesetzt, um ihr erworbenes Spezialwissen gezielt im Sinne des Unternehmens zu nutzen. Aus mehreren Personen bestehende Unternehmen sind somit oft durch **Interessenkonflikte** einerseits und **ungleich verteilte** (asymmetrische) **Informationen** andererseits gekennzeichnet. Aus asymmetrischer Informationsverteilung und Interessenkonflikten resultierende Probleme werden im Kontext der Verhaltenssteuerungsfunktion der Kosten- und Leistungsrechnung explizit problematisiert und es wird deutlich, dass plötzlich Fragestellungen relevant werden, die im Einpersonenkontext der Entscheidungsfunktion gar nicht auftreten konnten. Wichtige Beispiele sind etwa:

- Wie kann man Mitarbeiter veranlassen, über die Kostensituation in ihren Bereichen zutreffend bzw. wahrheitsgemäß zu berichten?
- Wie müssen Vergütungs- und Entlohnungsanreize gesetzt werden, um Mitarbeiter zu einem sparsamen (kostenbewussten) Umgang mit den ihnen überlassenen Ressourcen zu veranlassen?
- Wie sind Kontroll- und Überwachungseinrichtungen zu konzipieren (sogenanntes Monitoring), um eine effiziente Ressourcenverwendung zu gewährleisten?

Diese Fragen machen zunächst deutlich, dass **Probleme der Verhaltenssteuerung** im Kontext der Kosten- und Leistungsrechnung gegenüber solchen der Entscheidungsfunktion **durch einen beträchtlichen Anstieg an Komplexität gekennzeichnet** sind. Man kann jetzt nicht mehr isoliert das System der Kosten- und Leistungsrechnung allein bezüglich der Güte der mit ihm unterstützten Entscheidungen im Einpersonenkontext beurteilen. Vielmehr ist es so, dass die Rolle der Kosten- und Leistungsrechnung parallel zum Organisations-, Berichts- und Entlohnungssystem analysiert werden muss.

Gerade für den Einsteiger in die Kosten- und Leistungsrechnung ist jedoch sehr wichtig zu wissen, dass sich Zusammenhänge aus dem Kontext der Entscheidungsfunktion nicht einfach auf das Szenario der Verhaltenssteuerungsfunktion übertragen lassen. Meist wird dies anhand des potentiellen Wertes von Zusatzinformationen – etwa die zusätzliche Einrichtung einer Teilkostenrechnung neben einer bereits bestehenden Vollkostenrechnung – verdeutlicht. Nimmt man (zur Vereinfachung!) an, dass die Teilkosteninformation nichts kostet, so können im Einpersonenkontext der Entscheidungsfunktion die zusätzlichen Informationen nie schädlich sein, denn der Entscheider ist ja nicht gezwungen, sie zu nutzen. Er wird sie dann verwenden, wenn er sich davon eine Verbesserung seiner Zielerreichung verspricht. Bei noch freien Kapazitäten könnte er bei jetzt verfügbarer Kenntnis der variablen Kosten pro Stück bspw. einen Zusatzauftrag annehmen, dessen Abnahmepreis zwischen der kurz- und langfristigen Preisuntergrenze liegt. Dieser weist wegen der Relation variable Kosten < Preis Zusatzauftrag < Selbstkosten je Stück einen positiven Deckungsbeitrag auf und erhöht damit die Zielerreichung des Einzelentscheiders.

Völlig anders kann sich die Situation darstellen, wenn man diese Fragestellung im Rahmen der Verhaltenssteuerungsfunktion analysiert. Hierzu sei angenommen, dass die Mitarbeiter im Vertrieb des betrachteten Unternehmens mit der Kompetenz ausgestattet sind, in gewissen Grenzen den Abnahmepreis mit den Kunden zu verhandeln. Gelten die üblichen Verhältnisse einer Preis-Absatz-Funktion, erhöht sich natürlich die Wahrscheinlichkeit eines Verkaufserfolges mit zunehmenden Preiszugeständnissen des Vertriebs. Insbesondere im Fall umsatzabhängig entlohnter Vertriebsmitarbeiter können sich für das Unternehmen dann nachteilige Effekte ergeben, wenn man den Vertriebsmitarbeitern die jetzt zusätzlich verfügbaren variablen bzw. Grenzkosten zur Verfügung stellt.

Beispiel
Für ein derzeit schwer absetzbares Produkt lautet die tatsächliche Kostenfunktion $K = k_v \cdot x - K_f = 400 x + 5.000$. Die Verhältnisse auf dem Absatzmarkt kennt allerdings nur der langjährige Vertriebsmitarbeiter John Clever genau. Bei einem Preis von $p = 500,- €$ rechnet er konkret damit, 50 Stück des Produktes absetzen zu können, bei einem Preis von $p = 400,- €$ fragen die Kunden dagegen 70 Stück des Produktes nach. Clever wird umsatzabhängig entlohnt und erhält eine Umsatzprovision in Höhe von 1 %. In Szenario 1 wird Clever die sich für eine Absatzmenge von $x = 50$ ergebende Stückpreisuntergrenze auf Basis von Vollkosten in Höhe von $p = k = 500,- €$ vorgegeben. In Szenario 2 sind nach Einführung einer Teilkostenrechnung jetzt die variablen Grenzkosten in Höhe von $p = k_v = 400,- €$ bekannt und dienen als alternative (kurzfristige) Preisuntergrenze. Der Gesamtumsatz, die Gesamtkosten, die Provision für Clever sowie der Erfolg des Unternehmens für die beiden Szenarien sind in folgender Tabelle dargestellt:

	$p = 500,- €$	$p = 400,- €$
x	50	70
Umsatz p · x	25.000,- €	28.000,- €
Gesamtkosten	25.000,- €	33.000,- €
Provision	250,- €	280,- €
Gesamterfolg	–250,- €	–5.280,- €

Clever würde also stets zu $p = 400$ verkaufen, da er damit seine Provision maximiert. Dies schadet allerdings dem Gesamtunternehmen, dessen Verlust um mehr als das Zwanzigfache ansteigt.

Das Beispiel verdeutlicht zum Einen, dass der Grundsatz „mehr bzw. detailliertere Kosteninformationen können zumindest nicht schaden" dann nicht mehr haltbar ist, wenn dadurch strategische Handlungsoptionen geschaffen werden, die es besser informierten Mitarbeitern (in diesem Beispiel: Clever) unter Umständen ermöglichen, zum Schaden des Gesamtunternehmens zu handeln, um ihre eigenen Ziele zu verfolgen (Umsatzmaximierung). Gleichzeitig wird klar, dass sich die potentielle Wirkung der zusätzlichen Kosteninformation tatsächlich nur noch dann abschätzen lässt, wenn Informationen über das (hier umsatzabhängige) Vergütungssystem und die Informationsverteilung zwischen Vertriebsmitarbeiter und Zentrale vorliegen. Da sich die Vergütungs- und Organisationsstrukturen von Unternehmen zu Unternehmen sehr stark unterscheiden, ist es oft schwer, bezüglich dieser und ähnlicher Fragestellungen allgemein gültige Aussagen zu treffen.

Teilweise kann es sogar vorkommen, dass im Rahmen der Verhaltenssteuerungsfunktion **bewusst mit „falschen" Kosteninformationen gearbeitet wird.** So haben viele Unternehmen erkannt, dass die Verwendung von vielen produktspezifischen Teilen zu einem starken Anstieg der Gemeinkosten führen kann, da dadurch eine Vielzahl an administrativen und logistischen Prozessen in allen Bereichen ausgelöst wird. Umgekehrt können diese Kosten durch die Verwendung von Normbauteilen, die für zahlreiche Produkte verwendet werden können, oft beträchtlich reduziert werden. Einige Unternehmen verfielen daher auf die Idee, die ohnehin nicht verursachungsgerecht zurechenbaren Gemeinkosten bestimmter Bereiche als Anreizinstrument einzusetzen, um bspw. kostenstellenverantwortliche Entwicklungsingenieure zur Verwendung von Normbauteilen zu veranlassen. Dies lässt sich beispielsweise dadurch bewerkstelligen, dass die Gemeinkosten zentraler Gemeinkostenblöcke (z. B. EDV) nach folgendem Schlüssel auf Kostenstellen im Bereich Forschung und Entwicklung aufgeteilt werden:
- Je verwendetem Normbauteil werden der empfangenen Kostenstelle 1,- € Gemeinkosten zugerechnet
- Je verwendetem Spezialbauteil werden der Kostenstelle 10,- € Gemeinkosten zugerechnet.

Es ist offensichtlich, dass von diesem System starke Anreize ausgehen, Normbauteile einzusetzen (wobei natürlich dafür zu sorgen ist, dass die Produktqualität nicht negativ tangiert wird). Allerdings haben so ermittelte Kosten für die Produkte, in denen die Teile Verwendung finden, offensichtlich überhaupt nichts mehr mit verursachungsgerecht ermittelten Kosten zu tun.

6.4 Zusammenfassung

Die gängigen Systeme der Kosten- und Leistungsrechnung basieren meist auf einer Vielzahl von Annahmen, die jedoch selten kritisch hinterfragt werden. In diesem Zusammenhang wurde gezeigt, dass bei expliziter Berücksichtigung der Unsicherheit nicht mehr generell von der Irrelevanz der fixen Kosten für kurzfristige Entscheidungen ausgegangen werden kann.

Die Entscheidungsfunktion der Kosten- und Leistungsrechnung geht von einem einzelnen Entscheider aus. Die Verhaltenssteuerung stellt dagegen explizit auf einen Mehrpersonenkontext ab und berücksichtigt, dass zwischen den Mitarbeitern eines Unternehmens i. d. R. Interessenkonflikte und ungleich verteilte Informationen vorliegen werden. Die Analyse dieser Probleme ist allerdings durch einen beträchtlichen Anstieg an Komplexität gekennzeichnet, da bspw. der Wert und die Wirkung von Kosteninformationen nicht mehr unabhängig vom Organisations- und Beurteilungssystem des Unternehmens beurteilt werden können.

Im Rahmen der Entscheidungsfunktion gewonnene Erkenntnisse lassen sich i. d. R. nicht einfach auf Szenarien der Verhaltenssteuerung übertragen. Dies wurde am Beispiel von zusätzlich verfügbaren Teilkosteninformationen und der Verwendung anreizorientierter Gemeinkostenallokationen verdeutlicht.

6.5 Wiederholungsfragen

1. Thematisiert die neuere betriebswirtschaftliche Forschung zur Kosten- und Leistungsrechnung eher Probleme der Entscheidungsfunktion oder der Verhaltenssteuerungsfunktion? Lösung ▶ Abschn. 6.1.
2. Sind Fixkosten nach wie vor irrelevant für kurzfristige Entscheidungen auf Basis der Kosten- und Leistungsrechnung, wenn die Annahme sicherer Erwartungen aufgegeben wird? Lösung ▶ Abschn. 6.2.
3. Welche zusätzlichen Fragestellungen ergeben sich beim Übergang von der Entscheidungs- auf die Verhaltenssteuerungsfunktion? Lösung ▶ Abschn. 6.3.
4. Gilt die Aussage „Kostenlos verfügbare zusätzliche Teilkosteninformationen können nie schaden" im Szenario der Verhaltenssteuerungsfunktion weiter? Lösung ▶ Abschn. 6.3.
5. Was versteht man unter anreizorientierten Gemeinkostenallokationen? Lösung ▶ Abschn. 6.3.

Serviceteil

Glossar – 128

Ausgewählte Literatur zur Vertiefung – 134

Sachverzeichnis – 135

© Springer-Verlag GmbH Deutschland 2017
C. Ernst, G. Schenk, P. Schuster, *Kostenrechnung klipp & klar*, Wiwi klipp & klar,
https://doi.org/10.1007/978-3-662-53508-0

Glossar

Abschreibungen Größe, die die Wertminderung eines langlebigen Vermögensgegenstandes erfassen soll und dann als Kostengröße in die Kostenrechnung Eingang findet.

Abschreibungsverfahren unterscheiden sich durch die zugrunde liegenden Annahmen über den Verlauf und das Ausmaß des Wertverlustes jeder Periode (z. B. gleichmäßig über die gesamte Nutzungsdauer: lineare Abschreibung; in den ersten Jahren besonders hoher Wertverlust: degressive Abschreibungen; ausschließlich durch Gebrauch: Leistungsabschreibung).

Abweichungsanalyse Aufspaltung einer Gesamtabweichung in Teilabweichungen.

Allokationseffekt Bezeichnet die unterschiedliche Gemeinkostenverteilung bei einer traditionellen Zuschlagskalkulation und einer prozessorientierten Kalkulation.

Anbauverfahren Verfahren der ▶ innerbetrieblichen Leistungsverrechnung.

Anderskosten sind Kosten, die sich aus Aufwendungen ableiten, aber in anderer Höhe in die Kostenrechnung eingehen. Siehe auch ▶ Grundkosten, ▶ Zusatzkosten.

Äquivalenzziffernrechnung Teil der ▶ Divisionskalkulation, die Zurechnung der ▶ Gemeinkosten erfolgt hier mit Hilfe von Gewichtungsziffern.

Aufgaben der Kostenrechnung setzen sich aus Planungs-, Kontroll-, Steuerungs- und Publikations-/Dokumentationsaufgaben zusammen.

Aufwand Bewerteter Güterverzehr einer Rechnungsperiode. Rechengröße des externen Rechnungswesens.

Ausgaben umfassen neben den ▶ Auszahlungen auch Kreditvorgänge.

Auszahlung Abfluss liquider Mittel (Bar- und Buchgeld sowie Bestände an Schecks und fälligen Wechseln).

Bestandsrechnung In der Bestandsrechnung werden Bestandsveränderungen von fertigen und unfertigen Erzeugnissen sowie von aktivierten Eigenleistungen wertmäßig erfasst.

Betriebsabrechnungsbogen (BAB), ursprüngliches Hilfsmittel zur manuellen Durchführung der Betriebsabrechnung in Tabellenform. Zuordnung von Gemeinkosten auf Kostenstellen (▶ Primärkostenrechnung, 1. Teil des BAB), Berücksichtigung von ▶ innerbetrieblichen Leistungen (▶ Sekundärkostenrechnung, 2. Teil des BAB) und Ermittlung von Kalkulations- und Maschinenstundensätzen (3. Teil des BAB).

Bezugsgrößen Maßgrößen der Kostenverursachung.

Break-Even-Point ▶ Nutzenschwelle.

Buchtechnisches Verfahren Verfahren der ▶ Kostenauflösung.

Controllinggerechte Kostenrechnung Kostenrechnung(ssystem), das für die Unternehmenssteuerung relevante Informationen liefert. Die Kostenrechnung kann hierbei beispielsweise durch die Erfüllung der ▶ Entscheidungsfunktion und der ▶ Verhaltenssteuerungsfunktion zu einem wirksamen Controlling beitragen. Die Rechnung kann als ▶ Entscheidungs-, ▶ Kontroll- oder ▶ Koordinationsrechnung konzipiert werden.

Deckungsbeitrag Differenz zwischen den erzielten Erlösen und den variablen Kosten.

Degressive Kosten verändern sich in geringerem Maße als die Kosteneinflussgröße.

Direct Costing ▶ einstufige Deckungsbeitragsrechnung.

Divisionskalkulation Methode der Ermittlung von Herstell- und Selbstkosten bei der Massen- und Serienfertigung.

Durchschnittsprinzip ist das in der Praxis am häufigsten anzutreffende Kostenverrechnungsprinzip. Die Kosten werden durch Division gleichmäßig auf die Leistungsmenge verteilt.

Einnahme Umfasst sind neben den ▶ Einzahlungen auch Kreditvorgänge.

Einstufige Deckungsbeitragsrechnung Ergebnisrechnung, in der die fixen Kosten in einem Block vom Deckungsbeitrag abgezogen werden.

Einzahlungen Zufluss liquider Mittel (▶ Auszahlungen).

Einzelerlöse Erlösarten, die dem einzelnen Produkt direkt zugerechnet werden können. Ggs. zu ▶ Gemeinerlösen.

Einzelkosten sind Kosten, die einem bestimmten Bezugsobjekt (z. B. den ▶ Kostenträgern oder einer Abrechnungsperiode) direkt zugerechnet werden bzw. zugerechnet werden können. Ggs. zu ▶ Gemeinkosten.

Endkostenstelle Kostenstelle, auf der in der innerbetrieblichen Leistungsverrechnung (▶ Kostenstellenrechnung) ge-

Glossar

sammelte Beträge nicht auf weitere Kostenstellen verrechnet, sondern in die ▶ Kalkulation übernommen werden.

Entscheidungsfunktion eine der beiden wichtigen Funktionen, die die Kostenrechnung zu erfüllen hat (Beeinflussung eigener Entscheidungen), siehe auch: ▶ Verhaltenssteuerungsfunktion.

Entscheidungsrechnung Einsatz der Kosten- und Leistungsrechnung zur Unterstützung (eigener) Entscheidungen (▶ Kontrollrechnung, ▶ Koordinationsrechnung).

Ergebnisrechnung Ermittlung des Ergebnisses durch Gegenüberstellung der Erlöse und Kosten.

Erlösarten Sämtliche Bestandteile des Erlöses eines Produktes.

Erlösartenrechnung Sie klassifiziert und erfasst die Erlösarten.

Erlösrechnung Sie erfasst und verrechnet die durch den Absatz von Gütern erzielten Erlöse und besteht aus der ▶ Erlösartenrechnung, ▶ Erlösstellenrechnung und ▶ Erlösträgerrechnung.

Erlösstellen Quellen der Erlösentstehung.

Erlösstellenrechnung Sie ermittelt, wo durch welche Absatzmarktkonstellationen Erlöse entstanden sind.

Erlösträger Endprodukte und innerbetriebliche Leistungen.

Erlösträgerrechnung Sie kalkuliert die Stückerlöse der Erlösträger.

Ertrag Bewertete Gütererstellung einer Rechnungsperiode. Rechengröße des externen Rechnungswesens.

Externes Rechnungswesen Der Teil des Rechnungswesens, dessen Adressaten primär unternehmensexterne Personen oder Institutionen sind (Gläubiger, Lieferanten, Kunden, staatliche Institutionen). Ggs. ▶ internes Rechnungswesen.

Fifo-Methode Methode zur Erfassung der Wertkomponente der Material- und Werkstoffkosten, die eine bestimmte Verbrauchsfolge unterstellt („first in first out"). Siehe auch ▶ Hifo-Methode, ▶ Lifo-Methode.

Fixkosten Kosten, die unabhängig von der jeweiligen Ausbringung bzw. Auslastung in konstanter Höhe pro Periode anfallen. ▶ variable Kosten

Fixkostendeckungsrechnung Mehrstufige Deckungsbeitragsrechnung, in der die Fixkosten stufenweise vom Deckungsbeitrag abgezogen werden.

Flexible Plankostenrechnung Plankostenrechnung, bei der die Planung flexibel an die tatsächlich eingetretene Beschäftigung angepasst wird.

Fortschreibungsrechnung Methode zur Erfassung der Mengenkomponente der Material- und Werkstoffkosten (auch: Skontrationsrechnung).

Gemeinerlöse Erlösarten, die dem einzelnen Produkt nicht direkt zugerechnet werden können. Ggs. zu ▶ Einzelerlöse.

Gemeinkosten sind Kosten, die einem bestimmten Bezugsobjekt (z. B. den ▶ Kostenträgern oder einer Abrechnungsperiode) nicht unmittelbar und eindeutig zugerechnet werden können. Ggs. zu ▶ Einzelkosten.

Gleichungsverfahren Verfahren der ▶ innerbetrieblichen Leistungsverrechnung.

Grenzkosten stellen die bei Vergrößerung der Produktionsmenge für die Herstellung der letzten Produktionseinheit verursachten Mehrkosten dar. Mathematisch können sie aus der Gesamtkostenfunktion hergeleitet werden, sie entsprechen der ersten Ableitung der Funktion.

Grenzplankostenrechnung Plankostenrechnung auf Basis von Teilkosten, wobei die variablen Plankosten als linear angenommen werden.

Grundkosten Aufwendungen, die in gleicher Höhe in die Kostenrechnung eingehen. Siehe auch ▶ Anderskosten, ▶ Zusatzkosten.

Grundrechnung Tabellarische Aufstellung, der die notwendigen Daten für die ▶ Relative Einzelkostenrechnung entnommen werden können.

Hauptkostenstelle ▶ Endkostenstelle, die Hauptprodukte des Unternehmens erzeugt. Ggs. ▶ Nebenkostenstelle

Hauptprozesse kennzeichnen zusammenhängende, kostenstellenübergreifende Arbeitsabläufe.

Heterogene Kostenverursachung liegt vor, wenn in einer Kostenstelle mehrere Kosteneinflussgrößen wirksam werden.

Hifo-Methode Methode zur Erfassung der Wertkomponente der Material- und Werkstoffkosten, die eine bestimmte Verbrauchsfolge unterstellt („highest in first out"). Siehe auch ▶ Fifo-Methode, ▶ Lifo-Methode.

Hilfskostenstelle Kostenstelle, die nicht unmittelbar an der Herstellung der Produkte des Unternehmens beteiligt ist (auch: Vorkostenstelle).

Homogene Kostenverursachung liegt vor, wenn sich das Kostenverhalten in einer Kostenstelle mit einer einzigen Bezugsgröße verursachungsgerecht erfassen lässt.

Innerbetriebliche Leistungsverrechnung Verrechnung von Kosten zwischen Kostenstellen innerhalb der ▶ Kostenstellenrechnung. Auch: Sekundärkostenrechnung. Zweiter Teil des ▶ Betriebsabrechnungsbogens.

Internes Rechnungswesen Der Teil des Rechnungswesens, dessen Adressaten primär unternehmensinterne Personen oder Stellen sind (auch: Interne Unternehmensrechnung). Es umfasst die Kostenrechnung und die ▶ Investitionsrechnung. Ggs. ▶ externes Rechnungswesen.

Inventurmethode Methode zur Erfassung der Mengenkomponente der Material- und Werkstoffkosten.

Investitionsrechnung Teil der internen Unternehmensrechnung, der sich in erster Linie auf Basis von Ein- und Auszahlungen mit (mehrperiodigen) Investitionsentscheidungen (Wirtschaftlichkeit von Investitionen) befasst (auch: Investitions- und Finanzrechnungen).

Istkostenrechnung beruht auf Kosten für abgelaufene Produktionsvollzüge.

Kalkulation (auch: Selbstkostenrechnung). Zusammenstellung von Kosteninformationen; spezifischer: Teilgebiet der stückbezogenen ▶ Kostenträgerrechnung. Abhängig von den Fertigungstypen (z. B. Massenfertigung oder Mehrproduktartenfertigung) erfolgt die Rechnung mit unterschiedlichen Kalkulationsverfahren (▶ Äquivalenzziffernkalkulation, ▶ Divisionskalkulation, ▶ Kuppelkalkulation, ▶ Zuschlagskalkulation).

Kalkulatorische Kosten Kosten, die durch eine „kalkulatorische Bewertung" des Güterverzehrs entstehen und denen im externen Rechnungswesen entweder keine Aufwendungen (▶ Zusatzkosten) oder solche in anderer Höhe (▶ Anderskosten) gegenüberstehen.

Kalkulatorische Wagniskosten werden in Höhe der zur erwartenden Wertverluste in der ▶ Kostenartenrechnung angesetzt.

Kalkulatorische Zinsen werden zur Erfassung der Kapitalkosten in der ▶ Kostenartenrechnung angesetzt. Sie umfassen Zinsen sowohl für Fremd- als auch Eigenkapital, soweit es betriebsnotwendige Bestandteile umfasst.

Komplexitätseffekt bezeichnet die Auswirkungen des Kostentreibers „Komplexität eines Produktes" auf die Kalkulation im Rahmen der Prozesskostenrechnung.

Konsumentenzyklus beschreibt die Lebensphasen eines Produktes aus Sicht des Kunden.

Kontrollrechnung Im Rahmen von Kontrollrechnungen werden Abweichungen zwischen Plan- und Istwerten ermittelt und analysiert, um den Entscheider zu motivieren, seine Aufgaben möglichst gut zu erfüllen (▶ Entscheidungsrechnung, ▶ Koordinationsrechnung). Sie dient der Informationsverbesserung eigener Entscheidungen und Verhaltenssteuerung fremder Entscheidungen.

Koordinationsrechnung Die Kostenrechnung liefert auch Informationen, die für die Entscheidungen dezentraler Entscheider genutzt werden können, indem sie Entscheidungen koordinieren (▶ Kontrollrechnung, ▶ Entscheidungsrechnung, ▶ Verhaltenssteuerungsfunktion).

Kosten Bewerteter sachzielbezogener Güterverzehr einer Abrechnungsperiode (▶ Leistung).

Kostenartenrechnung Bildet den Ausgangspunkt und die Grundlage der gesamten Kostenrechnung, indem sie nach Arten (z. B. Materialkosten), Zurechenbarkeit (▶ Einzelkosten, ▶ Gemeinkosten) und Abhängigkeit der Kosten von Änderungen der Einflussgröße (▶ variable Kosten, ▶ fixe Kosten) unterscheidet.

Kostenartenverfahren Verfahren der ▶ innerbetrieblichen Leistungsverrechnung.

Kostenauflösung Aufteilung der Gesamtkosten in variable und fixe Kosten.

Kostenaufspaltung Herunterbrechen der Zielkosten eines Produktes auf die einzelnen Produktkomponenten.

Kostenrechnungssysteme sind je nach Rechnungszweck bestimmte Regeln zur Erfassung und Auswertung von Kosten, üblicherweise differenziert nach Zeitbezug (▶ Istkostenrechnung, ▶ Normalkostenrechnung, ▶ Plankostenrechnung) und Umfang der Kostenverrechnung auf Kostenträger (▶ Vollkostenrechnung, ▶ Teilkostenrechnung).

Kostenschlüsselung Verarbeitung von ▶ Gemeinkosten, i. d. R. über ▶ Kostenstellen auf die ▶ Kostenträger. Ggs. zu ▶ Kostenzurechnung.

Kostenstellen Orte der Kostenentstehung. Sie stehen im Mittelpunkt der Weiterverrechnung von ▶ Gemeinkosten, siehe ▶ Kostenstellenrechnung.

Kostenstelleneinzelkosten Kosten, die einer Kostenstelle direkt zugerechnet werden können, siehe ▶ Einzelkosten.

Kostenstellengemeinkosten Kosten, die einer Kostenstelle nicht direkt zugerechnet werden können, siehe ▶ Gemeinkosten.

Kostenstellenrechnung Zentrales Teilgebiet der Kostenrechnung, in dem die Weiterverarbeitung der Gemeinkosten

Glossar

erfolgt. Ihre Aufgabe besteht in der Ermittlung von Kalkulationssätzen, die eine verursachungsgerechte Verrechnung auf die Kostenträger ermöglichen.

Kostenträger sind i. d. R. die Endprodukte, denen letztlich die Kosten und Leistungen zugerechnet werden, d. h., die als Kalkulationsobjekt die Kosten zu „tragen" haben ▶ Kostenträgerrechnung.

Kostenträgereinzelkosten ▶ Einzelkosten.

Kostenträgergemeinkosten ▶ Gemeinkosten.

Kostenträgerrechnung Schließt an die ▶ Kostenstellenrechnung an. In der Kostenträgerrechnung erfolgt die Berechnung der Kosten pro Einheit eines Kostenträgers und zwar zeitbezogen (Kostenträgerzeitrechnung oder: kurzfristige Erfolgsrechnung) oder stückbezogen (Kostenträgerstückrechnung oder: Kalkulation).

Kostentreiber Maßgrößen der Kostenverursachung in der Prozesskostenrechnung. Äquivalent der Bezugsgrößen in der traditionellen Kostenrechnung.

Kostenzurechnung Verarbeitung von ▶ Einzelkosten unmittelbar auf die ▶ Kostenträger. Ggs. ▶ Kostenschlüsselung.

Kuppelkalkulation Kalkulationsverfahren, das bei Kuppelprodukten (technologisch verbundenen Produkten, die gleichzeitig und zwangsläufig im Produktionsprozess entstehen) zur Anwendung kommt.

Kurzfristige Erfolgsrechnung ▶ Kostenträger(zeit)rechnung.

Kurzfristige Preisuntergrenze Stückerlös, bei dem die variablen Stückkosten gedeckt sind.

Langfristige Preisuntergrenze Stückerlös, bei dem die gesamten Stückkosten gedeckt sind.

Lebenszykluskosten bezeichnen den bewerteten Ressourcenverbrauch während aller Lebensphasen eines Produktes.

Lebenszykluskostenrechnung Sie erfasst (bzw. plant) die Lebenszykluskosten eines Produktes entsprechend ihres zeitlichen Anfalls und rechnet sie dem entsprechenden Produkt zu.

Leerkosten Differenz zwischen Fixkosten und ▶ Nutzkosten.

Leistung Bewertete, sachzielbezogene Gütererstellung einer Abrechnungsperiode (▶ Kosten).

Leistungsmengeninduzierte Prozesse sind vom Leistungsvolumen einer Kostenstelle abhängig.

Leistungsmengenneutrale Prozesse sind vom Leistungsvolumen einer Kostenstelle unabhängig.

Life Cycle Costing ▶ Lebenszykluskostenrechnung

Lifo-Methode Methode zur Erfassung der Wertkomponente der Material- und Werkstoffkosten, die eine bestimmte Verbrauchsfolge unterstellt („last in first out"). Siehe auch ▶ Fifo-Methode, ▶ Hifo-Methode.

Make or Buy Entscheidung über Eigenfertigung oder Fremdbezug.

Marktzyklus Teil des Lebenszyklus eines Produktes, der die typische zeitliche Abfolge der Phasen beim Absatz eines Produktes kennzeichnet.

Materialkosten setzen sich aus den bewerteten Verbräuchen der Fertigungseinzelmaterialien, der Hilfs- und der Betriebsstoffe zusammen.

Mathematische Kostenauflösung Methode der ▶ Kostenauflösung.

Mehrstufige Deckungsbeitragsrechnung Oberbegriff für die mehrstufigen Systeme der Deckungsbeitragsrechnung. Auch Synonym für Fixkostendeckungsrechnung.

Nachlaufkosten Kosten, die nach dem Absatz des Produktes durch Wartungs-, Reparatur- und Garantiearbeiten sowie durch Schadenersatzleistungen und die Produktentsorgung entstehen.

Nebenkostenstelle ▶ Endkostenstelle, die keine Haupt-, sondern Nebenprodukte des Unternehmens erzeugt. Ggs. ▶ Hauptkostenstelle

Nettoerlös Grundpreis eines Produktes erhöht um eventuelle Zuschläge und vermindert um Preisnachlässe.

Nicht repetitive Prozesse Innovative, dispositive und kreative Prozesse, die nicht schematisch ablaufen.

Normalkosten Wertansätze für Kostengrößen auf Basis von fortgeschriebenen oder aktualisierten (durchschnittlichen) Istkosten früherer Perioden.

Nutzenschwelle Diejenige Ausbringungsmenge, bei der der Deckungsbeitrag gerade die gesamten fixen Kosten deckt.

Nutzkosten Sie geben den Anteil an den Fixkosten wieder, der dem Verhältnis zwischen Ist- und Planbeschäftigung entspricht.

Nutzungsdauer ist die Zeitspanne, während der ein abnutzbares Wirtschaftsgut im Unternehmen eingesetzt wird. Von Bedeutung für die Bemessung der ▶ Abschreibungen.

Opportunitätskosten Kosten der entgangenen Gelegenheit (Nutzenentgang).

Personalkosten Alle im Zusammenhang mit Personal stehenden Kosten (z. B. Löhne für Arbeiter, Gehälter für Angestellte, gesetzliche und freiwillige soziale Aufwendungen sowie der kalkulatorische Unternehmerlohn).

Plankosten Wertansätze für Kostengrößen auf Basis von gegebenen und geplanten Kostenbestimmungsgrößen, erwartete Kosten für einen zukünftigen Zeitraum.

Plankostenrechnung ist eine bestimmte Form der Kostenrechnung, die durch die Zugrundelegung von nach Kostenarten, Kostenstellen und Kostenträgern differenzierten Planansätzen für die Kostengrößen gekennzeichnet ist.

Plankostenverrechnungssatz Quotient aus Plankosten und Planbeschäftigung.

Primäre Kosten umfassen alle vom Markt bezogenen Kostengüter, (auch: originäre Kosten) s. a. ▶ sekundäre Kosten.

Primärkostenrechnung Zurechnung der ▶ primären Kosten auf Kostenstellen. Erster Teil des ▶ Betriebsabrechnungsbogens.

Produktionszyklus Spiegelt den Lebenszyklus eines Produktes aus Sicht des Unternehmens wider.

Progressive Kosten verändern sich in größerem Maße als die Kosteneinflussgröße (auch: überproportionale Kosten).

Proportionale Kosten verändern sich in gleichem Verhältnis wie die Kosteneinflussgröße (auch: lineare Kosten).

Prozesskostenrechnung Im Rahmen einer Prozesskostenrechnung bilden die ablaufenden Prozesse die Basis für die Verrechnung der Kosten.

Prozesskostensatz Kostensatz für das einmalige Durchführen eines Prozesses.

Qualitative Bezugsgrößenplanung Auswahl der verwendeten Bezugsgröße(n) in einer Kostenstelle.

Quantitative Bezugsgrößenplanung Planung eines konkreten Wertes für die ausgewählte Bezugsgröße.

Regressionsanalyse ▶ Kostenauflösung, ▶ statistische Verfahren der Kostenauflösung.

Regressive Kosten sinken bei einer Erhöhung der Kosteneinflussgröße (untypische Verhaltensweise aufgrund fertigungstechnischer Besonderheiten).

Relative Einzelkosten Kosten, welche relativ zum verwendeten Bezugsobjekt Einzelkosten darstellen.

Relative Einzelkostenrechnung Mehrstufige Deckungsbeitragsrechnung, in welcher von den Umsatzerlösen stufenweise relative Einzelkosten abgezogen werden.

Relativer Deckungsbeitrag Quotient aus Stückdeckungsbeitrag und Engpassbelastung je Stück.

Repetitive Prozesse Wiederholt und schematisch ablaufende Prozesse.

Restwertrechnung Verfahren der ▶ Kuppelkalkulation, das teilweise auf dem Kostentragfähigkeitsprinzip basiert. Auch: Subtraktionsmethode. Das Verfahren ist dann einsetzbar, wenn ein Hauptprodukt identifiziert werden kann.

Rückrechnung Methode zur Erfassung der Mengenkomponente der Material- und Werkstoffkosten (auch: Retrograde Methode).

Sekundäre Kosten umfassen alle Kosten, die durch die innerbetrieblichen Leistungen verursacht werden, (auch: abgeleitete Kosten) ▶ primäre Kosten.

Sekundärkostenrechnung ▶ innerbetriebliche Leistungsverrechnung. Zweiter Teil des ▶ Betriebsabrechnungsbogens.

Simultane Leistungsverrechnung Verfahren der ▶ innerbetrieblichen Leistungsverrechnung, das alle Kostenbeziehungen zwischen Kostenstellen berücksichtigt und beispielsweise in Gleichungsform darstellt.

Skontratiosrechnung Methode zur Erfassung der Mengenkomponente der Material- und Werkstoffkosten (auch: Fortschreibungsrechnung).

Sollkosten (auf Basis der Istbeschäftigung). Kosten, die geplant worden wären, wenn man die tatsächlich eingetretene Beschäftigung bereits vorab gekannt hätte.

Standardkosten Kosten, die sich bei gegebenen Standort-, Technologie- und Verfahrensbedingungen für das erste Rohdesign eines Produktes ergeben.

Starre Plankostenrechnung Plankostenrechnung, bei der die Planung nicht an den tatsächlich eingetretenen Beschäftigungsgrad angepasst wird.

Statistische Verfahren der Kostenauflösung ▶ Kostenauflösung.

Strategische Kalkulation Produktkalkulation für langfristige Zwecke.

Stufenleiterverfahren Verfahren der ▶ innerbetrieblichen Leistungsverrechnung.

Target Costing ▶ Zielkostenmanagement.

Glossar

Teilkostenrechnung Kostenrechnungssystem, welches den Kalkulationsobjekten nur einen Teil der Kosten zurechnet.

Variable Kosten Von der Beschäftigung abhängige Kosten.

Variabler Plankostenverrechnungssatz Quotient aus variablen Plankosten und Planbeschäftigung.

Verhaltenssteuerungsfunktion Eine der beiden wichtigen Funktionen, die die Kostenrechnung zu erfüllen hat („Beeinflussung fremder Entscheidungen"), siehe auch: ▸ Entscheidungsfunktion.

Verrechnete Plankosten Produkt aus Plankostenverrechnungssatz und Istbeschäftigung.

Verursachungsprinzip Prinzip der Kostenverteilung, nachdem die Kosten den Ausbringungsgütern bzw. Leistungen zugeordnet werden, die sie als Zwecksache bewirkt haben (auch: Kostenverursachungsprinzip).

Vollkosten Sind die einer ▸ Kostenträgereinheit zugerechneten ▸ Einzelkosten und anteiligen ▸ Gemeinkosten.

Vollkostenrechnung Kostenrechnungssystem, welches den Kalkulationsobjekten die gesamten Kosten zurechnet.

Vorkostenstelle ▸ Hilfskostenstelle.

Vorlaufkosten Kosten, die vor der Produktion eines neuen Produktes im Rahmen der Forschung und Entwicklung sowie der Produkteinführung entstehen.

Wagniskosten ▸ kalkulatorische Wagniskosten.

Zielkosten Differenz aus erzielbarem Absatzpreis eines Produktes und dem angestrebten Gewinn (Zielgewinn).

Zielkostenindex Quotient aus Kostenanteil und Nutzenanteil einer Produktkomponente.

Zielkostenkontrolldiagramm Grafisches Instrument, mit dem der Vergleich von Kosten- und Nutzenanteilen von Produktkomponenten vorgenommen wird.

Zielkostenmanagement Instrument des Kostenmanagements bei der Einführung und Planung neuer Produkte.

Zielkostenzone Toleranzzone, in der die Abweichung von Nutzen- und Kostenanteil einer Produktkomponente toleriert werden kann.

Zinsen ▸ kalkulatorische Zinsen.

Zusatzkosten ▸ kalkulatorische Kosten, denen keine Aufwendungen gegenüberstehen. Siehe auch ▸ Anderskosten, ▸ Grundkosten.

Zuschlagskalkulation Methode der Ermittlung von Herstell- und Selbstkosten bei der Mehrproduktfertigung (Serienfertigung oder Einzelfertigung). ▸ Einzelkosten werden hierbei direkt den ▸ Kostenträgern zugeordnet, ▸ Gemeinkosten über Zuschlagssätze (beispielsweise dargestellt im ▸ Betriebsabrechnungsbogen).

Ausgewählte Literatur zur Vertiefung

Bhimani, A., Horngren, C.T., Datar, S.M., Rajan, M.V. (2015). *Management and Cost Accounting* (5. Aufl.). London: Prentice Hall

Coenenberg, A. G., Fischer, T. M., & Günther, T. (2016). *Kostenrechnung und Kostenanalyse* (9. Aufl.). Stuttgart: Schäffer Poeschel

Drury, C. (2015). *Management and cost accounting* (9. Aufl.). London.: Cengage Learning Ernea

Ernst, C., Riegler, C., & Schenk, G. (2014). *Übungen zur Internen Unternehmensrechnung* (4. Aufl.). Berlin Heidelberg: Springer

Ewert, R. (1996), Fixkosten, Kapitalmarkt und (kurzfristig wirksame) Entscheidungsrechnungen bei Risiko. *Betriebswirtschaftliche Forschung und Praxis* 48: 528-556.

Ewert, R., & Wagenhofer, A. (2014). *Interne Unternehmensrechnung* (8. Aufl.). Berlin Heidelberg: Springer

Götze, U. (2018). *Kostenrechnung und Kostenmanagement* (6. Aufl.). Berlin Heidelberg: Springer

Heyd, R., & Meffle, G. (2008). *Das Rechnungswesen der Unternehmung als Entscheidungsinstrument* (6. Aufl.). München: C.H. BECK

Kilger, W. (1987). *Einführung in die Kostenrechnung* (3. Aufl.). Wiesbaden: Gabler Verlag

Kilger, W., Pampel, J., & Vikas, K. (2012). *Flexible Plankostenrechnung und Deckungsbeitragsrechnung* (13. Aufl.). Wiesbaden: Gabler Verlag

Kloock, J., Sieben, G., Schildbach, T., & Homburg, C. (2008). *Kosten- und Leistungsrechnung* (10. Aufl.). Stuttgart: UTB Lucius & Lucius

Riebel, P. (1994). *Einzelkosten- und Deckungsbeitragsrechnung* (7. Aufl.). Wiesbaden: Springer Gabler

Schuster, P. (1998). Interne Unternehmensrechnung. In R. Berndt, C. Fantapié Altobelli & P. Schuster (Hrsg.), *Springers Handbuch der Betriebswirtschaftslehre* (Bd. 2, S. 99–148). Berlin Heidelberg: Springer

Schweitzer, M., Küpper, H.-U., Hofmann, C. & Pedell, B. (2016). *Systeme der Kosten- und Erlösrechnung* (11. Aufl.). München: Vahlen.

Sachverzeichnis

A

Abschreibungen 23
Abschreibungsverfahren 24
Abweichungsanalyse 86, 87, 90
Activity Accounting 99
Activity-based Costing 99
Allokationseffekt 102
Anbauverfahren 32
Anderskosten 8
Andersleistung 8
Annahmen der Kosten- und Leistungsrechnung 122
Äquivalenzziffernrechnung 38, 49
asymmetrische Informationsverteilung 123
Aufgaben der Kostenrechnung 4
Aufwand 6, 8
Ausgaben 6, 8
Auszahlung 6, 9

B

Beschäftigungsabweichung 87, 88
Bestandsrechnung 45
Betriebsabrechnungsbogen 31, 35, 74
Betriebsstoffe 20
Bezugsgrößen 11, 93, 94, 95, 100, 102, 104, 114
Bezugsgrößenhierarchien 72
Bezugsgrößenplanung, qualitative 93
Bezugsgrößenplanung, quantitative 94
Blockverfahren 32
Break-Even-Point 59
Buchtechnisches Verfahren 59
Buchwertabschreibung 25

C

Conjoint-Analyse 106
controllinggerechte Kostenrechnung 12
Cost Driver Accounting 99

D

Deckungsbeitrag 58
Deckungsbeitrag, relativer 65
Deckungsbeitragsrechnung, einstufig 62
Deckungsbeitragsrechnung, mehrstufig 57, 69, 92
degressive Kosten 9
Direct Costing 62
Divisionskalkulation 36
Durchschnittsprinzip 31, 41

E

Einnahme 6
Einzahlung 6
Einzahlungen 6
Einzelerlöse 47
Einzelkosten 9, 10, 29, 35, 57, 92, 98
Endkostenstelle 29, 30
Entscheidungsfunktion 120, 121
Entscheidungsrechnung 5
Entscheidungsrelevanz fixer Kosten 122
Ergebnisrechnung 58, 62
Erlösarten 46
Erlösartenrechnung 46
Erlösrechnung 45
Erlösstellen 46
Erlösstellenrechnung 46
Erlösträger 47
Erlösträgerrechnung 47
Erlösträgerstückrechnung 45
Ertrag 6
externes Rechnungswesen 2, 6

F

Fifo-Methode 20
Fixkosten 11, 13
Fixkostendeckungsrechnung 69
Fixkostenproportionalisierung 88, 90
Fixkostenschichten 69
Flexible Plankostenrechnung 88
Fortschreibungsrechnung 20, 22

G

Gemeinerlöse 46
Gemeinkosten 10, 11, 13
Gemeinkostenallokationen 120, 125
Gesamtabweichung 87, 90
Gleichungsverfahren 32, 35

grafisch-statistische Kostenauflösung 61
Grenzkosten 90, 94
Grenzkosten-Kalkulationssätze 93, 94
Grenzplankostenrechnung 90, 91
Grundkosten 8
Grundleistung 8

H

Hauptkostenstelle 30
Hauptprozesse 101
Hauptprozesskostensätze 101
Hifo-Methode 20
Hilfskostenstelle 30

I

indirekte Leistungsbereiche 99, 103
innerbetriebliche Leistungsverrechnung 32, 94
Interessenkonflikte 123
internes Rechnungswesen 2, 8
Inventurmethode 20
Investitionsrechnung 28
Istbeschäftigung 88
Istkosten 87
Istkostenrechnung 12, 13, 86

K

Kalkulation 19, 29, 35
kalkulatorische Kosten 7, 8, 23, 49
kalkulatorische Zinsen 7, 8, 27, 28, 49, 77
Komplexitätseffekt 102
Konsumentenzyklus 110
Kontrollrechnung 5
Koordinationsrechnung 6
Kosten 2, 4, 5, 6, 7, 8, 9, 10, 106
Kostenanteil 106
Kostenartenrechnung 13, 14, 18
Kostenauflösung 59, 69
Kostenaufspaltung 106
Kosteneinflussfaktoren 87, 88
Kostenrechnungssysteme 12, 73, 113, 120
Kostenreduktion 106
Kostenschlüsselung 13, 104
Kostenstellen 9, 18, 29, 30, 93, 94, 123
Kostenstelleneinzelkosten 18, 31

Sachverzeichnis

Kostenstellengemeinkosten 42
Kostenstellenrechnung 13, 14, 18, 19, 29, 35
Kostenträger 10
Kostenträgereinzelkosten 10
Kostenträgergemeinkosten 10, 18
Kostenträgerrechnung 13, 14, 18, 35
Kostenträgerzeitrechnung 43
Kostentreiber 100
Kostenverursachung, heterogene verfahrensbedingte 93, 94
Kostenverursachung, homogene 30, 93, 94
Kostenzurechnung 13, 100
Kuppelkalkulation 41, 50
kurzfristige Erfolgsrechnung 36, 44

L

Langfristige Preisuntergrenze 63
Lebenszykluskosten 110
Lebenszykluskostenrechnung 110, 111
Leerkosten 90
Leistung 5
Leistungsverrechnung, simultane 32, 33
Life Cycle Costing 110
Lifo-Methode 20
lmi-Prozesse 100
lmn-Prozesse 100

M

Make or Buy 67
Marktwertrechnung 41
Marktzyklus 110
Materialkosten 20
Mathematische Kostenauflösung 60
Mischkosten 59

N

Nachlaufkosten 110, 111
Nebenkostenstelle 30
Nettoerlös 46
Normalkosten 12, 13
Normalkostenrechnung 87
Nutzenanteil 106
Nutzenschwelle 59
Nutzkosten 90
Nutzungsdauer 24

O

Opportunitätskosten 22, 23, 27, 68

P

Personalkosten 22
Planbeschäftigung 90
Planbeschäftigungsgrad 87, 88
Plankosten 86, 87, 89
Plankostenrechnung 86
Plankosten, verrechnete 87, 89
Plankostenverrechnungssatz 87, 88, 89
Plankostenverrechnungssatz, variabel 89, 91
Preisfestsetzung, Sonderfälle 63
Preisstrategien 63
Preisuntergrenze für Zusatzaufträge 64
Preisuntergrenze, kurzfristig 63, 77, 123
Preisuntergrenze, langfristig 62, 63, 77, 123
Primäre Kosten 30
Primärkostenrechnung 30
Produktionszyklus 110
Produktlebenszyklus 105, 110
progressive Kosten 9
proportionale Kosten 9
Prozesse, leistungsmengeninduzierte 100
Prozesse, leistungsmengenneutrale 100
Prozesse, nicht repetitiv 99
Prozesse, repetitiv 99
Prozesskostenrechnung 99
Prozesskostensatz 100
prozessorientierte Produktkalkulation 102

R

Regressionsanalyse 61
regressive Kosten 9
relative Einzelkosten 72
relative Einzelkostenrechnung 72
Restwert 25
Restwertrechnung 42
retrograde Methode 20
Rückrechnung 20

S

Sekundäre Kosten 30, 34
Sekundärkostenrechnung 32
semivariable Kosten 59
Skontrationsrechnung 20
Sollkosten 89, 91
Sprungfixe Kosten 10
Standardkosten 105
starre Plankostenrechnung 87
Statistische Verfahren der Kostenauflösung 61
Strategische Kalkulation 102
Stufenleiterverfahren 33

T

Target Costing 104
Tätigkeitsanalyse 99
Teilkostenrechnung 45, 56

V

variable Kosten 9, 11, 56, 57
Verbrauchsabweichung 87, 88, 91
Verhaltenssteuerungsfunktion 120, 123
Verursachungsprinzip 31, 38, 41, 69
Vollkosten 11, 13
Vollkostenrechnung 18
Vorkostenstelle 30, 33
Vorlaufkosten 110, 111

W

Wagniskosten 28, 48, 49
Werkstoffkosten 20
Wiederbeschaffungswerte 24

Z

Zielgewinn 105
Zielkosten 105, 106
Zielkostenindex 107
Zielkostenkontrolldiagramm 108
Zielkostenmanagement 104, 120
Zielkostenzone 108
Zinsen 27
Zusatzkosten 8
Zusatzleistung 8
Zuschlagskalkulation 39

The manufacturer's authorised representative in the EU is Springer Nature Customer Service Centre GmbH, Europaplatz 3, 69115 Heidelberg, Germany. If you have any concerns regarding our products, please contact ProductSafety@springernature.com

Printed and bound by CPI Group (UK) Ltd, Croydon, CR0 4YY

23/03/2026

02076394-0019